# COLLECCAO
## DE
## TRATADOS E CONCERTOS DE PAZES

# COLLECCAO
de
# TRATADOS E CONCERTOS DE PAZES
que o

## Estado da India Portugueza
fez
com os Reis e Senhores com quem teve relacoes
nas partes

da Asia e Africa Oriental
desde
O principio da conquista ate ao fim do seculo XVIII
por

**Julio Firmino Judice Biker**
Primeiro Official e Chefe de Reparticao aposentado
da Secretaria d'Estado dos Negocios Estrangeiros, Socio
correspondente do Instituto de Coimbra,
e da Real Academia de Historia de Madrid,
e Official da Academia em Franca

Tomo V

GYAN

*Published by*

Gyan Publishing House
5, Ansari Road
Daryaganj, New Delhi-110002
Phone: 011-47034999, 9811692060
E-mail: books@gyanbooks.com

*Distribution Network*
gyanbooks.com
India, USA, Canada, UK, Australia, France



ISBN : 978-81-212-3260-9 (Set)
ISBN : 978-81-212-4777-1 (HB)
First Published, 1884

2nd Impression 2020

*Printed at:* Gyan Press, Delhi.



**Colleccao de Tratados e Concertos de Pazes Tomo V**
Author: Julio Firmino Judice Biker

# Collecção
de
# Tratados e concertos de pazes
que o
## Estado da India Portugueza
fez
com os Reis e Senhores com quem teve relações
nas partes
**da Asia e Africa Oriental**
desde
o principio da conquista até ao fim do seculo XVIII
por

Julio Firmino Judice Biker

Primeiro Official e Chefe de Repartição aposentado
da Secretaria d'Estado dos Negocios Estrangeiros, Socio correspondente
do Instituto de Coimbra,
e da Real Academia de Historia de Madrid,
e Official da Academia em França

**Tomo V**

Lisboa–Imprensa Nacional–1884

Bibliothèque Royale de Belgique. — Indicateur n° 2722. — Litt. F. — Bruxelles, le 13 mars 1884.

Monsieur. — J'ai l'honneur de vous accuser la réception du t. IV de votre magnifique *Collection des Traités de l'Inde Portugaise,* et je vous prie d'agréer avec les remerciments que je me fais un devoir de vous présenter, au nom de la Bibliothèque Royale, Monsieur, les assurances de ma haute considération.

Le Conservateur en Chef,

S. Alvin.

Monsieur J. F. J. Biker, à Lisbonne.

---

Société Académique Indo-Chinoise pour l'étude scientifique et économique de l'Inde transgangétique, de l'Inde Française et de la Malaisie. — Paris. — Le 18 avril 1884. — N° 4837.

Monsieur. — J'ai l'honneur de vous accuser réception, au nom de la Société Académique Indo-Chinoise, du t. IV de votre précieuse *Collecção de Tratados e concertos de pazes.*

Les documents historiques que vous rassemblez si judicieusement apprenent à mieux comprendre l'admirable ambition coloniale du Portugal: à ce titre ils offrent un interêt tout particulier à notre compagnie.

Grand admirateur des gloires Portugaises, je tiens, Monsieur, à vous exprimer ma gratitude personelle, et je vous prie d'agréer la nouvelle expression de mes sentiments les plus distingués.

Le Marquis de Croizier,

Président.

Monsieur Julio Firmino Judice Biker, à Lisboa.

Kaiserlich Deutshe Gesandtschaft in Portugal.—Lisbonne le 15 mai 1884.

Monsieur.—Le Chancelier d'Allemagne le Prince de Bismack vient m'avertir que vous avez encore eu la grande obligeance de lui envoyer sous bande la IV[ième] partie de votre ouvrage intitulé *Collecção de Tratados e concertos de pazes, que o Estado da India Portugueza fez com os Reis e Senhores com quem teve relações nas partes da Asia e Africa Oriental.*

Son Altesse m'a chargé en même temps de vous exprimer, Monsieur, toute sa reconnaissance pour cet aimable envoi.

En m'acquittant avec plaisir de cet agréable devoir, je profite de cette occasion pour vous renouveler l'assurance de ma considération très-distinguée.

Le Ministre d'Allemagne,

Baron de Schmidthals.

Monsieur J. F. J. Biker, ci-devant Chef de département du Ministère des affaires étrangères, à Lisbonne.

---

Ill.[mo] e E. Sr.—Recebi, por intervenção do Sr. Dr. Pitta, meu prezadissimo amigo e collega, o precioso *Supplemento dos Tratados, Convenções, Contratos e Actos publicos celebrados entre à coroa de Portugal e as mais Potencias;* e juntamente me foram entregues, pelo mesmo modo, os tres volumes já publicados da *Collecção dos Tratados e concertos de pazes, que o Estado da India Portugueza fez com os Reis e Senhores com quem teve relações nas partes da Asia e Africa Oriental.*

Penhorou-me profundamente a bondade de V. e a immerecida consideração que se dignou dispensar-me, com tão valioso presente, facilitando-me occasião de poder adqüirir conhecimentos que, antes dos seus inapreciaveis esforços e lucubrações, eram vedados aos estudiosos, com evidente prejuizo do nosso querido Portugal.

É V. um dos raros Portuguezes que tem mostrado, de modo incontestavel, quanto se interessa pelo bom nome da nossa terra, consagrando-lhe o mais paciente e aturado estudo, e incitando com o seu generoso exemplo o amor efficaz e desinteressado pela nossa historia, a fim de que, mais seguros e afoutos com as lições do passado, possamos caminhar para o futuro.

É por isso que sinto intima e verdadeira satisfação, enviando-lhe o sincero preito da minha homenagem e profundo reconhecimento, desejando que Deus alongue por muitos annos a vida de V. tão utilmente aproveitada em beneficio dos que desejam instruir-se ácerca das nossas cousas.

Um facto recente veiu avivar ainda mais, se é possivel, a minha gratidão.

..................................................................

Estou convencido que sem o desinteresse e dedicação de V. só muito tarde, ou talvez nunca, poderiamos os estudiosos obter os elementos de estudo, que as numerosas publicações de V. desde já lhes facultam.

Releve-me V. da mal cabida extensão de uma carta, que deveria apenas comprehender os protestos sinceros do meu respeito, e do meu reconhecimento.

De V.
amigo venerador, respeitador e muito agradecido,

José Joaquim Lopes Praça.

Coimbra, 3 de março de 1884.

---

Ill.$^{mo}$ e E. Sr. — Recebi hontem as tres importantes Collecções de tratados, e dos negocios de Roma no reinado de El-Rei D. José I; as quaes V. fez favor de me offerecer.

V. com estas publicações prestou grande serviço a todos os que desejam conhecer a historia, e o direito internacional publico e privado do nosso paiz.

Acceite o meu cordial agradecimento por tão distincto obsequio, que eu lhe não merecia.

De V.
attento venerador e amigo obrigado,

Joaquim José Paes da Silva Junior.

Coimbra, 4 de março de 1884.

---

Camara municipal de Coimbra. — N.º 391.

Ill.$^{mo}$ e E. Sr. — Não poucas têem sido as offertas de documentos, aliás importantes, que V. se tem dignado dirigir a esta camara municipal.

Figuram estes documentos nos archivos da municipalidade, onde vão ser arrecadados os tres volumes, que hoje recebi, por via do Dr. José

Pereira de Paiva Pitta, que dizem respeito aos Tratados de paz do Estado da India Portugueza.

É importante o trabalho, que V. tão dignamente tem dirigido, da publicação de diversos tratados, e outros documentos diplomaticos.

São de superior quilate os serviços que V. tem prestado n'esta publicação, e por isso a camara municipal que represento, agradecendo a V. o seu novo offerecimento, registra bem merecidos louvores pelo zêlo, intelligencia e desinteresse que manifestou em serviço tão importante para o paiz.

Deus guarde a V. Coimbra, 9 de abril de 1884.

Ill.mo e E. Sr. Julio Firmino Judice Biker.

Servindo de Presidente,

O Vereador,

Augusto Pinto da Costa Salema.

---

E. Sr. Julio Firmino Judice Biker.—Meu respeitavel senhor.—É com o mais profundo reconhecimento, que venho agradecer a V. a generosa offerta do tomo IV da sua *Collecção de Tratados*, respectivos ao Estado da India Portugueza, que V. prosegue com tão rara actividade, como illustrada direcção, sendo o actual volume enriquecido com joias do mais subido quilate, quaes as cartas do nosso heroico Albuquerque.

Desejo a V. a mais prospera saude, e que me dê occasiões de mostrar a alta consideração e respeito, com que sou

De V.
muito obrigado venerador e dedicado servo,

José do Canto.

Ponta Delgada, 23 de abril de 1884.

---

Ill.mo e E. Sr.—Meu prezadissimo amigo e collega.—Tenho o gosto de offerecer a V. o incluso volume[1], que espero V. se digne acolher com a sua benevolentissima indulgencia, e antiga amisade.

[1] D. *João I e a Alliança Ingleza*, investigações historico-sociaes, pelo Conde de Villa Franca.

Quem tanto e tão proficuamente tem publicado, merecendo por isso os mais altos encomios dos estrangeiros, e ainda dos poucos nacionaes, que estão nos casos de avaliar taes escriptos, é de certo o melhor juiz para o livro em questão, conhecendo o trabalho insano, que dão obras d'este genero. A V. estou eu essencialmente reconhecido pelos thesouros que nos descobriu, e revelou. Sem aquelle manancial importantissimo não poderia eu ter escripto o XXVIII capitulo do meu livro, nem a memoria do honradissimo governador (ao depois Vice-Rei da India) Antonio de Mello de Castro ficaria restituida á sua verdadeira luz, esclarecidos os equivocos em que ácerca d'elle incorreram, ou o Visconde de Santarem, ou o seu continuador.

Em a nota ultima explico estes factos comprovando-os com o valiosissimo documento publicado por V. Assim conclue o livro, e digo-lhe em boa amisade que o fechei com chave de oiro.

Muito folgo de ter mais este ensejo de provar a V. a estima que lhe tributo, e a satisfação ininterrupta com que me prezo de ser

De V.
Collega e mui dedicado amigo,

Junho, 16, 1884.

Villa Franca.

## Capitulos pelos quaes o Embaixador do Rey de Sunda Apagi Panta se obriga pelo dito seu Rey a guardar e fazer dar inteiro cumprimento pela maneira seguinte.

(Arch. da India, livro grande de Pazes, fol. 71.)

1. Que aos Padres, que assistem nas terras de Sunda, se lhes dará licença para fazerem suas igrejas com a decencia devida, e as possam cubrir de telha, e na mesma fórma se lhes concederá que tambem possam fazer suas casas. 1703-1707

2. Que nas causas que se tiverem com os ditos Padres sejam juizes dellas os capitães das fortalezas mais vizinhas delRey de Sunda, para se evitar deste modo a oppressão e detrimento, que se dá aos ditos Padres, ficando-lhe o recurso em partes distantes e remotas.

3. Que os paes, que forem christãos, se lhes não permittirá possam vender seus filhos, sem consentimento do Padre que for seu parocho, ou ao menos sem a diligencia de preferir o dito Padre na tal compra, tanto pelo tanto, para effeito de lhe poder grangear liberdade com esmollas; e dada a liberdade nesta fórma, ficarão isentos de tornarem a ser captivos, e de os venderem seus paes segunda vez, e terão poder os ditos Padres sobre os christãos de sua jurisdicção na mesma fórma que costumam ter os parochos em todas suas freguezias.

4. Que a dois moços sómente, que assistirem a cada hum dos Padres, que residem nas terras do Rey de Sunda, se concederá serem livres de pagarem juncão, constando pelos escritos dos ditos Padres de como os taes moços são seus famulos, e assistem no seu serviço.

5. Que aos Portuguezes que levarem licença do ex.mo Senhor Vice-Rey ou Governadores do Estado, se concederá pas-

1703-1707 sarem livremente pelas terras do Rey de Sunda sem pagarem juncão; e do mesmo modo os patamares que trouxerem e levarem cartas do mesmo governo, constando por Portarias, não serão obrigados a pagar os ditos juncões.

6. Que se não permittirá nas terras da jurisdicção do Rey de Sunda por nenhuma maneira os cafres, que para ellas fogem dos districtos deste Estado, e os mandará restituir logo, e de nenhum modo os obrigará tomar a lei dos Mouros, e outrosim será obrigado a entregar as duas moças christãs que foram levadas das nossas para as suas terras, de qualquer lugar, ou districto de sua jurisdição em que estiverem.

---

## Capitulos que Francisco de Azevedo de Sande, Secretario do Estado da India, por parte do Vice Rey se obriga a guardar na fórma seguinte

(Arch. da India, livro grande de Pazes, fol. 71.)

1. Que o Estado soccorrerá a ElRey de Sunda, e aos particulares delRey Mogor, permittindo que os Dessaes com seu poder se ajuntem a seu exercito, e por mar, ou por terra concorrerá para fazer toda a hostilidade ao levantado Qhema Saunto pelos districtos, em que ao Ex.$^{mo}$ Senhor ViceRey lhe parecer mais conveniente ordenar se executem as taes hostilidades.

2. Que dará quatro peças de artilharia dos calibres que a menos difficuldade se possam conduzir, com a polvora e balla necessaria, e quatro artilheiros, que administrem e laborem com as ditas peças, as quaes será obrigado a restituil-as sem desculpa nenhuma de as haver perdido em algum conflicto.

3. Que as nossas barquinhas da vigia dos rios, e mais algumas, quando o dito Senhor Vice Rey entenda serem necessarias, se lhes ordenará estejam com toda a vigilancia, e impeçam todo o adjutorio, que pelos ditos rios intentar conduzir o inimigo, e que tambem impedirão que a sua gente fuja para as nossas terras.

4. Que se ordenará ao general de Salcete deixe passar para o exercito delRey de Sunda o mantimento, que constar conduzirse das terras do dito Rey para o provimento do dito exercito, e na mesma fórma se concederá para o que se pede do mantimento, que por sua conta vier do Canará, sem que se prejudique ao provimento do povo. 1703-1707

5. Que se mandará avisar ao Dessay Essobá Ráo para que com sua gente se una com o exercito delRey de Sunda.

6. Que se lhe dará guarda de alguma manchua para conducção das embarcações que tiverem com mantimento para o seu exercito em Ancolá e Caroare até esta cidade, pagando os direitos de comboyo devidos, como he estylo.

*N. B.* He este documento lavrado entre os annos de 1703 (novembro) até 1707 (maio); que foi o tempo que serviu de secretario Francisco de Azevedo de Sande.

---

## Carta de El-Rey D. Pedro II ao Vice Rey e Capitão geral do Estado da India, a respeito da liga sobre a successão de Hespanha

(Arch. da India, livro das Monções n.º 68, fol. 169.)

Vice Rei e Capitão geral do Estado da India, amigo. Eu El-Rei vos envio muito saudar. Tendo consideração ao estado em que se acha Europa, e ás perniciosas consequencias que podiam resultar á conservação deste Reino de se unirem em hum só corpo as duas Monarchias de Castella e França, havendo grandes motivos para se entender que se pretende fazer esta união, tive por conveniente e por preciso fazer huma liga com o Emperador, a Rainha Anna de Inglaterra, e os Estados Geraes das Provincias Unidas, cujo tratado se assinou em dezaseis de Maio do anno passado, e se acha ratificado por todas as quatro Potencias colligadas. O intento desta liga (que espero de Deos Nosso Senhor prospere pelas justas causas em que he fundada) consiste em introduzir na posse da Monarchia de Castella ao filho segundo do Empera- 1704 Abril 3

1704 Abril 3 dor, o Archiduque Carlos, que hoje se acha reconhecido por Rei de Castella não só pelo Emperador seu pai, e seu irmão ElRei dos Romanos, mas tambem pelos Estados Geraes das Provincias Unidas, pela Rainha de Inglaterra, e por todos os Principes de Alemanha, e alguns de Italia, e por mim, havendo cedido o Emperador e ElRei dos Romanos na pessoa do dito Archiduque todo o direito que tinham á dita Monarchia de Castella: e havendo o dito Archiduque (que hoje se intitula por Rei de Castella com o nome de Carlos III) passado a este Reino em huma armada de Inglaterra e Hollanda com os soccorros que se me deviam dar pelo dito tratado, se acha este grande negocio em termos de se pôr em execução, e de entrar em campanha, passando eu a ella com o dito Rei Catholico Carlos III, para effeito de ser introduzido e metido de posse dos Reinos de Castella, que justamente lhe pertencem; e assim he infallivel o rompimento da guerra com o Duque de Anjou, que se intitula Rei della com o nome de Philipe V; e nesta consideração me pareceu ordenarvos deveis estar com grande attenção na segurança e defensa dessas praças, tendo entendido que he infallivel a guerra com Castella, e que succedendo hirem a esses portos ou mares da vossa jurisdicção alguns navios ou navio da dita Corôa de Castella, antes de teres noticia de que foi recebido nella por seu Rei ao dito Carlos III e expulsado o Duque de Anjou, os façaes apresar, fazendo em tudo o mais bom tratamento aos vassallos da dita Corôa, que nelles forem tomados, porque não he o meu animo fazer hostilidades aos Espanhoes, mas pelo contrario livrallos da oppressão, que padecem debaixo do jugo Francez, dando-lhe o seu Rei legitimo e verdadeiro; o que deveis fazer com tal advertencia que o bom tratamento, que fizeres a estes homens, seja de sorte que não possa perigar a segurança de meus vassallos e Estados: e porque pode succeder, e he muito crivel que os Francezes com bandeira de Castella pertendam fazer algum damno ou invasão nessa conquista, deveis procurar neste caso não somente a propria defensa, mas ainda a offensa, rompendo com os taes Francezes, e fazendo-lhe toda a hostilidade que lhe for possivel; e a respeito dos navios francezes que usarem de sua bandeira, e conservarem a boa paz com os meus vassallos, vos havereis sempre com tal cautella que não permittaes que entre nesses portos navio algum de França, de que possa haver a menor sombra de receio; e estou certo que os navios de Inglaterra e Hollanda, que se acharem nesses mares, vos darão toda a ajuda e favor de que necessitares para repellir a força dos Francezes e Castelhanos, e fio do vosso valor e prudencia obrareis de sorte nesta materia, que acrediteis muito as minhas armas, e o vosso nome, de maneira que cresçam em mim os motivos da boa vontade que vos tenho, para vos haver de fazer mercê e honra. Escrita em Lisboa a 3 de Abril de 1704. —REI. —Para o Vice Rei e Capitão geral do Estado da India. 1704 Abril 3

## Resposta do Vice Rey da India

(Arch. da India, livro das Monções, n.º 69, fol. 169.)

Senhor. —Tenho por infallivel que o ceo concorrerá em favorecer a justa pretenção de Carlos III, e que ajudado e patrocinado pela real grandeza de Vossa Magestade, se achará já de posse dos Reinos de Castella; eu seguirei mui pontualmente as ordens de Vossa Magestade, havendo-me com toda a cautella necessaria com quaesquer naus francezas, que passem a estes mares, e vindo algumas de Espanhoes, procurarei represalas, não faltando a nenhuma das circumstancias que Vossa Magestade me recommenda; e se a potencia dos contrarios exceder as forças com que hoje se acha o Estado, me valerei do soccorro dos Inglezes e Olandezes, ainda que reconheço que os ditos Inglezes tem pouco que dar, e os Olandezes tanto a que acudir, que huns e outros como politicos tratarão só da propria defensa; mas como ElRei de França lhe não falta em que se occupar na Europa, espero se lhe difficulte empenhar-se na India com armada tão grossa que lhe não possam resistir as cinco fragatas de mais força 1704 Novembro 16

1704 Novembro 16 que tenho promptas para remetter á costa do norte, e a fragata *Boa Viagem*, e tres fragatinhas mais que mandei para a costa do Sul, logo que a invernada permittiu podessem navegar; e se incorporarão todas donde a necessidade o pedir, porque para este effeito tenho galvetinhas ligeiras preparadas em todos os portos, para que promptamente se avise de qualquer novidade que se offereça; e assim se me deu logo parte de quatro fragatas francezas, duas grandes e duas pequenas, que chegarão a Dandá Rajapor nas vizinhanças de Chaul, e se provêram de mantimentos de que vinham faltos, e naquelles districtos roubaram huma embarcação ingleza, que de Bombaim passava para Calecut, de que lançaram em terra a gente, e deram fundo á dita embarcação; e por varias observações se entende que as ditas quatro fragatas são de armadores de Samaló, remetidas a piratear nesta Asia; e sabendo que os Olandezes e Inglezes tinham bastante numero de nâos no poço de Surrate, repetindo este anno o cercarem aquelle porto, se foram as taes fragatas retirando para o Sul, donde a toda a diligencia mandei este aviso a quatro fragatas nossas, que se acham naquella costa, para que se prevenissem para a defensa, e se recolhessem a este porto seguindo o rumo que os pilotos elegessem para se desencontrar dos Francezes; e sem embargo que ellas publicaram em Dandá que vinham quatorze nâos, não tive até agora noticia mais que destas quatro. Guarde Deos a muito catholica e real pessoa de Vossa Magestade como desejam e necessitam seus leaes vassallos. Goa 16 de Novembro de 1704.—(Rubrica do Vice Rei.)

## Ratificação da paz do Canará concluida n'esta cidade de Goa aos 19 de Janeiro de 1705, entre o Ex.mo Sr. Caetano de Mello de Castro, do Conselho d'Estado de Sua Magestade, Vice Rey e Capitão Geral da India, e Quellody Bassapa Naique, Rey do Canará, por seu Embaixador Custam Malló, com as condições novamente acrescentadas abaixo declaradas.

(Arch. da India, livro 1.º de Pazes, fol. 261.)

1.ª Que os mil e quinhentos fardos de arroz das pareas, que por obrigação se satisfaziam na feitoria de Mangalor ao Estado, seriam de arroz branco, e se entregariam logo ao feitor, sem que para isso se careça das novas ordens de Bedrur, e esta entrega se fará antes que sáia dos portos do Canará para fóra, nem se carregue nelles nenhum arroz novo, que para o poderem fazer, primeiro se satisfará a sobredita quantia das pareas na fórma referida. 1705 Janeiro 19

2.ª Que dará os materiaes necessarios, e officiaes para se fazer logo em Mangalor huma feitoria de pedra e cal com sua cerca á roda, tambem de pedra e cal, com suas vigias nos cantos no lugar mais conveniente, e sufficiente para o commodo do feitor, e de estar com mais segurança a gente que assiste na feitoria, e que ficará livre ao feitor poder a toda a hora e tempo mandar os pilotos de sua jurisdicção para metter dentro da barra as nossas embarcações de guerra, e do mesmo modo lançar para fóra, sem que para isso se necessite de licença de outra alguma pessoa.

3.ª Que não prohibirá aos vassallos do Canará conduzir arroz para Goa todas as vezes que quizerem vir, aventureiros ou comboyados, nem impedirá que os mercadores vassallos deste Estado, comprem e conduzam o arroz que quizerem trazer para Goa, preferindo o provimento deste povo a quaesquer outras embarcações, que pretendam tomar carga nos portos do Canará.

4.ª Que offerecendose alguma duvida ou contenda, se recorrerá a este Governo, e emquanto se não resolver a tal duvida, se não fará nas terras do Rey do Canará veixação,

1705 Janeiro 19 nem violencia alguma aos Padres, que assistem naquellas terras, nem a vassallo nenhum deste Estado, assim christãos como gentios, e que agora se lhe restituirá logo a todos o que lhes não estiver já entregue de tudo que lhes foi represado na cafila passada.

5.ª Que o dito Embaixador entregaria logo vinte mil xerafins para resarcir a despeza que o Estado teve com a revolução do Canará pela perda e damno que podia ser prejudicado, demittindo de si toda a acção que pudesse ter de maior quantia, pois para este ajuste, e das lagimas novamente concedidas em Muluquim e Mangecirão, alem das que tem o Estado em Mangalor, se conformou com a promessa e satisfação do dito embaixador.

6.ª Que nos portos de Mulunquim e Mangecirão poderia o Estado cobrar as lagimas de todo mantimento que sahisse para fóra dos taes portos, attendendose que estas quasi todas pertencem á jurisdição da feitoria de Mangalor, aonde tem o Estado lagimas de todo o mantimento, visto que pelo desvio de se não pagarem as taes lagimas, conduzem os mercadores e outras pessoas o arroz para os ditos portos de Muluquim e Mangecirão em grande prejuizo da renda das ditas lagimas de Mangalor, para o que poderá o Estado fazer as cobranças das ditas lagimas nos portos referidos na fórma que lhe for conveniente.

7.ª Que attendendose ao que o Embaixador com os poderes que tinha do seu Rey se obrigou para recompensar em parte os despendios, e perdas que teve o Estado por causa das alterações do Canará, e da guerra que por este motivo se lhe intentou fazer, se lhe restituirá tudo o que lhe foi represado pelo capitão mór Manoel Pereira de Castro conforme o consto do que se recebeu na fazenda geral, e que faltando alguma cousa, que antecedentemente desviassem algumas pessoas particulares, se haverá das taes pessoas por parte do Canará a importancia destes desvios, para cuja cobrança se lhe dará o adjutorio necessario; e da restituição, que agora se lhe manda fazer, se descontará a quantia dos vinte mil xerafins que o dito embaixador offerece, e o resto do arroz para ajuste dos mil e quinhentos fardos das pareas do anno passado e dos fardos atrazados, que consta se ficaram devendo das mesmas pareas em outras occasiões, e não obstante estar já sentenciado por boa presa o Bote Issavary Mamay com sua carga de areca, e distribuida e repartida a importancia da dita carga, faz graça o Estado ao Rey do Canará do dito Bote, e da quantia que resultou a venda de sua carga. 1705 Janeiro 19

As quaes condições, propostas e ajustadas por huma e outra parte, acceitaram o dito Ex.mo Sr. Caetano de Mello de Castro, Vice Rey e Capitão geral da India, e o dito Embaixador Custam Malló em nome delRey Quellady Bassapá Naique, e sobre ellas se fizeram varias conferencias com o Secretario do Estado Francisco de Azevedo de Sande, que foram bem entendidas pelo dito Embaixador por meio de Hiria Sinay, lingua deste Estado, Custtapá Sinay, lingua do mesmo Embaixador, que lhes declararam na lingua Bramana, por elle não entender a portugueza, e ambos os ditos Senhor Vice Rey e Capitão geral da India, e o dito Embaixador se obrigaram a que as ditas condições se guardariam reciproca e inteiramente sem se alterarem em cousa alguma, a saber, o dito Senhor Vice Rey e Capitão geral da India por si, e seus successores no dito governo, e o dito Embaixador pelo dito seu Rey, e pelos mais que lhe succedessem, sem nunca em tempo algum contradizerem, nem quebrarem as ditas capitulações da retificação da paz e amizade, antes as terão, manterão, e guardarão inviolavelmente, e para maior firmeza se assignaram ambos os ditos Senhor Vice Rey e Capitão geral da India, e o dito Embaixador, com os Conselheiros do Estado. E eu Francisco de Azevedo de Sande, Secretario do Estado, as fiz escrever, e me achei presente a tudo, de que dou minha fé, e me assignei, de que dei hum treslado ao dito Embaixador, no mesmo dia, mez, e era *ut supra.* — Caetano de Mello de Castro — Signal canará do Embaixador Custam Malló — Bartolomeu de Mello Sampayo — João de Lemos do Valle — Manoel João Vieira — Joseph de Carvalho de Abreu — D. Christovão Severim Manoel — An-

1705 Janeiro 19 tonio d'Azevedo de Sande — assignatura canará — Hiriá Sinay.

## Fórma dos tratamentos, que se faz aos Embaixadores e Enviados dos Reys visinhos, que vem ao Estado

(Assento lançado no livro de registro dos provimentos dos empregados da secretaria do Governo, entre os annos de 1704 a 1707, em tempo do Vice Rey Caetano do Mello de Castro.)

### Tratamento que se faz ao Embaixador de El-Rey Mogol

1704-1707 Chegado o Embaixador, e tanto que estiver a bordo, ou em qualquer paragem, vai-lhe fallar o lingua do Estado, e avisar em como se lhe aprestam as casas, e em tal dia o hade hir buscar; o que feito preparaselhe as casas com todo o necessario, a saber, dois esquifes, vinte e quatro cadeiras de encosto de couro e huma de velludo para o Embaixador, quatro guarda portas de damasco, dois bofetes com seus panos tambem de damasco, dois tamboretes, duas alcatifas pequenas, com o mais apparato de cozinha.

No dia que o vão conduzir para a primeira audiencia, em que se entrega carta de crença, e as mais, avisasse aos Conselheiros do Estado, aos Ministros da Relação, ao Senado da Camara, ao Reverendo Cabido e aos Prelados das religiões, para se acharem presentes na sala real, que fica toda alcatifada, pondo em ambos os lados tamboretes para Conselheiros d'Estado e Ministros da Relação, e aos taes tamboretes seguem de ambas as partes bancos sem encosto, cobertos de pannos, ou guarda portas de damasco para se sentarem os do Senado da Camara, Cabidos e Prelados das religiões, conforme a sua precedencia.

O assento, em que se põe o Vice Rey, fazem de cinco degraus debaixo do docel, e defronte do Vice Rey ao pé do assento, fóra dos degraus, hum pouco afastadinho, se põe hum tamborete de velludo para se sentar o Embaixador, e á mão esquerda do Vice Rey outro tamborete ao Secretario do Estado.

Preparase o terreiro da fortaleza com algumas companhias do terço, que ficam formadas em huma ala, e assim mais a gente da ordenança da cidade separada, e dos Auxiliares das Aldeas da ilha de Goa, que traz o Tanadar mór com aviso do governo; o que tudo preparado, no dia destinado da entrada vão conduzir ao Embaixador na manchua do Estado o Capitão da cidade, o Tanadar mór, o Capitão da guarda do Vice Rey, e o Capitão da manchua, que o trazem na mesma manchua no meio até o caes, aonde desembarcam, e o vão acompanhando pela mesma maneira os tres primeiros até a sala real, e nesta entrada se salva a infanteria, e outra gente de armas sem nenhuma cortezia militar. 1704-1707

Tanto que o Embaixador vae entrando na sala real põe-se o Vice Rey em pé, cuberto, e a mais gente em ambos os lados nos lugares em que ficam postos os bancos, e o Embaixador vae chegando, fazendo suas tres cortezias, ao tabernaculo do Vice Rey, e subindo os degraus entrega a carta de crença ao Vice Rey na sua mão propria, que a recebe com cortezia ordinaria de chapeo, pondo-o logo na cabeça, e a entrega no mesmo instante ao Secretario do Estado, e descendo o Embaixador dos degraus depois de dada a carta, se senta no lugar, e o Vice Rey no seu throno, em cadeira de espalda, e o mesmo fazem os Conselheiros e Ministros nos bancos conforme as suas precedencias.

O Embaixador nesta primeira audiencia não se dilata muito, nem propõe negocio algum mais que a saudação, que interpreta o lingua do Estado, e sahe logo; aonde tambem fazem a salva assim como na entrada, e vae acompanhado das mesmas pessoas, que o foram conduzir, e o levam para as suas casas deputadas, aonde o Embaixador dá a cada hum sua peça.

Feito isto, no mesmo dia, ou no seguinte manda o Feitor por ordem do governo hum refresco, que d'antes se lhe prepara, que conste de arroz, lentilhas, trigo, manteiga, assucar, galinhas, carneiros, vaccas, azeite, vinagre, vinho, fruitas e alguma verdura, que tudo consta na fazenda.

Depois pedindo audiencia particular se lhe dá, querendo

1704-1707 o Vice Rey, para propôr algum negocio, em que, supposto não ha acompanhamento, porém, sempre se faz ajuntar a gente luzida para fazer corpo; e o Vice Rey se assenta na cadeira de espalda, cuberto, debaixo do docel, e o Embaixador em tamborete fóra delle; sempre assiste o Secretario a estas audiencias, á mão direita do Vice Rey, e em pé o Lingua do Estado para interpretar.

No dia da despedida só se lhe mandam para o conduzir, sendo por mar, a manchua do Estado com algum ajudante, e sendo por terra, alguma carruagem, se a necessitar. E entrando Embaixador á presença do Vice Rey, o Secretario entrega a resposta ao Vice Rey, e elle da sua mão a entrega ao Embaixador, com o sagoate, que se prepara na fórma do estylo, condigno ao que traz o Embaixador, a quem tambem se dá sua peça de dinheiro, como fez o Sr. Conde de Alvor a Xeque Mamede, embaixador do dito Rey, a quem deu mil xerafins, e a seus criados duzentos.

**Ao Embaixador do Rey do Canará, se faz o mesmo tratamento, mas com a differença seguinte**

Vão conduzir ao dito Embaixador em manchua do estado com o capitão della, o Tanadar mór, e Capitão da guarda, e lingua do Estado.

No terreiro fica formado o terço de gente da ordenança da cidade, com o seu Sargento mór, e na sala real na primeira audiencia assistem os Conselheiros do Estado, Ministros da Relação, Senado da Camara, e o Reverendo Cabido.

E as casas, em que se agazalha o Embaixador com sua familia, se preparam com hum esquife, doze cadeiras, duas guardaportas, hum bofete com seu panno, hum tamborete, huma alcatifa pequena, com mais aparelho de cosinha, e no refresco não se manda galinhas, carneiros, vacca, vinho, nem vinagre.

**Tratamento que se dá ao Enviado do Sivagi**

Chegando o Enviado a Bicholim, ou Sanquelim, ou Pondá, ou em outra qualquer paragem, avisa ao Vice Rey de como lá fica com cartas e negocios que traz a seu cargo, pedindo audiencia, com o qual aviso se lhe armam as casas com seis cadeiras, hum tamborete, hum bofete, e hum esquife, e se lhe avisa o dia em que o hãode hir buscar, assinando o lugar onde hãode hir, e no dito dia se lhe manda conduzir na manchua do Estado, ou da fazenda, esquipada com seu toldo de panno vermelho, e cortinas de seda, e vae nella o Capitão da manchua, e hum ajudante, que trazem no meio ao Enviado até o desembarcador, e dahi vae fallar ao Vice Rey ou Governador, e o vem receber de escada alguma gente luzida nobre, que assiste na sala, ficando sempre a fidalguia, e alguns Ministros cortejando ao Vice Rey. Entra o Enviado fazendo tres cortezias, e dá a carta e sagoate que traz ao Vice Rey, que a recebe em pé debaixo do docel, cuberto, e a entrega logo ao Secretario do Estado, que fica á sua mão direita; e depois despedese o Enviado, e vae recolher nas ditas casas acompanhado de dois ajudantes, que vão a cavallo. E o feitor de Sua Magestade lhe manda hum refresco de fruitas até sessenta xerafins. Dahi pede suas audiencias, que se lhe dão, e sem mais obstentação, nem acompanhamento; e sempre se lhe toma em pé. No dia da despedida, vindo o Enviado á presença do Vice Rey, o Secretario entrega a resposta ao Vice Rey com o sagoate, e elle de sua mão entrega ao Enviado, que a recebe com suas cortezias, e se despede com algumas palavras de urbanidade: e querendo hir por mar, dá-se-lhe a embarcação, e o vão acompanhar os dois ajudantes, ou hum, conforme o Vice Rey quizer; e o mesmo se faz sendo por terra, até o limite das nossas terras; e só depois das guerras o Sr. Conde de Alvor recebeu ao Enviado do dito Sivagi com o titulo de Embaixador, fazendolhe o mesmo tratamento que se dá ao Embaixador do Rey Canará. 1704-1707

### Tratamento que se dá ao Embaixador de Sunda

Chegando o Embaixador, faz aviso dos limites de suas terras como quer vir dar embaixada, e se lhe arma as casas com doze cadeiras, hum esquife, hum bofete com seu panno,

1704-1707 huma guardaporta, e se lhe avisa que venha para ellas, e como vem por terra, o vão conduzir dois ajudantes a cavallo, e o lingua do Estado, até S. Lourenço, donde o levam para as suas casas, e dahi alguns dias faz entrada na fortaleza, donde assiste a fidalguia, Ministros e mais gente luzida, ficando o terreiro formado com a gente da ordenança da cidade; e as mais audiencias se dão em pé, na fórma que se fazem ao Enviado do Sivagi, porém o refresco mandam mais avantajado.

### Tratamento que se dá ao Enviado dos Governadores de Pondá

Quando os Governadores mandam algum Enviado ao Estado com carta e sagoate, o lingua do Estado vae conduzir ao Embaixador na manchua da fazenda, e sendo por terra, vem em seu palanquim, ou a cavallo, com gente de sua companhia, e não está obrigado o Estado darselhe armação das casas, e só se lhe dá o refresco limitado, e na despedida se lhe dá seu sagoate condigno ao que traz, e sempre dão tambem aos Enviados e Embaixadores sua peça particular conforme a pessoa, e o seu estado, e a vontade do Vice Rey; e tambem se dá alguma cousa aos que carretam o sagoate, conforme a grandeza, ou vontade do Vice Rey, porque não tem isso taxa.

### O Sr. Conde de Villa Verde recebeu ao Embaixador do Rey do Canará pela maneira seguinte

Aos 17 de fevereiro de 1698, huma quarta feira, mandou o Sr. Conde Vice Rey a manchua do Estado, e nella Manoel Leitão de Andrade, Tanadar mór, Thimoteo da Ponte do Valle, Capitão tenente da tropa da guarda de S. Ex.ª e Custodio Antonio da Gama, Capitão da manchua do Estado, e Rama Crisna Sinay, lingua do Estado, os quaes voltarão com o dito Embaixador na dita manchua, e nella vinha o dito Embaixador no meio, á mão direita o Tanadar mór, e á esquerda o Capitão tenente, e á mão direita do Tanadar mór o Capitão da manchua, e á esquerda do Tenente o lingua, com mais familia do Embaixador. Chegarão todos ao caes da alfandega, e desembarcando nelle, meteuse o Embaixador no seu palanquim, e o Tanadar mór no seu, e o Capitão tenente no seu, ficando no meio o dito Embaixador, e á direita o Tanadar mór. No terreiro estava formado o terço da gente da ordenança, de que era Sargento mór Balthazar de Azeredo; e ao entrar do Embaixador na fortaleza lhe darão huma salva. 1704-1707

Na sala real estava feito hum tabernaculo de seis degraus, debaixo do docel, e nelle estava posta a cadeira de espaldas, e ao pé della á mão direita hum coxim, e a sala estava alcatifada até a tribuna da capella.

Á mão direita do tabernaculo estavam as cadeiras rasas dos conselheiros, e abaixo dellas seguia hum banco sem encosto, cuberto de huma guardaporta da cidade (*sic*), e á mão esquerda debaixo do tabernaculo ficava hum bofete e huma cadeira rasa para o Secretario, ao que seguiam as cadeiras rasas dos Ministros da Relação, e depois dellas hum banco sem encosto da mesma fórma que o da cidade para o Cabido.

Chegada a hora de entrar o Embaixador, subiu no tabernaculo o Sr. Conde Vice Rey, que estava vestido de huma vestia, e calção de tela encarnada com flores de oiro, e huma casaca de droguete, sobre côr de jambo, tudo de botoadura de oiro, e os Conselheiros, que foram, João Telles da Silva, vedor da fazenda, D. Manoel Lobo da Silveira, João de Lemos do Valle, se foram a seu lugar, e o Secretario o Doutor Gregorio Pereira no seu, e os Ministros João Rodrigues Machado, José da Silva e Gouveia, Pedro Pinheiro de Sousa, Domingos de Sequeira Sarmento, nos seus; aos Conselheiros seguirão os Vereadores Francisco de Azevedo de Sande, Domingos de Miranda de Carvalho, e João Pinto da Fonseca, e mais Officiaes da Camara; e aos Ministros da Relação o Doutor Luiz Soares de Goes, Chantre e Vigario Geral, José Pereira, Mestre Escola, e Commissario das bullas, e Manoel dos Santos, Arcediago. Chegou o Embaixador na sala da

1704-1707 guarda e lhe tomou a mão direita o Tanadar mór, ficando á esquerda delle o Capitão tenente, e assim o trouxeram á sala real; e assim como o Embaixador viu ao Sr. Conde Vice Rey, fez-lhe huma salama, que he cortezia, e o Sr. Conde metteu mão ao chapeu, e o levantou cousa de quatro dedos, e tornou a pôr na cabeça. Chegou o Embaixador debaixo do tabernaculo, fez outra cortezia ao Sr. Conde Vice Rey, e beijou a carta do seu Rey, que a trazia embrulhada em hum lenço, e a entregou ao Secretario do Estado, e este a entregou ao Sr. Conde Vice Rey, o qual a tornou a entregar ao Secretario, e acabada de entregar a carta, apresentou o dito Embaixador o sagoate, que trazia do seu Rey, que vinha em duas bandejas de pau, cubertas de huns tafetás. Acabada a entrega da carta e sagoate, mandou o Sr. Conde Vice Rey chegar huma cadeira rasa, que se poz defronte e abaixo do tabernaculo, cousa de tres ou quatro passos, na qual se assentou o Embaixador, assentando-se primeiro o Sr. Conde Vice Rey na cadeira, e depois se assentaram os Conselheiros, Ministros, cidade, e Cabido, todos em seus assentos na fórma acima declarada, e á mão direita debaixo do tabernaculo ficou o Capitão tenente em pé, e a Manoel Leitão de Andrade ordenou o Sr. Conde que se fosse pôr no seu lugar de Conselheiro. Começou o Embaixador com seus cumprimentos assim da parte do seu Rey como por si, aos quaes respondeu o Sr. Conde Vice Rey, e depois de estarem nesta pratica perto de hum quarto de hora, despediu o Sr. Conde Vice Rey ao dito Embaixador.

# Relação sincera e verdadeira do que fez, pretendeu, e occasionou na missão da China, e em Macau, o Patriarcha de Antiochia Carlos Thomás Maillard de Tournon, Commissario e Visitador Apostolico, com poderes de Legado de Latere. Desde o principio de Abril de 1705 até ao fim do anno de 1707.

(Memoria contemporanea.— Chronista de Tissuary.)

## § 1.º

### Prévia e summaria noticia da fundação, e progressos da missão da China, até vir a ella o Patriarcha

1. Aos Serenissimos Reys de Portugal, summamente benemeritos da Santa Sede Romana e da Igreja catholica, concederam muitos Summos Pontifices, principalmente Leão X no anno de 1514, Clemente VII, e Paulo III no anno de 1539, o direito do padroado amplissimo em todas as regiões da India oriental, já descubertas, e ainda por descubrir, com faculdade de mandar a ellas operarios evangelicos. E em effeito desde então até agora foram sempre mandando os Reys patronos em as suas náos, e com suas despezas todos os annos successivas esquadras de Missionarios, muitos dos quaes com virtudes heroicas, com milagres, e tambem com o proprio sangue, confirmaram a fé que prégavam, converteram a Christo innumeraveis almas de infieis, illustraram e amplificaram a Santa Igreja catholica. 1705–1707

2. Entre elles são por certo dignos de memoria os Padres Miguel Rogerio e Matheus Riccio, da Companhia de Jesus, os quaes (depois de chegarem a Macau, cidade dos Portuguezes, e porto da China) com ardente zêlo, invencivel paciencia, e summo trabalho, penetraram no interior da mesma China, até então fechada aos estrangeiros, e lançaram os primeiros fundamentos desta gloriosa missão debaixo da jurisdicção do Bispo de Macau, ao qual no anno de 1575 tinha o Papa Gre-

1705-1707 gorio XIII a petição do Rey patrono, assignado por diocese toda a China com as terras e ilhas adjacentes. Como porém o Padre Rogerio pouco depois foi mandado para Europa, aonde morreu; sómente ao Padre Riccio se dá o titulo de fundador da missão da China, e com rasão, por ser elle o primeiro que prégou a fé, e estabeleceu a missão em muitas provincias deste imperio, e principalmente na côrte de Pekim, aonde finalmente falleceu no anno 1610 attenuado com trabalhos, e cheio de merecimentos. Compoz e imprimiu o mesmo Padre Riccio muitos livros na lingua, e letras da China, para dilatar o conhecimento das verdades catholicas por toda ella. Dos quaes livros evidentemente se deixa ver que nenhum outro Europeu até o presente conseguiu tanta pericia nas mesmas letras, e doutrina dos Chinas; e por isso affirmam alguns que teve dellas sciencia infusa.

3. Os mais Missionarios Jesuitas, que juntamente, ou pouco depois do Padre Riccio, entraram na China, depois de se applicarem por muitos annos aos estudos dos livros sinicos, e depois de muitas conferencias convieram e assentaram: 1.º que se devia estar pelo systema do mesmo Padre Riccio ácerca da doutrina dos letrados da China; 2.º que os Chinas antigos conheceram a Deus vivo e verdadeiro, e o significavam pelas vozes *Tien* e *Xanti;* 3.º que o mesmo verdadeiro Deus se chamava vulgarmente *Tienchú,* que quer dizer Senhor do Ceu, e desde então até agora por este nome he conhecido e chamado commumente na China o Deus dos christãos; 4.º que a veneração e culto, que os Chinas costumam dar ao Confucio, seu grande Mestre, significado pela voz e letra *Ci,* não era supersticioso, mas só politico, e se podia permittir aos Chinas christãos; 5.º que da mesma sorte se permittisse o culto, que os Chinas costumam dar aos seus progenitores defunctos; 6.º que se lhes permittisse tambem suas tabelas, ou tabicas, em que costumam escrever os nomes dos seus progenitores defunctos, para sua memoria, e veneração politica.

4. Por espaço de cincoenta annos pouco mais ou menos só os Padres da Companhia de Jesus cultivaram esta vinha

do Senhor, e a dilataram por todo o imperio com grande trabalho, e igual industria. Consistia esta na sciencia especulativa, e na pratica curiosa de mathematica; com a qual captivavam os animos dos imperadores e dos mandarins (este nome dão commumente os Portuguezes a todos os que na China tem algum genero do governo) e conseguiram delles a permissão para permanecer dentro no imperio, não obstantes as suas severissimas leis, que huma e outra cousa prohibiam aos estrangeiros. Annunciavam tambem os Padres aos mesmos mandarins as grandezas da Igreja de Deus em Europa, para os moverem a abraçar a fé catholica, confirmando com o exemplo a charidade christã, que pregavam. Porque como todos viessem, e entrassem na China debaixo da protecção de hum só Rey patrono, por huma só via de Portugal, por huma só porta de Macau, e fossem todos de huma só Religião, sujeitos aos mesmos, e não a diversos superiores, nem podiam dizer *Ego sum Pauli, ego vero Cephae,* nem Christo entre elles estava dividido; mas era tal a sua união que causava admiração aos Chinas, assim christãos como gentios. Augmentava-se pois por todo este tempo notavelmente a christandade da China. Muitos letrados doutores, e mandarins tambem supremos, recebiam o santo baptismo, os quaes foram bases, e columnas desta primitiva igreja sinica, e ajudaram muito para ella se dilatar pelas provincias do imperio. 1705-1707

5. Tendo-se já passado meio seculo depois da fundação da missão da China; vieram das ilhas Philipinas e entraram nella outros missionarios hespanhoes das sagradas familias de S. Domingos, e S. Francisco, aos quaes não pareceram bem as resoluções dos Padres da Companhia sobre os ritos sinicos, já reduzidas a praxe por espaço de tão largo tempo, e as começaram a impugnar fortemente. Sendo, porém propostos á Santa Sede os fundamentos destas controversias, foram as resoluções e praxes dos Jesuitas approvadas pelo Summo Pontifice Alexandre VII no anno de 1656.

6. Achavam-se neste tempo as dioceses da India oriental destituidas de Bispos ordinarios; porque tendo os Portugue-

1705-1707 zes no anno de 1640 acclamado por seu Rey ao Senhor D. João IV obstava ElRey de Castella Philipe IV em Roma; e por seu respeito se não atreviam os Summos Pontifices a confirmar os Bispos apresentados por ElRey de Portugal para as dioceses do seu padroado. Por esta causa consentindo, ou mandando o Papa Alexandre VII foram enviados pela sagrada Congregação de Propaganda Fide para a India oriental Bispos vigarios apostolicos, que em lugar dos ordinarios governassem as Missões Portuguezas, conforme a distribuição feita de novo pela mesma sagrada Congregação. Sendo pois a missão da China assignada ao Bispo e vigario apostolico Francisco Palû, de nação Francez, foi elle o primeiro que nella entrou em o anno 1684, no qual morreu logo depois da sua entrada. Succedeulhe no vicariado hum seu companheiro, tambem Francez, por nome Carlos Maigrot. E com o mesmo vigario apostolico Maigrot, que ainda não era Bispo, começaram a governar a mesma missão da China outros dois vigarios apostolicos; hum dos quaes era Bispo de Argolis, por nome D. Fr. Bernardino de la Chiesa, franciscano, e Italiano, que então entrou tambem na China; e o outro era Bispo de Basilea, dominicano e China de nação. Porque foi então repartida a Missão, e a cada hum dos ditos vigarios apostolicos foi assignada sua parte para exercitar nella a sua jurisdicção vicarial.

7. Tinha já então cessado a causa, pela qual as dioceses do padroado de Portugal estavam destituidas dos proprios Bispos. Porque fazendo no anno de 1668 paz entre os dois Reys de Castella e de Portugal, não punha ElRey de Castella obstaculo algum á confirmação dos Bispos eleitos por ElRey de Portugal para as dioceses do seu padroado. Obstava porém, a sagrada Congregação de Propaganda Fide, quanto ás terras dos infieis, em que ElRey não tinha dominio temporal; dizendo que para ellas lhe não fôra concedido o direito do padroado. Durou este litigio alguns annos; e finalmente se acharão em Lisboa na Torre do Tombo as bullas antigas, das quaes evidentemente constava este amplissimo direito concedido aos Reys de Portuga · m todas as regiões da In-

dia, que não estavam debaixo do seu dominio[1]. Á vista pois deste direito tão claro e evidente defiriu o Papa Alexandre VIII no anno 1690 ás justissimas instancias de ElRey de Portugal D. Pedro II, não só confirmando os Bispos apresentados por Sua Magestade para as dioceses antigas de toda a India, mas erigindo de novo duas cathedraes na China; huma na Côrte de Pekim, e a outra na cidade de Nankim, sujeitas ambas á jurisdicção do Arcebispo de Goa, Metropolitano e Primaz da India; declarando juntamente o mesmo Pontifice que ambas eram, e seriam sempre do real padroado de Portugal, e comettendo a ElRey que assignasse os limites a cada huma. 1705-1707

8. Foi pois novamente dividida a Missão da China em tres dioceses, convem a saber: a de Pekim, á qual ElRey em virtude da dita commissão pontificia assignou por districto as Provincias Pekeo, Xantum, Leaotum, Honan, Xansi, Xensi e Suchuem; a de Nankim, á qual assignou as Provincias Kiamnan, Chekiam, Fokiem, Kiansi, Huquan, Queicheu e Yunan; a de Macau, que o mesmo Pontifice Alexandre VIII coartou ás Provincias Quantum (os Portuguezes lhe chamam Cantão) e Quamsi, e ás terras e ilhas adjacentes, que a mesma diocese antes possuia. E para que Sua Santidade não fosse obrigado a retirar da China os sobreditos dois Bispos vigarios apostolicos, os apresentou logo então ElRey para ordinarios; o de Argolis para o novo bispado de Pekim, e a de Basilea para o bispado tambem novo de Nankim, apresentando juntamente ao Doutor D. João Casal para Bispo de Macau. E todos tres foram confirmados juntamente por Alexandre VIII.

[1] Sairam impressas n'um volume em 4.º com este titulo: *Bullarum Collectio, quibus Serenissimis Lusitaniae, Algarbiorumque Regibus terrarum omnium, atque insolarum ultra mare transcurrentium, sive jam acquisitae sint, sive in posterum acquirentur, Jus Patronatus a Summis Pontificibus liberaliter conceditur. Praefatis Bullis aliae insuper gratiarum, et privilegiorum diversi generis interseruntur. Omnes ex Regali Archivo deductae, et in hoc volumen redactae, typis committuntur jussu Serenissimi Petri secundi, Lusitaniae Regis.* — Ulyssipone, in typographia regia Valentini á Costa Deslandes — Cum facultate superiorum — Anno 1707.

1705-1707 Como, porém, o de Basilea morreu antes de lhe chegarem as letras de Bispo de Nankim, foi eleito por ElRey, e confirmado pelo Papa para Bispo de Nankim D. Alexandre Cicero, da Companhia de Jesus, que depois de tomar posse e governar o seu bispado por alguns annos, tambem falleceu no de 1703.

9. Não obstante a industria dos Jesuitas acima dita, foram terriveis as perseguições que padeceu a Missão da China no seu primeiro seculo: *id est*, desde o anno de 1583 até o anno de 1683. A mais terrivel de todas foi movida por hum cruel inimigo da fé de Christo, chamado Yanquamsien, no tempo em que, morto o Imperador Xunchi (foi o primeiro da familia Tartara reinante, que vencidos os inimigos dominou toda a China) governavam quatro grandes o imperio como tutores que eram do pupilo Kambi, filho do mesmo Xunchi. Acusando pois o malvado Yanquamsien no anno 1664 ao Padre João Adamo Scall, da Companhia de Jesus, Presidente da mathematica, e columna da Missão, e juntamente a santa lei de Christo diante dos quatro Governadores do imperio, mandaram elles trazer a Pekim carregados de cadeias a todos os Missionarios, e os metteram no carcere com o dito Padre Adamo. Livrou-os, porém, a Providencia e Omnipotencia Divina, fazendo com hum terrivel terremoto, que se revogasse a sentença de morte já dada contra o Padre Adamo, e que elle com todos os mais fosse mandado sahir do carcere. Foram, porém, desterrados para Cantão, ficando sómente em Pekim com o mesmo Padre Adamo (que em breve tempo morreu) os Padres Fernando Verbi est, Luis Breglio, e Gabriel de Magalhães, todos Jesuitas.

10. Tomando depois o Imperador Kambi o governo do imperio da mão dos ditos quatro seus tutores no anno de 666, se mostrou summamente benevolo aos Jesuitas de Pekim, e lhes fez a elles, e por amor delles a toda a Missão mui singulares beneficios desde então. Constituio ao Padre Fernando Verbi est Presidente da mathematica; chamou e fez vir para Pekim com grande honra ao Padre Philipe Grimaldi de Cantão, e ao Padre Thomás Pereira de Macau; concedeu a to-

dos os mais Missionarios que do desterro de Cantão voltassem 1705-1707
para as suas igrejas, deu ao Padre Verbi est a inscripção imperial, *Kim tien, id est*, Venerai a Deus, para ser collocada em todas as igrejas; e ellas por essa causa serem respeitadas dos Mandarins e do povo gentilico da China; fez vir de Macau para Pekim tambem com grande honra ao Padre Antonio Thomás, mathematico insigne; a cinco Padres Francezes, que de Sião aportaram á China no anno de 1687 (aos quaes os Mandarins queriam fazer voltar para Sião), mandou vir á côrte honorificamente, tanto que soube que eram irmãos dos Jesuitas de Pekim; deixou ficar na mesma côrte com honra ao Padre João Francisco Gerbillon e ao Padre Joakim Bouvet, dois dos ditos cinco Padres Francezes, e aos outros tres concedeu que ficassem, e prégassem nas provincias a palavra de Deus; a muitos outros Jesuitas depois dos sobreditos fez o mesmo favor de os admittir na côrte de Pekim.

11. Morto o Padre Verbi est, Presidente da mathematica, no anno de 1688, deu o mesmo Imperador Kamhi esta presidencia de propriedade ao Padre Grimalde, e de substituição, emquanto elle não voltava da Europa (aonde Sua Magestade o tinha mandado) a deu aos Padres Thomás Pereira, e Antonio Thomás; ao qual tomou por seu mestre nas mathematicas; applicando-se a ellas tanto de proposito, e com tanta intelligencia, que causava grande admiração ao mesmo Padre seu mestre. Porém, aonde manifestou mais o especial affecto, que tinha aos Jesuitas de Pekim, foi na paternal benevolencia, com que supprimiu, e atalhou a dissenção, que então principiava entre elles, por serem alguns vindos por França e outros por Portugal, declarando a todos que queria fossem sempre, assim como até então tinham sido, *cor unum, et anima una*. Deixo innumeraveis outros beneficios e favores, que de tão benevolo Imperador tem recebido os mesmos Jesuitas de Pekim, e mui em especial o Padre Thomás Pereira, a quem singularmente estima por seus raros talentos, e pelos grandes serviços, que tem feito a Sua Magestade por espaço de trinta annos.

1705-1707 12. No que toca á salvação das almas, não deixaram os Jesuitas de Pekim de suggerir a tão prespicaz e benevolo monarcha tudo que conduz para ella, e o mesmo Imperador leu os livros, que tratam da nossa Santa Fé, compostos pelos Jesuitas em lingua e letras sinicas, e conheceu claramente as verdades catholicas. Porém, a fragilidade humana he obstaculo que o impede a abraçar a lei de Christo, que venera por santa e boa. Tão ardua lhe parecia a continencia christã, que chegou a duvidar se os Padres de Pekim observavam a pureza que professavam, e para certificarse, ordenou que residisse com elles no collegio por espaço de hum anno hum mancebo do palacio com pretexto de aprender as sciencias europeias, porém na realidade para espiar tudo occultamente. Sabendo pois o curioso Imperador desta sua espia com certeza o grande recato dos Padres em todo o tempo, descubriu a elles mesmos tudo, admirando e louvandolhes muito uma tão rara e tão grande virtude.

13. Não só aos Padres de Pekim, e ás suas christandades era utilissima a benevolencia de Imperador Kamhi, mas redundava tambem em utilidade de todos os mais Missionarios espalhados pelas provincias; porque todos para serem admittidos e permanecerem no imperio, diziam que eram irmãos dos Padres da côrte, e principalmente daquelle que tinha a presidencia da mathematica, e elle como a irmãos seus os recommendava muito aos Mandarins das provincias, que por causa destas recommendações os tratavam com grande honra, os favoreciam e amparavam a elles e as suas christandades, redundando tudo em grande credito e abono da nossa Santa Fé, e em maior augmento de toda a Missão.

14. Porém, não obstante tudo isto, tambem nesse tempo se moveram algumas perseguições. E foi na verdade terrivel a que excitou na provincia de Chekiam hum Mandarim inferior (estribado na auctoridade do Vice Rey da mesma provincia, capital inimigo da fé de Christo) contra o Padre Prospero Intorceta, da Companhia de Jesus, porque chegou o mesmo Vice Rey a prohibir por hum seu edicto publico em toda aquella provincia a religião christã, por ser contraria ás

leis do imperio, que severissimamente prohibiam a prégação, 1703-1707
e propagação de qualquer seita estrangeira. Com a occasião desta perseguição se resolveram os Padres Thomás Pereira, e Antonio Thomás, então Presidentes da mathematica, com os mais Padres de Pekim, a pedir humilde e efficazmente ao Imperador que eximisse a santa lei de Deus das prohibições geraes do imperio. Defirio o Imperador benignissimamente a esta supplica; e com assombro de toda a côrte, e do imperio todo sahiu com hum decreto imperial (que mandou publicar por todas as provincias no anno de 1690) no qual approvava a lei de Deus como boa e santa, e ordenava aos Mandarins que dahi por diante a não prohibissem. Ha se de advertir aqui, que as seitas dos idolos não são approvadas, mas só permittidas no imperio da China, e sómente a doutrina do Confucio, (que se tomar na sua fonte não repugna ao Evangelho) desde a antiguidade, e agora novamente a nossa santa lei de Deus são positivamente approvadas neste tão grande imperio.

15. Chegando a Roma a nova deste tão singular beneficio (que Deus mediante o Imperador fez a todo o imperio da China) excitou no piissimo animo do Summo Pontifice Innocencio XII admiraveis affectos, e grandiosos pensamentos. Persuadia-se que nestes nossos tempos se converteria toda a China á fé de Christo, se abundasse de operarios evangelicos. E para este fim no anno de 1696, *de plenitudine potestatis,* e contra vontade delRey patrono desmembrou das suas dioceses de Pekim e Nankim nove provincias, convem a savem a saber, Fokien, Chekiam, Kiamsi, Huquam, Quiecheu, Yunan, Suchuem, Xansi e Xensi. Creou oito vigarios apostolicos, alguns delles Bispos, os outros presbiteros, e a cada hum assignou huma das ditas oito provincias por districto de seu vicariato. Coarctou a jurisdicção do Bispo de Pekim ás provincias de Pecheli, Xantum e Leaotum; a do Bispo de Nankim ás provincias Kiamnan e Honan; e a do Bispo de Macau ás provincias de Cantão e Quansi. Consignou 100:000 escudos, de cujos reditos se sustentassem na China os ditos vigarios apostolicos, e hum grande numero de Missionarios,

1705-1707 que com elles havia de mandar a sagrada Congregação de Propaganda. Declarou, porém, que esse provimento de vigarios apostolicos nas ditas provincias desmembradas era sómente emquanto nellas se não eregiam novas cathedraes para serem providas de ordinarios nomeados por ElRey de Portugal, para quem reservava o direito do padroado.

16. Provera a Deus que estes intentos, e resoluções do vigario de Christo sortissem effeito desejado. Porém a experiencia tem mostrado que se multiplicou a gente, mas não se ampliou a fé. Ha hoje na China grande numero de prelados, e são muito mais sem comparação os Missionarios do que dantes eram; mas nem por isso he hoje na China maior o numero dos christãos. Não faltam operarios, que se intromettam nas searas alheias; são porém mui poucos os que querem lavrar e cultivar os campos até agora incultos. E o peior he, que aonde agora ha maior abundancia de operarios diversos, ahi é menor o numero dos christãos. Quando na metropole da provincia de Cantão havia huma só igreja, e sómente hum ou dois Missionarios do mesmo instituto, se contavam naquella cidade quinhentos neophytos, pouco mais ou menos, que frequentavam a tal igreja. Os gentios ouviam a palavra de Deus, e pouco a pouco se augmentava o rebanho de Christo. Porém, tanto que na mesma metropole se multiplicaram as igrejas, e os Missionarios de diversos institutos, começaram os gentios a tapar os ouvidos ás verdades catholicas, e os espiritos começaram a esfriarse, e a retroceder na fé de tal sorte, que já hoje nem vão ás igrejas, que já passam de cinco, nem dão que fazer aos Missionarios, que passam de dez e muitas vezes de vinte na mesma cidade. Quasi o mesmo succede em outras muitas cidades, em que se fabricam novas igrejas por Missionarios de diversos institutos; como, porém, nellas se não tem ainda multiplicado tanto as igrejas, e a variedade de Missionarios, por isso não está ainda totalmente extincto, mas sómente diminuido muito, o numero e fervor dos fieis, que nellas haviam.

17. A causa destes, e ainda de muito maiores damnos, são as dissenções e imprudencias dos mesmos Missionarios. No

primeiro seculo da Missão, em que os Missionarios de diversos institutos eram poucos, procediam com cautella, obravam com prudencia; se tinham entre si algumas dissenções as occultavam de tal sorte, que os Chinas, principalmente gentios, julgavam que todos eram de hum só instituto, ou de huma só familia. Porém, depois que entrou na China tão grande multidão, e variedade de Missionarios, logo começaram a manifestar-se as dissenções, contendas e parcialidades totalmente oppostas á mesma doutrina evangelica, que vinham a prégar; começaram tambem os Missionarios novos a desprezar a cautella e prudencia dos antigos, discorrendo pela China mais francamente, do que discorriam por Europa, e fazendo acções totalmente contrarias á policia e gravidade chineza. 1705-1707

18. Não podiam estas cousas deixar de chegar aos ouvidos do Imperador, que em toda a parte tem seus espias. Por muitas vezes amoestou elle ao Padre Thomás Pereira da multidão, diversidade, e imprudencia dos missionarios entrados de novo na China; acrescentando que receava que occasionariam damno tambem aos mesmos Padres de Pekim. Depois no anno de 1703 fez mais severamente esta amoestação a todos os Padres da côrte, e principalmente ao Padre Grimalde (já tinha vindo de Europa, e actualmente era o presidente de mathematica) dizendo-lhes: «Entre os Missionarios Europeus ha grande differença no obrar; muitos não observam a cautella e decoro devido; temo que o seu mau modo cause ruina a todos; se o seu supremo Mandarim de Cantão os accusar, eu certamente deixarei que os tribunaes vos julguem, e de nenhuma sorte permittirei que se quebrem as leis do imperio. Quero pois que muitas igrejas menores se reduzam a poucas maiores; nas quaes residam Missionarios diversos, e que daqui por diante não se edifiquem novas igrejas sem minha licença.» Sentiram muito o Padre Grimalde e os mais Padres esta proposta do Imperador, e pediram humildes a Sua Magestade lhes concedesse tres dias para consultarem entre si hum ponto de tão grave momento, e finalmente conseguiram da benevolencia imperial

1705-1707 que permanecessem todas as igrejas como dantes. Foi, porém, obrigado o Padre Grimalde a prometter que elle responderia por todos os Missionarios, se fossem accusados, e a receber por elles o castigo, se fossem julgados dignos delle.

19. Não obstante a definição ou approvação de Alexandre VII, de que fiz menção no n.º 5, tornaram a resuscitar na China as controversias sobre os ritos, e desde o anno de 1694 se altercaram de novo e Roma, e se divulgaram por toda a Europa por muitos livros, que de huma e outra parte se escreveram e imprimiram. As quaes controversias todas se podem reduzir a tres questões: 1.ª Se a voz *Tien*, conforme a doutrina dos melhores letrados Chinas, o sentir do Imperador, e do imperio, significa a Deus vivo e verdadeiro, creador de todas as cousas? 2.ª Se a veneração e culto, que os Chinas dão ao Confucio, seu grande mestre, e aos progenitores defunctos, significado pela voz e letra *Ci*, he meramente politico e licito? 3.ª Se são licitas as tabellas, ou tabica, em que os Chinas para memoria, e veneração dos seus progenitores defunctos tem escripto os nomes delles? Os acerrimos contendores eram pela parte negativa, o sobredito vigario apostolico Maigrot, já agora Bispo Cononense, com muitos Missionarios, assim clerigos como religiosos; pela parte affirmativa, o bispo Ascolonense, e tambem vigario apostolico, Fr. Alvaro de Benavente, com todos os Jesuitas (exceptuando unicamente o Padre Claudio Visdelou) e com muitos outros Missionarios de diversos institutos. Para pôr o desejado fim a estas controversias se resolveu o Summo Pontifice Clemente XI que actualmente governa a igreja de Deus, a mandar á China a Carlos Thomás Maillard de Tournon, Patriarcha de Antiochia, com o officio de commissario, e visitador apostolico, e com a auctoridade de legado a Latere, para tomar na China as noticias necessarias, e informar de tudo a Santa Sede Romana. Chegando pois o Patriarcha em huma nau franceza de Europa a Ponticheri na costa do Choromandel em o anno de 1703, se tornou a embarcar no anno de 1704 para Manila, cidade capital das Philipinas, com intento de passar de lá tambem por mar á China. Até aqui a

previa e summaria noticia da missão da China, necessaria 1705-1707
para intelligencia da relação seguinte. Alem disto:

20. Se hade advertir 1.º que na China todos os Missionarios, vigarios apostolicos e Bispos, não usam dos vestidos europeus, mas dos trajos chinezes, e cada hum toma seu nome china. Assim o fez tambem o Patriarcha legado, tanto no trajo, como no nome, que foi o de *Tolo*, e com este nome o nomeavam os aulicos, e o Imperador. Porém eu uso, e usarei tambem na versão dos decretos imperiaes do nome Patriarcha, mais sabido em Europa, exceptuando sómente alguns decretos, com cujo contexto parece não concorda bem o nome e dignidade patriarchal.

21. Ha se de advertir 2.º que os Padres da Companhia são os que residiram, e residem na côrte de Pekim desde o principio da Missão da China até o presente; e nenhuns outros religiosos, nem clerigos assistiram até agora naquella côrte, exceptuando unicamente hum religioso de Santo Agostinho por nome Fr. Nicolau Cima, o qual ha poucos annos foi a Pekim como perito na medicina; como, porém, não achou na côrte, e no Imperador a devida estimação da sua sciencia, foi obrigado a retirar-se de Pekim, ainda antes de saber fallar bem a lingua china. O que supposto, seguese que o Imperador Kamhi só dos Padres da Companhia tomou as noticias, que tinha da fé de Christo, lei de Deus, auctoridade do Summo Pontifice, e das mais cousas da Europa, como se verá na relação seguinte.

22. Ha se de advertir 3.º que depois do Patriarcha vir á côrte de Pekim, começou o Imperador a chamar aos Padres da Companhia, que nella residem, amigos europeus, para distincção dos outros europeus, que de novo vieram com o Patriarcha algumas vezes, porém, debaixo deste nome, amigos europeus, comprehende o mesmo Imperador a todos os Missionarios, que entraram na China no primeiro seculo da Missão; dos quaes nunca soube que tivessem dissensões entre si, ou fossem de diversos institutos.

23. Ultimamente se hade advertir que he certo que desde a entrada do Padre Matheus Riccio na China, até á vinda do

1705-1707 Patriarcha, sómente se passaram 123 annos e não 200, como dizia o Imperador (infra n.º 69 e 96) o qual ou fallou retoricamente tomando todo o segundo seculo em lugar da parte delle, que he os 23 annos, ou se equivocou nos computos.

## § 2.º

**Chega o Patriarcha a Macáu e a Cantão; trata da sua hida a Pekin, das controversias, e de estabelecer a missão dos seus clerigos: entra em Pekin; pede, mas não consegue, o consentimento do Imperador para constituir na Côrte hum superior geral.**

24. Correndo já o anno de 1705, chegou aos 4 de Abril das ilhas Philipinas a Macau o Patriarcha de Antiochia Carlos Thomás Maillard de Tournon, commissario e visitador apostolico, com poderes de legado a Latere. Foi buscalo ao navio em que vinha o Padre Francisco Pinto, da Companhia de Jesus, Provincial do Japão, e Reitor do collegio de Macau, com outros Padres seus subditos, e no mesmo dia o hospedou na quinta, que o mesmo collegio tem em huma pequena ilha dentro do porto, a que chamam ilha Verde. Ali foram no mesmo dia visitallo o Bispo, e o Capitão geral de Macau, e lhe fizeram singulares obsequios e offerecimentos. Não quiz porém o Patriarcha deter-se, nem entrar naquella cidade de ElRey de Portugal, mas logo no dia seguinte se partiu para a de Cantão, metropole da provincia deste nome, dentro do imperio, e chegou a ella aos 8 do mesmo Abril. Em Cantão por conselho dos Missionarios mais veteranos, que ali se achavam, se resolveu a dissimular no exterior a sua dignidade e auctoridade, e desta sorte entrar na côrte de Pekim. Porém, pouco depois, seguindo o parecer contrario de alguns Missionarios novos, mandou apertadamente aos Padres de Pekim que dessem logo noticia ao Imperador da sua chegada a Cantão, e da sua dignidade e auctoridade; e pedissem a sua Imperial Magestade que o admittisse naquella côrte. Obedeceram promptamente os Jesuitas, e achando no Imperador grave repugnancia, multiplicaram as supplicas a Sua Magestade, que finalmente á quarta instancia, concedeu benignamente o que lhe pediam, e mandou que o Patriarcha

em trajos sinicos fosse conduzido com honra a Pekim, á custa 1705-1707
do supremo Mandarim de Cantão, aonde entretanto se detinha o Patriarcha, e se applicava tambem a outros negocios da Missão.

25. Sabiam os Missionarios da China por cartas de Roma, que antecedentemente tinham recebido, o intento, para que o Summo Pontifice mandára o Patriarcha á China (*sup.* n.º 19), e assim pouco depois da sua chegada a Cantão lhe pediram os Jesuitas que de huma parte dos Missionarios, que controvertiam sobre os ritos sinicos, escolhesse dois, ou tres dos mais doutos, e outros tantos de outra parte, e levando-os comsigo, perguntasse e examinasse aos christãos nos pontos controversos, não em huma só christandade, mas em todas as de China; não deferiu o Patriarcha a esta supplica. Admittiu, porém, huma séria disputa sobre estas controversias, na qual pela parte dos Jesuitas contendia o Padre José Raymundo Arjo, e pela parte contraria o Padre Claudio Visdelou; o qual foi na mesma disputa obrigado a conceder tanto, que não quizeram os outros Missionarios adversarios dos Jesuitas estar pelas taes concessões e respostas, dizendo que era necessario que o Bispo Maygrot defendesse a causa, em que era o principal auctor, e como elle estava muito distante na provincia de Fokiem, da qual era Vigario Apostolico, não podia então ter effeito este arbitrio. Tinha o Padre Joakim Bouvet, Jesuita, composto hum livro em lingua e letras sinicas, em que mostrava que os Chinas, assim antigos, como modernos, pela voz *Tien* entendiam ao Senhor do ceu, vivo, e verdadeiro Deus, e não obstante o estar já este livro approvado em Pekim pelo presidente actual dos doutores chinas, o Patriarcha tanto que teve noticia delle, o prohibiu a instancia dos adversarios dos Jesuitas, sem admittir as rasões, que em contrario lhe propunha o Bispo Ascalonense.

26. Neste mesmo tempo, em que se detinha o Patriarcha em a cidade de Cantão, que he da diocese de Macau (*sup.* n.os 8 e 15), comprou nella casa e igreja, para primeiro fundamento da Missão dos clerigos, que comsigo trazia de Roma; obrigou ao Bispo de Macau ao reconhecer por legado a

1705-1707 latere e legitimo superior, não só daquelle bispado, mas tambem do proprio Bispo; constrangeu a todos os Missionarios regulares a estarem de tal sorte sujeitos aos Vigarios Apostolicos, que não pudessem mudar-se, nem ser mudados de huma parte para outra, sem especial licença dos mesmos Vigarios. De Cantão partiu o Patriarcha para Pekim aos 9 de Setembro do dito anno 1705; e de caminho escreveu ao Bispo de Macau que queria mandar hum visitador, que em seu nome visitasse aquelle bispado. Chegando aos 2 de Novembro á cidade de Nankim, metropoli do bispado do mesmo nome, que he tambem do padroado de Portugal (*sup.* n.$^{os}$ 8 e 15), obrigou com preceito rigoroso ao Padre Antonio da Silva, Jesuita, a acceitar o officio de Vigario Apostolico naquella diocese, e a não exercitar o de Vigario Foraneo, que depois da morte do Bispo D. Alexandre Cicero até então exercia por commissão do Primaz da India, afirmando o mesmo Patriarcha que a elle, e não ao Primaz pertencia o constituir Vigario naquella diocese. E nesta mesma cidade de Nankim comprou outra casa e igreja para os seus clerigos.

27. No fim do mesmo Novembro, indo já o Patriarcha avizinhando-se a Pekim, lhe mandou o Imperador ao encontro dois Mandarins, e tres Padres da Companhia, em signal da honra e da benevolencia, com que o queria receber. Foi pois o Patriarcha conduzido por elles honorificamente á côrte, porém, não só molesto da viagem, mas tambem assaz enfermo, e por ordem do Imperador o aposentaram os mesmos Jesuitas em huma das tres casas, que tem na mesma côrte, mais vizinha ao palacio imperial. No mesmo dia que era o 4.º de Dezembro o mandou saudar o Imperador por tres Mandarins da 3.ª ordem. E ordenou que da sua real dispensa se lhe dessem as porções necessarias para o sustento do mesmo Patriarcha, e dos seus familiares por todo o tempo, em que se detivessem em Pekim. Pouco depois aos 12 de Dezembro morreu na mesma côrte hum cirurgião europeu, criado do Patriarcha, por nome Pedro Sigotti. E ainda que os Jesuitas offereceram a sepultura, que conforme ao es-

tyllo sinico tem em huma horta sua fóra dos muros, para nella 1705-1707
se sepultar o defunto; comtudo o Patriarcha, rejeitando este offerecimento, pediu pelos aulicos internuncios, e alcançou do Imperador outro lugar (vizinho á mesma horta dos Jesuitas) para ser nelle, como foi, o dito defunto sepultado. Como este beneficio imperial era como hum penhor dos mais, que se haviam de pedir, causou grande alegria ao Patriarcha, e aos seus familiares, que commummente chamavam aquelle lugar, sepultura italiana, e diziam, se o Imperador se mostra tão liberal com hum defunto, quanto mais se mostrará com os vivos.

28. Tinham os Jesuitas de Pekim no anno de 1700 pedido ao Imperador, como a cabeça não só do Imperio, mas tambem da escola litteraria, que se dignasse de declarar se a exposição dos ritos sinicos (eram os controversos) que lhe offereciam, era conforme ao sentir dos letrados, e do imperio, ou não? Despachando pois o Imperador esta petição, declarou então por escripto que a sentença dos Jesuitas sobre os taes ritos era genuina e verdadeira. Lembrando-se agora disto o Imperador, mandou aos 25 de Dezembro por dois aulicos, chamados Hesken e Chanchanchu, perguntar ao Patriarcha: 1.º quaes eram os negocios, que o obrigavam a navegar tantas mil leguas, e a vir áquella côrte de Pekim; 2.º se a sobredita declaração imperial tinha chegado á Europa, e que dissera sobre ella o Summo Pontifice? A esta segunda pergunta respondeu o Patriarcha em presença dos Jesuitas, que a tal declaração tinha já chegado á Europa; porém, que alguns diziam, que a proposta dos Jesuitas tinha sido diminuta. Replicou a isto o aulico Hesken dizendo; que o seu Imperador era perscacissimo amante da verdade, e não respondia ao que se lhe propunha, senão depois de o ter percebido, e penetrado bem. E logo começou o mesmo aulico a pedir, e a instar ao Patriarcha, que propuzesse elle agora plenamente tudo o que os Jesuitas tinham então deixado de propor. Era interprete do Patriarcha o clerigo Luis Apiani, que tinha sido Vigario Apostolico em a provincia de Suchuen; e estava tambem presente o clerigo Sabino Mariani, auditor

1705-1707 do mesmo Patriarcha. Estes o exhortavam fortemente a que não defirisse ás instancias do aulico, ao qual se disse então que o Patriarcha responderia a este ponto por escripto. Para lhe darem, pois lugar a escrever, se sahiram ambos os aulicos da camara do Patriarcha; porém, nada escreveu.

29. Antes tornando a chamar logo aos aulicos (e excluindo aos Jesuitas) de palavra, e em segredo lhes disse, para elles referirem ao Imperador, que elle fôra mandado pelo Summo Pontifice para visitar, e examinar os christãos de toda a India oriental, e para em chegando á côrte da China dar em nome do mesmo Pontifice as devidas graças a Sua Imperial Magestade por tantos e tão singulares beneficios, feitos á Missão e aos Missionarios Europeus; que elle Patriarcha, conforme a vontade do Summo Pontifice, tambem pedia a sua Imperial Magestade que lhe permittisse constituir em Pekim (he tambem metropole do terceiro bispado do padroado de Portugal) hum superior geral de toda a Missão. Esta a resposta do Patriarcha emquanto á sobredita primeira pergunta. Quanto á segunda sobre a declaração imperial não deu resposta certa; só disse que não pertencia aos Jesuitas o fazerem ao Imperador a proposta, que lhe tinham feito ácerca dos ritos, por serem de grau muito inferior, e que toda a Europa ficára admirada de que fossem elles tão atrevidos. Depois de referir o aulico Hesken tudo ao Imperador, descubriu aos Jesuitas tambem este ultimo segredo; e he certo que sem o Imperador lho mandar expressamente, não podia, sob pena de morte, manifestar segredos similhantes.

30. No dia seguinte 26 de Dezembro, voltando ambos os sobreditos aulicos ao Patriarcha, lhe disseram: «O Imperador ouvindo em grande parte os teus negocios, lhe pareceram faceis e bons; e pela maior parte estão concluidos. Diz Sua Magestade que todos os Jesuitas de Pekim são bons, e não tem feito mal algum: que dos mais Europeus, que residem nas provincias, não tem Sua Magestade conhecimento; e assim te concede que vizites os das provincias sómente. Diz mais que póde acontecer, que nos outros negocios por palavra se erre, acrescentando ou diminuindo alguma cousa;

portanto ordena Sua Magestade que os proponhas por escri- 1705-1707
pto, que mandará verter os teus escriptos por quem tu apontares para isso, e que depois de Sua Magestade ponderar o que escreveres, determinará se hade concedelo, ou não.»

31. Do contexto desta resposta bem claramente se via que o Imperador ainda não concedia ao Patriarcha tudo o que lhe pedira. Como, porém, o interprete Apiani interpretou as palavras sinicas, com que os aulicos diziam que os negocios estavam pela maior parte concluidos, em diverso sentido, dizendo que elles diziam que estavam os negocios totalmente concluidos; se persuadiu certamente o Patriarcha que o Imperador tinha já concedido tudo quanto elle lhe pedira. Respondeu, porém, que escreveria os mesmos negocios; e para a versão do que escrevesse apontou ao Padre João Francisco Gerbillon, ou a quem Sua Magestade escolhesse; e não apontou a nenhum dos seus familiares, porque nenhum delles, nem ainda o mesmo interprete Apiani sabia a lingua tartara, nem podia exactamente verter os escriptos europeus na lingua china. Mandou pois o Imperador que o Padre Thomás Pereira, e o dito Padre Gerbillon vertessem os escriptos do Patriarcha, aos quaes dois Padres se acrescentou depois o Padre Philipe Grimaldi por respeito da lingua italiana, em que o Patriarcha escrevia, que elles não sabiam tão perfeitamente. Feita a versão deste primeiro memorial do Patriarcha, a offereceram os aulicos ao Imperador juntamente com o seu original italiano, e tanto que o Imperador a leu, voltando-se para os aulicos disse: Estas cousas são de zombaria; tem elle mais alguma outra cousa que propor? Não explicou o Imperador a razão deste seu dito. O que se continha neste memorial do Patriarcha era: 1.º hum bem difuso encarecimento da singular estimação, affectuoso cuidado, e do animo agradecido do Summo Pontifice para com o Imperador, e os agradecimentos que o mesmo Pontifice mandava pelo Patriarcha a Sua Imperial Magestade; 2.º o sobredito negocio do Superior geral da Missão em Pekim, e para o conseguir dizia no mesmo memorial o Patriarcha, que desejaria o Summo Pontifice que se constituisse em Pekim hum

1705-1707 homem, o qual obsequiasse a Sua Magestade, administrasse todos os negocios da christandade da China, e fosse superior de todos os Europeus.

32. Em resposta deste memorial mandou o Imperador perguntar pelos ditos aulicos ao Patriarcha se queria escolher para superior geral algum dos Europeus antigos (*id est* Jesuitas), ou algum dos novos? se escolheres algum novo (acrescentava o Imperador) e o fizeres superior dos antigos, não sabendo elle a lingua nem os costumes da China, nem poderá distinguir o falso do verdadeiro, nem informar com verdade ao Summo Pontifice; não constituas pois nesta côrte a hum tal homem que seja superior dos outros, porque sem elle gosando os vossos Europeus de paz entre si, viverão bem com tranquillidade e sem perturbação. Deram os aulicos esta resposta imperial ao Patriarcha perante os Padres Pereira e Gerbillon, por assim lho ter ordenado o mesmo Imperador; e ouvindo-a o Patriarcha, foi tal a sua dor e a sua ira, que não o póde dissimular no exterior do semblante, com o qual inflamado disse aos aulicos que o Imperador lhe negava agora o que já lhe tinha concedido, e que a causa disso era, porque ouvindo a outros mudára a resolução que já tinha tomado. Sabendo o Padre Pereira quam mal recebidas haviam de ser naquella côrte estas palavras do Patriarcha, lhe pediu que de nenhuma sorte soffreria que alguem o interrompesse,[1] e mandou se vertessem as mesmas suas palavras, assim como as tinha proferido. Á vista disto emmudeceram os Padres Pereira e Gerbillon, porque por huma parte com larga experiencia estavam certos quam mau successo haviam de ter as taes palavras, e pela outra estavam impossibilitados a suggerir mais cousa alguma. Finalmente o Clerigo Apiani verteu aos aulicos em china as mesmas palavras do Patriarcha.

33. Tanto que os aulicos as ouviram, conceberam tão

[1] Assim está no manuscripto; mas parece haver aqui algum descuido de copia, pois o sentido pede que se diga — lhe pedio que as moderasse, ao que elle replicou que de nenhuma sorte, etc.

grande dor, que furiosos clamavam contra a estupenda (como 1705-1707 diziam) audacia e insolencia de hum estrangeiro, que se attrevia a injuriar tão gravemente a hum sublime, admiravel e sabio Imperador, dizendo que por ouvir a outros mudára os seus imperiaes decretos. Repetiam as palavras que em nome do Imperador tinham dito ao Patriarcha (*supra* n.º 31), e dellas manifestamente convenciam a falsidade da calumnia. E para se enfurecerem mais livremente sahiram do conclave do Patriarcha para outro lugar das mesmas casas, enchendo o ceu e a terra de clamores. Deixaram-se então ficar com o Patriarcha os Padres Pereira e Gerbillon, para humilde e amigavelmente lhe suggerirem o diverso modo de tratar, que era necessario naquella côrte. Não deu, porém, a isso lugar a indignação do Patriarcha, porque com o rosto abrazado em fogo de ira, que lhe fazia sahir lagrimas pelos olhos, se voltou contra o Padre Pereira; reprehendeu-o asperrimamente; lançou-lhe em rosto por desprezo o ter trabalhado por espaço de trinta annos em serviço do Imperador; e mandou que pelo seu auditor Sabino Mariani fosse examinado debaixo de juramento, como réu de ter persuadido ao Imperador que negasse agora o que antes tinha já concedido. Tudo isto ouviu o Padre Pereira como se fosse de pedra, sem se alterar, nem dar signal algum de impaciencia. E querendo responder com submissão e reverencia á culpa que se lhe imputava, o impediu o dito Auditor, tirando-o por hum braço da presença e camara do Patriarcha.

34. Em chegando á noticia do Imperador as sobreditas palavras do Patriarcha, logo mandou por hum aulico da sua camara dar huma severissima reprehensão no Clerigo Apiani, que tinha interpretado as taes palavras; para que desta sorte aprendesse o Patriarcha a reverencia, com que devia fallar da imperial magestade da China. No dia seguinte 29 de Dezembro fallando o mesmo Imperador com os seus aulicos, disse: Este nosso novo hospede suspeita que os Europeus antigos querem aquelle superiorado, e isto he falso. Eu conheço muito bem a estes nossos antigos; estae certos que nenhum delles quereria acceitar tal cargo. E logo mandou

1705-1707 aos mesmos Padres Jesuitas que fossem protestar diante do Patriarcha que nenhum delles havia de acceitar o dito officio de superior geral; que não dissessem, porém, que faziam o tal protesto por ordem de Sua Magestade. Foram, pois, aos 30 de Dezembro os Jesuitas de Pekim todos juntos com este seu protesto ao Patriarcha; o qual se assentou então *pro dignitate* em huma cadeira, rodeado de todos os seus domesticos, assim europeus, como chinas, e ordenou aos Jesuitas que hum depois de outro viessem a beijar-lhe a mão com os joelhos em terra. Obedeceram promptamente os Jesuitas, ainda que sabiam o quanto desagradaram ao Imperador similhantes genuflexões (que neste imperio são signaes de jurisdicção nas pessoas a quem se fazem) feitas ao Patriarcha em outras partes da China, das quaes teve noticia o Imperador, por ter mandado observar tudo o que o Patriarcha fazia, e se lhe fazia a elle em todas as partes. Depois de recebido o protesto, e lido pelo cancellario André Candella, disse o Patriarcha aos Jesuitas, que a elle lhe constava que alguns, ou algum desfizera este negocio do superiorado geral; considerassem o que faziam resistindo ao Summo Pontifice e á Santa Madre Igreja. Não responderam a isto os Jesuitas, mas se despediram, e se foram todos em silencio.

35. Porém depois o Padre Thomás Pereira, a quem o Patriarcha tinha mandado examinar com juramento (*sup.* n.º 33), antes de ser examinado, de sua livre vontade, e com licença do Padre Phelipe Grimaldi, então visitador de todos os Jesuitas, fez hum papel, no qual jurava *in verbo sacerdotis*, que sempre tinha fallado ao Imperador em abono do Patriarcha, e que nunca por si ou por outrem, procurára que o Imperador negasse a licença de se constituir em Pekim o superior geral. Não quiz, porém, o Patriarcha acceitar este papel, que por parte do Padre Pereira lhe foi offerecido.

## § 3.º

Admitte o Imperador ao Patriarcha á primeira audiencia; nega-lhe que constitua em Pekin hum Nuncio ordinario do Summo Pontifice: manda dadivas imperiaes ao mesmo Pontifice; chega o Bispo de Pekim á corte; chama a ella o Patriarcha ao Bispo Maigrot.

36. Não obstante a sobredita offensa, que do Patriarcha 1705-1707
recebeu o Imperador (*sup.* n.º 33 e 34), benignamente se resolveu Sua Magestade a dar a primeira audiencia ao mesmo Patriarcha aos 16 de 11.ª lua do anno 44 do seu Imperio, que era aos 31 de Dezembro de 1705. E porque o Patriarcha ainda não estava bem são da sua enfermidade, determinou o Imperador que a audiencia fosse em hum quarto do palacio mais vizinho ás casas, em que residia. A este quarto, em que o Imperador o esperava, foi levado o Patriarcha em huma cadeira de mãos, acompanhado dos seus familiares, e dos Jesuitas de Pekim. A todos os corpos de guarda, que se haviam de passar, tinha intimado o Camareiro mór, que se dispensava em todas as ceremonias com o grato e enfermo hospede, o qual na mesma cadeira chegou até á porta da sala em que estava o Imperador. E sendo introduzido nella, ajoelhando-se e inclinando-se como poude, venerou a Imperial Magestade da China, que benignamente (antes de se levantar o Patriarcha) lhe perguntou pela saude do Summo Pontifice; logo o mandou assentar em hum feltro estofado; offereceu-lhe com sua mão imperial vinho em hum copo de oiro; e depois de ter diante de si huma mesa com 35 pratos tambem de oiro, e de provar levemente algumas iguarias, lhas mandou pôr diante, e finalmente lha deu toda assim como estava, mandando que lha levassem para casa.

37. Depois destas honras, e favores, benevolamente perguntou o Imperador ao Patriarcha a causa da sua honra[1], e que negocios trazia. Respondeu que o Summo Pontifice desejava que residisse hum homem na côrte de Pekim para a

[1] Assim está no manuscripto; mas o sentido pede que se diga — vinda.

1705-1707 mutua correspondencia com a côrte Romana. Isto he facil, disse o Imperador, e se póde commetter a hum dos Europeus antigos. Instou o Patriarcha, dizendo: que devia ser homem de confiança, conhecido do Pontifice, e de experiencia da Curia Romana. «Eu (respondeu o Imperador) não sei o vosso costume da Europa; cá entre nós costumamos dizer: este he de confiança; todos devem servir fielmente; ha huns que são mais chegados a mim, outros não tão chegados, e outros mais remotos; porém, a obrigação, a fidelidade he igual em todos; e qual delles se attreverá a ser menos fiel em alguma cousa? suppõe que eu te concedo o que me pedes; este homem novo não póde entender-me, nem fallar commigo; he necessario interprete, e daqui nascerão suspeitas com as desconfianças.» Tornou a instar o Patriarcha, dizendo que tinha homem, o qual se applicaria á lingua de dia e de noite, e querendo continuar a instancia, lho prohibiu o Imperador, e assim de repente se acabou sem effeito esta pertenção. Ultimamente tornou o Imperador a perguntar ao Patriarcha, se tinha algum outro negocio, e respondendo que não, o despediu, promettendo-lhe dadivas imperiaes para o Summo Pontifice, e ordenando-lhe que escrevesse a Sua Santidade, que honorificamente fôra recebido e tratado. E o certo he que a nenhuma outra pessoa estrangeira, por mais grande que fosse, nem a Principe algum da Tartaria, concedeu o Imperador da China tão grande honra, affirmando-o assim o Principe herdeiro, e confirmando-o com inveja o Principe primogenito.

38. Como o Patriarcha nem pelos aulicos internuncios de palavra, ou por escripto, nem de presença na sobredita audiencia tivesse descuberto o seu juizo ácerca da declaração imperial (de que fallámos acima no n.º 28) logo no dia seguinte, que era o 1.º de Janeiro de 1706, lhe mandou o Imperador pelos aulicos pedir a resposta cathegorica. Instavam os mesmos aulicos ao Patriarcha que propozesse tudo o que na tal declaração julgava escuro, duvidoso ou diminuto, e que o Imperador sapientissimo lhe daria clara e certa resposta por escripto. Respondeu a tudo isto o Patriarcha, que

quando estivesse com melhor saude e mais desoccupado, então trataria deste ponto. 1705-1707

39. No mesmo dia se resolveu o Imperador a mandar ao Summo Pontifice as dadivas, ou presente imperial, que no dia antecedente tinha promettido; e com beneplacito do mesmo Imperador deputou o Patriarcha ao seu Auditor Sabino Mariani para ser o portador. Havia de conduzil-o por ordem do Imperador até o porto das nàus europeias hum Mandarim, o qual depois de avisado para isso, propoz a Sua Magestade, que elle não podia entender nem ser entendido do dito Auditor, que não sabia a lingua da China, e portanto pedia a Sua Magestade que mandasse outro europeu, que servisse de interprete. Com a occasião desta proposta, considerou e julgou o Imperador, que era melhor mandar a Roma juntamente com o Auditor Mariani ao Padre Joakim Bouvet, Jesuita, para como legado imperial offerecer o presente ao Summo Pontifice, e em effeito o ordenou assim. Constava o presente imperial de dez formosas perolas, pescadas nos rios de Tartaria; hum envoltorio da preciosa raiz chamada Gincem; cincoenta pelles zebelinas de côr preta e esquisitissimas; dez colchas, ou cobertores bordados de huma e outra parte subtilissimamente; trinta peças de seda, as melhores da China, de diversa côr e lavor. Tudo isto composto em duas bellas e curiosas cestas, mandou o Imperador por hum aulico da sua camara, e tres Mandarins mostrar ao Patriarcha, e entregar ao Padre Bouvet, e em effeito lhe entregaram os Mandarins as chaves das ditas cestas, que elles mesmos fecharam, depois de ver tudo o Patriarcha. Ao qual intimou o dito aulico em nome do Imperador que na carta que escrevesse ao Summo Pontifice acrescentasse, que Sua Magestade mandava ao Padre Bouvet por seu legado e enviado a Sua Santidade, e que pedia lhe mandasse Mathematicos, Musicos, Medicos, Cirurgiões, insignes nas suas artes, e homens religiosos. No dia seguinte, 3 de Janeiro, admittiu o Imperador á sua presença por despedida ao Padre Bouvet e ao Auditor Mariani, porém, só ao Padre Bouvet encarregou que saudasse ao Summo Pontifice, lhe offerecesse o

1705-1707 presente imperial, e procurasse que viessem os ditos homens insignes nas suas artes. Ao mesmo Padre Bouvet se lhe deu escripto o decreto imperial, pelo qual o constituia o Imperador seu legado. Pediu o Auditor Mariani a Sua Magestade presencialmente a carta de crença, para tambem ser tido em Roma por legado, porém, não lha quiz dar o Imperador.

40 Não obstante, porém, tudo isto, tinha para si o Patriarcha, que o Padre Bouvet não era legado imperial, mas só hum adjunto do Auditor Mariani, e ainda que os Padres João Gerbilhon e Domingos Parcenim, affirmavam e testificavam o contrario, não lhes quiz dar credito. Pediu ao Padre Bouvet as chaves das ditas cestas, e não lhas quiz tornar a dar, mas entregou-as ao Auditor Mariani, com ordem, que só em caso de morte entregasse ao Padre Bouvet o presente imperial. Na carta, que escreveu ao Summo Pontifice, não quiz acrescentar que o Padre Bouvet era legado do Imperador, como Sua Magestade lhe tinha ordenado (*supra* n.º 39) mas sómente dizia que era adjunto do Auditor Mariani. Aos 4 de Janeiro mandou o Patriarcha esta carta ao Imperador (que no mesmo dia partia de Pekim para a caçada que costuma fazer no inverno) para Sua Magestade a ver; e vendo-a o Imperador, lhe mandou que a emendasse no tocante a este ponto do Padre Bouvet. Porém o Patriarcha nem ainda quiz crer que o Imperador assim o mandava (*infra* n.º 60). No mesmo dia 4 de Janeiro partiram tambem de Pekim o Padre Bouvet, e o Auditor Mariani com o Mandarim conductor, e com o presente imperial; foram, porém, obrigados a deter-se por largo tempo em Cantão, por não acharem já náu alguma, que nesta monção voltasse para a Europa. Delles tornaremos a fallar abaixo nos n.os 53, 60, 61 e nos seguintes até o n.º 67 *inclusive*, e mais abaixo no n.º 110, 116 e 121.

41. Aos 6 do mesmo Janeiro chegou da Provincia de Xantum, aonde residia, á côrte o Bispo Pekinense D. Fr. Bernardino de la Chiesa, com hum religioso Franciscano por nome Fr. Antonio Frossoloni, e se hospedaram nas mesmas casas dos Jesuitas, em que estava o Patriarcha. O Fr. Frossoloni disse que o Bispo Ascalonense por cartas estimulára

a consciencia do Bispo de Pekim, para vir a moderar o ardor do Patriarcha, que não saia com cousas que arruinem a Missão; e que esta era a causa da vinda do Bispo de Pekim áquella côrte. 1705-1707

42. Desejavam muito os Jesuitas que o Patriarcha, logo que chegou a Pekim, tomasse juridicamente conhecimento de tudo o que pertence ás controversias sobre os textos e ritos sinicos; foram, porém, obrigados a esperar até que o Patriarcha melhorasse da sua enfermidade; como, porém, o tempo se hia passando, e elle não acabava de convalecer, aos 22 de Janeiro lhe metteram hum memorial pedindo-lhe que se dignasse de cometter ao Bispo de Pekim aquillo que não necessitasse da sua patriarchal presença. Respondeu o Patriarcha que no tocante a esta causa de nenhuma sorte cometteria a outrem cousa alguma; e ordenou aos mesmos Jesuitas que por partes lhe fossem apresentando os papeis e instrumentos, que tinham em seu favor. Tornaram pois a 29 de Janeiro a offerecer-lhe outro memorial, em que pediam que tomasse juridico conhecimento da declaração imperial, que elles tinham conseguido no anno de 1700 (*supra* n.º 28) e de muitos outros instrumentos, que nomeavam em hum catalogo adjunto. Visto o memorial, decretou logo o Patriarcha citar ao Bispo e vigario apostolico Maigrot, para que da provincia de Fokien, onde residia, dentro em quatro mezes viesse a Pekim a assistir ao acto, que se havia de fazer sobre a declaração imperial, se era, ou não era verdadeira. Replicaram os Jesuitas que não era necessaria a presença do Bispo Maigrot para este tal acto, em que elle não era réu, nem auctor. Porém, o Patriarcha persistindo no decretado, escreveu logo ao dito Bispo, chamando-o de Fokien a Pekim.

## § 4.ª

**Disputa o Patriarcha com o aulico Heskén sobre os ritos controversos; pede ao Imperador, mas debalde, huma casa em Pekim; trata com os christãos de tirar os ditos ritos, e se segue tumulto; depõe do officio de Visitador ao Padre Grimaldi, e o priva a elle, e ao Padre Pereira, de voz activa e passiva**

1705-1707 43. Por este tempo se achava o Patriarcha mais molestado da sua enfermidade; alevantava-se, porém, com os mimos do Imperador, ainda que ausente na caça; os quaes por ordem de Sua Magestade se mandavam de palacio cada dois, ou cada tres dias, acompanhados por hum, e algumas vezes mais aulicos. O ordinario era Hesken, com o qual disputou algumas vezes o Patriarcha sobre os ritos controversos impugnando a sentença dos Jesuitas, que o aulico fortemente defendeu. Vendo-se, pois, o Patriarcha tão mimoso do Imperador, concebeu esperança, que conseguia de Sua Magestade huma casa em Pekim para habitação futura daquelles homens, que por ordem imperial tinha pedido ao Summo Pontifice (*supra* n.º 39). E para conseguir este intento, julgou necessario fazer, como fez, a supplica em segredo pelo aulico Hesken. Reparou o aulico no segredo e perguntou ao Patriarcha, porque não fazia a tal supplica pelos europeus antigos, se desconfiava, e de quem desconfiava? Respondeu o Patriarcha que principalmente desconfiava do Padre Thomás Pereira, e declarou-lhe as causas da desconfiança. Tudo isto com toda a meudeza referiu o mesmo aulico no 1.º dia de Fevereiro ao Imperador, que chegou então da caça a Pekim, e depois de alguns dias, como de si, mas na realidade por ordem do Imperador disse ao Patriarcha o seguinte: «Não convem que só por mim peças a casa ao Imperador; todas as casas, que os europeus antigos tem nesta côrte, lhes deu Sua Magestade; mandando, pois, que da Europa venham homens peritos em varias sciencias, não lhes doará tambem a elles huma casa? Importa que consultes com os antigos europeus todos os negocios, antes de serem propostos ao Imperador, porque elles são os que disseram a Sua Mages-

tade que tu eras grande na primeira classe abaixo do Summo 1703-1707
Pontifice, e os que pediram ao Imperador que te chamasse á côrte, e por isso te mandou Sua Magestade conduzir a Pekim sem ter alguma outra noticia de ti.»

44. Mostrou o Patriarcha ao aulico, que este documento lhe agradava muito. E logo mandou que no dia seguinte viessem fallar com elle os Padres Grimaldi, Pereira, Antonio Thomás e Gerbillon. Sabendo, pois, o Imperador isto mesmo pelo mesmo aulico, ordenou aos mesmos Padres que logo depois de ouvirem a proposta do Patriarcha fossem a palacio. Vieram todos elles (excepto o Padre Grimaldi, por estar enfermo) ao Patriarcha no dia seguinte, em que se contavam 5 de Fevereiro; propõe-lhes o Patriarcha o negocio, e pedelhes que concorram para se conseguir a dita casa. Responderam-lhe que na côrte de Pekim não se podia chegar como de salto á conclusão dos negocios; que concedesse alguma dilação, porque elles explorariam; e se achassem facil entrada, para se introduzir e conseguir esta supplica, lhe dariam noticia fielmente. Não descontentou ao Patriarcha esta resposta dos Jesuitas, os quaes em sahindo do Patriarcha foram logo a palacio, como o Imperador lhes tinha ordenado. Tanto, porém, que Sua Magestade ouviu o que o Patriarcha tinha proposto, e pedido aos Jesuitas, declarou que com o documento, que tinha mandado dar ao Patriarcha pelo aulico Hesken (*supra* n.º 43) não pertendia que o Patriarcha pedisse a casa pelos Jesuitas, mas que os consultasse, e que elles o instruissem das razões que havia para se não fazer agora esta supplica.

45. E logo presentes os mesmos Jesuitas, e alguns aulicos disse: que a razão para se conceder a tal casa poderia ser a complacencia do Summo Pontifice, e o applauzo que se seguiria em Europa; porêm, em contrario estava que ainda não era certo, de que nação, de que ordem, e de que qualidade haviam de ser aquelles, para os quaes a casa se pedia. Porque, se (conforme a razão, que o Patriarcha propunha) por isso se havia de preparar para os taes homens casa diversa das casas dos europeus antigos, porque poderiam ser

1705-1707 de diverso instituto; pela mesma razão se havia de preparar para cada hum huma casa diversa, porque cada hum podia ser de diverso instituto dos institutos dos outros. Aqui se atreveu o aulico Hesken a propor ao Imperador hum arbitrio a favor do Patriarcha dizendo; e que seria se se concedesse huma casa com condição que fosse commua para todos os que hão de vir? Não póde ser isso, respondeu o Imperador, e mandando sair para fóra aos Jesuitas continuou a pratica com os aulicos, dizendo-lhes: «Não vedes que primeiro se pediu o superior geral, negado elle, se pediu hum homem para a mutua correspondencia, e não se concedendo tambem este, se pede agora a casa; para da casa se tornar ao homem da correspondencia, e delle ao superior geral.» Logo mandou dizer aos Jesuitas que não se atrevessem a pedir a tal casa. Ouvindo, porém, que elles hiam tristes, lhes tornou a mandar dizer que podiam pedil-a, porém, que elle a não havia de conceder. Por outra via, e primeiro que pelos Jesuitas soube o Patriarcha o fim infeliz deste negocio com grande sentimento seu, e vehementes suspeitas contra os mesmos Jesuitas.

46. He o anno novo dos Chinas a sua principal festa; e se celebra em todo o imperio com ferias solemnes, fogos e espectaculos festivos, banquetes e jogos. Com a occasião pois desta festa, que neste anno de 1706 cahia aos 13 de Fevereiro, mandou o Imperador ao Patriarcha huma meza com muitas iguarias, hum javali, huma cabra silvestre, muitos peixes, e hum delles tão grande que pezava 150 arrateis. Foi este mimo do Imperador trazido ao Patriarcha com grande pompa, precedendo as insignias imperiaes, e acompanhando aos homens de pé, que o traziam, muitos Mandarins, hum dos quaes era o principal eunuco, e muitos europeus todos a cavallo. Alem desta, fez o Imperador outra singular honra e favor ao Patriarcha, convidando-o para ver os fogos festivos na sua quinta real; nella lhe mandou preparar casa, honrou-o com lhe dar assento, e o fez recrear com espectaculos, iguarias e musicas, mandando tambem a dois Mandarins que para guarda da pessoa do Patriarcha ficassem de noite na

mesma casa, em que foi aposentado. Nem foi menor a benevolencia, que depois disso lhe mostrou, mandando aos seus proprios medicos, que fossem examinar a enfermidade tão dilatada do mesmo Patriarcha, consultassem sobre os remedios, e de tudo informassem a Sua Magestade. Foram elles, viram o enfermo, e ouvindo o parecer do medico europeu, que o Patriarcha trazia comsigo, convieram com elle, em que se esperasse a primavera, na qual fosse o Patriarcha ás caldas, que era o melhor remedio que se podia applicar á sua enfermidade. De tudo informaram os medicos ao Imperador, que gostou muito de saber o remedio para benignamente lho mandar depois applicar. 1705-1707

47. Por este tempo mediante o seu interprete Apiani começou o Patriarcha a tratar com os christãos dos ritos controversos, exhortando-os ou mandando-lhes que se abstivessem delles. Isto mesmo juntamente com o mesmo clerigo Apiani persuadia aos christãos o sobredito Fr. Antonio Frossoloni, dizendo-lhes que era necessario obedecer o senhor grande, *id est*, ao Patriarcha. Seguiu-se, porém, daqui tal rumor entre os christãos, que passou aos gentios, e chegou á noticia do Imperador, o qual aos 16 de Fevereiro mandou chamar á sua presença ao Padre Gerbillon e lhe perguntou, que era o que o Patriarcha tratava com os christãos. Dissimulou o Padre e respondeu como se não soubesse aonde atirava a pergunta; porém, o Imperador mudando o rosto de benigno em severo acrescentou: porventura não tem ainda entendido o Patriarcha, que todos os sequazes da vossa lei hão de arrenegar, se elle quizer tirar-lhe os taes ritos? referiu o Padre Gerbillon tudo isto ao Bispo de Pekim, e ambos juntos o foram referir ao Patriarcha, o qual respondeu, que elle não mandava, mas só exhortava a que se tirassem aquelles ritos. Fallou tambem o Imperador na mesma conformidade sobre este mesmo ponto com o Padre Pereira, e com os grandes da sua côrte, e crescendo o rumor que o Patriarcha prohibia os taes ritos aos christãos, disse Sua Magestade que elle era perturbador, e viera para destruir a lei de Christo na China.

1705-1707 48. Resolvendo-se, pois, os christãos ao offerecer ao Patriarcha seus memoriaes, nos quaes humilde e reverentemente lhe propunham os gravissimos riscos, difficuldades e razões, que obstavam a se tirarem aquelles ritos; e ainda que foi admittido o segundo, porque o Fr. Frossoloni por desprezo o rasgou, sendo não só não admittidos, mas lançados fóra os christãos, como desobedientes e rebeldes, que se oppunham á vontade do Patriarcha. Ao mesmo Patriarcha (offerecendo-se-lhes boa occasião aos 21 de Março) recorreram juntos 100 christãos, pouco mais ou menos, e prostrados de joelhos alevantaram em alto cinco memoriaes sobre a mesma materia. Mandou o Patriarcha recolhelos por hum seu famulo, e tanto como os teve nas suas mãos os quiz logo rasgar, começando por hum delles; como, porém, não podesse por ter ainda enfraquecidas as mãos da enfermidade mandou ao Padre Gerbillon, então presente, que o ajudasse. Pediu-lhe o Padre que não fizesse diante dos christãos huma cousa tão dissonante; porém, o Patriarcha vendo que não podia rasgar o memorial, o lançou em terra, e o pizou com os pés em presença dos christãos, muitos dos quaes irritados com este desprezo, se resolveram a hir acuzar ao Patriarcha diante do Supremo Tribunal dos Ritos de ter calcado e pisado com os pés as leis da China, o nome de Deus, e o nome do Imperador, escriptos naquelle memorial. Tendo, porém, disto noticia o Padre José Soares, hum dos Jesuitas de Pekim, se foi logo á Igreja e fez aos mesmos christãos huma tal pratica, que os deixou aterrados, e dissuadidos de hum tão perverso, e horrivel intento, sendo tal o horror do mesmo Padre, e a contenção com que pregou, que o fizeram cahir logo enfermo. Nem tambem custou pouco aos outros Jesuitas a reprimir similhante audacia, que os mesmos Neophytos enfurecidos voltaram contra o interprete Apiani.

49. Ainda que o Imperador tinha negado ao Patriarcha que vizitasse aos Jesuitas de Pekim (*supra* n.º 30) elle com tudo, do modo que poude, inquiriu da sua vida e custumes, e achou que o Padre Thomás Pereira pelos officiaes serralhei-

ros do Imperador commettidos á sua direcção, tinha apertado com os devedores, para que pagassem os alugueis das casas que o collegio dos Jesuitas tem em Pekim. Mandando, pois aos tres de Março chamar á sua presença a este Padre, o reprehendeu o Patriarcha deste (como dizia) escandalo e injustiça. Respondeu-lhe o Padre, que esta exacção nem era escandalosa, nem injusta, e depois que brevemente insinuou as razões acrescentou: «Excellentissimo senhor, (deste titulo gosava na China o Patriarcha para com os Europeus) sómente no juizo de Deus apparecerá pura a verdade; muitas cousas dizem os adversos da nossa Companhia de Jesus, que logo se crêem, sem ser citada, nem ouvida a parte.» A isto replicou o Patriarcha dizendo: «saiba, pois, V. R.ª, que eu entre os meus poderes tenho o de julgar *inaudita parte*, e digo isto a V. R.ª porque porventura alguma vez usarei deste poder.» Respondeu-lhe, porém, o Padre que a sentença dada *inaudita parte*, era nulla *jure naturali;* divertiu o Patriarcha a pratica a outras cousas. Tornou, porém, logo a reprehender mais asperamente ao mesmo Padre Pereira da sobredita exacção dizendo-lhe, que tinha peccado nella. Respondeu o Padre, que elle julgava que não tinha peccado; porque cada hum podia e devia requerer o seu no melhor modo que pudesse na côrte de Pekim. Então o Patriarcha, arrebatado de hum ardentissimo zêlo, exclamou, dizendo: *ideo te suspendo, ideo te suspendo;* e perguntando-lhe pacatamente o Padre de que cousa o suspendia; acrescentou o Patriarcha com o mesmo ardor, *a divinis te suspendo.* 1705-1707

50. Estava então presente outro Jesuita chamado Kliano Stumph, e advertindo que o zêlo do Patriarcha procedia da falsa supposição de que na dita exacção interviesse certa condição, a qual seria injusta; interpoz algumas palavras para tirar esta equivocação; porém, debalde. Estavam tambem presentes o cancelario do Patriarcha, Andre Candela, e o interprete Apiani, o qual intercedia dizendo, que agora se não devia proceder com censuras, que o Padre Pereira imaginára que obrava bem, e que portanto se lhe devia mandar que desse razão da sua acção, e da sua resposta. Confor-

1705-1707 mando-se, pois, o Patriarcha com este parecer do Clerigo Apiani, ordenou ao cancelario que fizesse hum acto juridico da resposta que tinha dado o Padre Pereira, tendo sido chamado como réu, e que escrevesse no mesmo acto a ordem de que desse o Padre por escripto as razões da sua resposta. Feito e lido este acto de palavra, disse o Patriarcha ao Padre Pereira que elle não ficava suspenso; obedecendo, pois, o Padre á ordem contheuda no acto, e respondendo por escripto ao crime que se lhe imputava, mostrou que aquelle modo de exigir os alugueis das casas não era contrario a leis algumas, nem exposto a algum perigo ou escandalo; mas era muito conforme á razão, e necessario na cidade de Pekim, e que se fazia sem detrimento algum dos devedores, exceptuando unicamente a paga dos alugueis, ou o lançal-os fóra das casas alugadas. Como, porém, o Padre Pereira nesta sua resposta entre as mais leis fazia tambem menção das de Portugal, ás quaes aquella exacção não era contraria, dizendo que elle de algum modo estava tambem obrigado a observal-as, reparou muito nisto o Patriarcha, e ainda que o tolerou, mostrou que o sentia (*infra* n.º 60 *prope finem*).

51. Achou mais o Patriarcha, que o Padre Phelipe Grimaldi, então visitador dos Jesuitas, em nome da Igreja do seu collegio de Pekim, tinha feito hum contrato de compra, e de alluguel de humas casas, em a qual o vendedor e juntamente alugador das mesmas casas (a quem deixou o Padre Grimaldi que fizesse a escriptura como quizesse) acrescentou de si mesmo duas clausulas insolitas: a primeira era que remiria a casa tornando a dar o preço que recebia por ella, não só quando elle vendedor, mas tambem o Padre comprador quizesse; a segunda era que a isto mesmo se obrigavam tambem os fiadores. Escreveu tambem na mesma escriptura (como se costuma na China para segurança) que elle vendia e entregava a casa, não só ao Padre Grimaldi, mas tambem ao Padre Pereira e aos mais Jesuitas, sendo que o Padre Pereira e os mais de nenhuma sorte concorreram para o tal contrato, e nem ainda souberam delle. Tendo, pois, o Patriarcha noticia deste contrato, fez vir perante si a escriptu-

ra, e em acto de visita (como disse) *extra formam juris*, ou- 1705-1707
vida, porém, a parte, o condemnou por usurario por hum seu decreto, dado aos 17 de Maio de 1706, privando juntamente por esta causa no mesmo decreto ao Padre Grimaldi do officio de visitador, e de voz activa e passiva, não só a elle mas tambem ao Padre Pereira.

52. Depois da promulgação deste decreto do Patriarcha, fez o Padre Antonio Thomás, então substituto do Padre Provincial da China, hum papel em defensa dos ditos dois Padres, e o metteu ao Patriarcha aos 31 de Junho, no qual lhe representava que o Padre Grimaldi celebrou com boa fé aquelle contrato; que tivera *pro non adjectis* as ditas duas clausulas delle; que as taes clausulas conforme as leis da China, não davam direito algum ao comprador para obrigar ao vendedor, ou aos fiadores que rimam a casa, e que nos tribunaes se não custuma e se não havia de fazer caso de taes clausulas, assim como se ellas não estivessem na escriptura; que o mesmo Padre Grimaldi nem tinha sido promovido, nem fôra costumaz, antes desde o principio da causa se offerecera sempre prompto para emendar o tal contrato; que era e fôra sempre religioso mui observante, e isento de toda a apparencia de avareza, e que por todas estas razões não era digno de hum tão grave castigo; que o Padre Pereira estava totalmente innocente, porque nem celebrou o contrato, nem concorrera para elle, assim como os mais Padres que estavam tambem todos incluidos na mesma clausula da escriptura, e comtudo tinham sido julgados innocentes, e não merecedores de castigo. Como, porém, com nada disto se movesse o Patriarcha, fez, e lhe metteu o mesmo Padre Antonio Thomás outro papel aos 6 de Julho, no qual lhe representava, que o mesmo contrato (ainda que fosse celebrado, e acceito com as ditas clausulas) conforme a opinião de muitos, e graves doctores, que alegava, era licito e não usurario, e que ainda que era mais decente e mais seguro não usar desta opinião, comtudo não seria digno de castigo aquelle que sem ser promovido obrasse conforme a ella. Não se moveu tambem o Patriarcha com esta segunda representação, mas

1705-1707 persistiu no seu decreto; e os ditos dois Padres ficaram tão rigorosamente castigados, como se na realidade fossem réus de tão graves penas. Para não interromper a relação deste successo escrevi aqui antecipadamente o que succedeu em Junho e Julho. Agora torno ao mez de Maio.

53. Tendo chegado com o Clerigo, e Auditor Mariani a Cantão o Padre Bouvet, pediu ao mesmo Mariani que como a legado do Imperador (*supra* n.º 39) lhe entregasse o presente imperial para o Summo Pontifice; porque havendo de voltar-se logo para Pekim o Mandarim conductor, poderia o Imperador perguntar, e saber delle, que o seu legado, a quem Sua Magestade mandára entregar o dito presente, o não levava, mas o levava o enviado do Patriarcha. Desta petição do Padre Bouvet deu o mesmo Auditor por carta noticia ao Patriarcha, que tanto como a recebeu, se mostrou notavelmente sentido e irado aos Padres de Pekim, e transportado do zêlo disse que havia de mandar ao seu Auditor que antes lançasse no mar o presente imperial, do que o entregasse ao Padre Bouvet. Vendo pois, e ouvindo tudo isto o Padre Gerbillon, superior do Padre Bouvet, lhe escreveu que em todo o caso deixasse ao Mariani o presente imperial; que se esta noticia chegasse ao Imperador, elle Gerbillon procuraria mitigar a indignação de Sua Magestade, ou se sacrificaria a soportal-a em obsequio da Santa Sede Romana. E para applacar o animo do Patriarcha, lhe deu o mesmo Padre Gerbillon noticia desta ordem, que mandava ao Padre Bouvet. Porém, ainda que exteriormente parecia, não ficou totalmente applacado o animo do Patriarcha, como abaixo veremos no n.º 60.

## § 5.º

**Recusa o Patriarcha o obsequio dos Jesuitas; pede ao Imperador audiencia secreta, que depois de concedida, não tem effeito; accusa alguns Jesuitas, e a nação Portugueza; offende-se disto o Imperador, e sáe com decretos contrarios á vontade do Patriarcha.**

54. Era já chegado o tempo de hir o Patriarcha ás caldas conforme ao que se tinha assentado (*supra* n.º 46), e como ellas estejam pouco distantes de Pekim, lhe ficava facil a via-

gem, que foi aos 19 de Maio. Preveniu, e seguiu ao enfermo a benevolencia imperial, e não lhes faltaram os Jesuitas com os seus obsequios; porque o Padre Grimaldi (sendo ainda então visitador) muito antes do dia da partida lhe offereceu que de todos os Padres de Pekim escolhesse qual quizesse para seu obsequio nas mesmas caldas. A nenhum quiz o Patriarcha. Acompanharam-no, porém, de Pekim até o lugar das mesmas caldas dois dos mesmos Jesuitas, o Padre João Gerbillon e o Padre N. Regis. Depois o foi ver, e obsequiar em hum dia o Padre Parrenim; e o Padre Stumph em outro que era o 1.º de Junho. Neste mesmo dia veio tambem ao mesmo lugar das caldas o aulico Hesken, mandado pelo Imperador, para ver e saber da melhoria do Patriarcha, o qual diante do aulico disse ao Padre Stumph, que se voltasse para Pekim, por que elle tinha segredos com o aulico. Voltou-se pois o Padre Stumph logo para Pekim, e mediante o seu interprete Apiani communicou o Patriarcha os seus segredos ao aulico; que referiu tambem ao Imperador o que se tinha passado com o Padre Stumph como circumstancia dos segredos. Mandou, pois, o Imperador em outro dia a tres Jesuitas (que eram os Padres Soares e Parrenim, com o Irmão Baudino) ao Patriarcha com o mesmo aulico Hesken, a quem ordenou que lhe dissesse, que Sua Magestade mandava aquelles tres para consolação e ajuda delle enfermo, ignorante na lingua, e cheio de tédios. 1705-1707

55. Os segredos que no dito dia 1.º de Junho communicou o Patriarcha ao aulico Hesken eram huns vehementes desejos de hir á presença do Imperador, para lhe descobrir todo o seu coração. Como isto mesmo desejava, e tinha solicitado o Imperador (*supra* n.os 28, 37 e 38) com grande gosto concedeu agora a audiencia que lhe pedia. E porque o Patriarcha se persuadia que dentro em dez dias estaria em estado de hir em presença imperial, e de fazer as devidas ceremonias; foi decretada a audiencia para os 12 de Junho. Porém, no dia antecedente depois da ceia sobrevieram ao Patriarcha huns desmaios com outro achaque; o qual ainda que lhe permittiu o ir á quinta aonde estava o Imperador com tudo pre-

1705-1707 parado para a audiencia, não lhe permittiu o chegar á presença imperial. Sentiu Sua Magestade este novo accidente, e benignamente mandou ali pelos seus aulicos visitar, e alentar com iguarias a debilidade do enfermo, a quem finalmente mandou despedir para hir tratar da sua saude em Pekim. Recomendou tambem muito assim aos domesticos do Patriarcha, como aos Jesuitas, que tivessem diligente cuidado do enfermo, porque conforme aos principios da medicina sinica, temia muito que aquella repentina mudança lhe causasse a morte. E por esta mesma razão ordenou tambem ao aulico Hesken, que de dia, e de noite assistisse na mesma casa, em que estava o Patriarcha enfermo, e que duas vezes no dia fizesse avizo a Sua Magestade do estado da doença.

56. A este mesmo aulico Hesken (depois do Patriarcha começar a convalecer) descobriu o Clerigo Apiani, que o mesmo Patriarcha tinha para offerecer ao Imperador hum papel sobre os ritos controversos, feito por hum doutor europeu sapientissimo, que havia vinte annos residia na provincia de Fokiem (*id est*, pelo Bispo Maigrot). Com gravissimas razões dissuadiu o aulico o offerecimento deste tal papel; e entre outras disse, que todo o imperio despedaçaria com os dentes aos europeus, se quizessem destruir os custumes e estatutos de seus antepassados; que o Imperador amava a lei christã, a approvara por seu edicto publico para todo o Imperio, e gostará muito que todo se faça christão; porém, que agora se os seus vassalos lhe instarem que lance fóra da China aos europeus, será obrigado a escrever ao Summo Pontifice, que o seu intento se frustrára e destruira por aquelle legado, a quem o mesmo Summo Pontifice tinha enviado. Tudo isto referiu o dito aulico ao Imperador.

57. Sabendo o Imperador da melhoria com que já se achava o Patriarcha, lhe mandou pelo mesmo Hesken quinze peças de seda e hum arratel das preciosas raizes de Ginsem, dizendo que elle tinha promettido dadivas, e as dava; porém, que para recuperar a saude se fosse elle Patriarcha de Pekim para as partes do Sul. Ouvindo isto o Patriarcha ficou estupido e começou a tergiversar, e finalmente disse que

tinha negocios que tratar com o Imperador presencialmente. 1705-1707
E sendo-lhe ordenado que propuzesse os taes negocios pelos internuncios, respondeu, que os negocios, que tinha que propor, não eram seus, nem do Summo Pontifice, mas pertenciam ao mesmo Imperador; que portanto Sua Magestade mandasse hum homem, a quem os ouvesse de descobrir.

58. Irritou-se o Imperador de que hum estrangeiro, e peregrino, se atrevesse a dizer que trazia negocios pertencentes á pessoa ou familia imperial, e logo com a sua propria mão escreveu hum severo e bastantemente difuso mandado. Nelle arguia Sua Magestade ao Patriarcha de que sendo presencialmente perguntado (*supra* n.º 37) se tinha mais algum negocio, negasse então o que agora afirmava; temesse fallar agora publicamente, como se tivesse alguma cousa indigna de se saber, quizesse entremeter-se nos negocios do Imperio, nunca commettidos aos Europeus; se, porém, tinha alguma cousa, que dizer contra os ritos sinicos, não poderiam soffrer isto os Chinas (*supra* n.º 56); comtudo se sobre esta mesma materia tinha algumas palavras do Summo Pontifice com os seus fundamentos, que as podia propor. Este a summa deste mandado imperial. No entretanto foi por ordem do mesmo Imperador perguntado o Clerigo Apiani se sabia os segredos do Patriarcha, e dizendo que não, foi mandado jurar e jurou isto mesmo diante dos aulicos; os quaes acabado o juramento lhe disseram: Vai agora, e daqui por diante dize, que o Imperador não conhece a Deus, a quem mandou, que tu tomasses por testemunha, como a Senhor que está presente e tudo sabe. Finalmente mandou o Imperador aos 21 de Junho tres aulicos com o sobredito mandado ao Patriarcha, ordenando-lhe absolutamente que lhes dissesse a elles os negocios que tinha.

59. Estavam presentes, alem dos aulicos e dos domesticos do Patriarcha, tres Jesuitas, o Padre Pereira, o Padre Gerbillon e o Padre Parrenim. Sendo pois obrigado o Patriarcha a fazer patente o que tinha encerrado no peito, disse diante de todos, dois segredos do seu coração, que eram

1705-1707 duas accusações, huma contra alguns Jesuitas Francezes, outra contra a nação Portugueza. Todos viam quão nocivas para elle mesmo haviam de ser as cousas que o Patriarcha dizia; e não se attrevendo a interpretal-as os mais, as interpretou o Clerigo Apiani aos aulicos. Não quizeram elles hir a referir de palavra ao Imperador taes negocios, mas mandaram que se lhes dessem por escripto. Rogaram no entretanto os Jesuitas ao Bispo de Pekim, que dissuadisse ao Patriarcha de taes acusações, tão indignas da sua pessoa e dignidade; o mesmo lhe pediram os seus mesmos domesticos. Não quiz, porém, elle desistir, dizendo, que procurava o obsequio da Santa Sede Romana, e finalmente mandou entregar aos aulicos hum memorial seu para o Imperador, sellado com o sêllo do seu officio, o qual traduzido *verbo ad verbum* da lingua Italiana (em que foi escripto) na Portugueza diz assim:

60. «Á sublime comprehensão de Vossa Magestade em cumprimento da sua ordem, represento em este papel o que a minha indisposição me não permittiu referir-lhe de palavra, e lhe peço humildemente o perdão da repugnancia, que tinha de publical-o, attribuindo-a ao rubor que cada hum tem de manifestar os proprios defeitos, os quaes devo descobrir com obsequio reverencial a Vossa Magestade, que faz as partes de pae, para receber os seus altos documentos; tanto mais que me acho em precisa necessidade de receber o seu oraculo por ser materia, que pertence ao mais perfeito cumprimento das suas ordens. 1.º Teve Vossa Magestade a clemencia de destinar a Sabino Mariani a Sua Santidade, para lhe levar os seus preciosos, e tão estimados presentes, trazidos a mim em deposito dos ministros de Vossa Magestade na conformidade, que exprimi na carta, que sujeitei aos olhos de Vossa Magestade. Agora por estranho accidente entendo com noticia certa que o Padre Bouvet, mandado por companheiro, e tambem por titulo de servir-lhe de interprete, pertende ser elle só o enviado de Vossa Magestade, e que Sabino Mariani lhe haja de entregar os presentes, que eu lhe entreguei como a primeiro deputado de Vossa Magestade,

como a maior em dignidade ecclesiastica, como a pessoa plenamente informada e participante dos grandes beneficios, que tenho recebido de Vossa Magestade do principio da minha chegada até agora por respeito de Sua Santidade, e finalmente, como a sujeito conhecido e ternamente amado de Sua Santidade. Alem disto a este fim se tem espalhado que Vossa Magestade me ordenou emendasse a dita carta, que eu sujeitei á correcção de Vossa Magestade, e com a sua benigna approvação, me foi restituida por meio do Mandarim Van. Eu ainda que não devia fazer caso de taes vozes, vendo que quem as tem espalhado as fomenta com testificações, que poderiam metter em duvida principalmente em partes remotas, a verdade do facto, e hum tão grande beneficio de Vossa Magestade, e para que possa eu, sem duvida alguma de contravir os sapientissimos intentos de Vossa Magestade, nem deixar em alguma obscuridade hum negocio tão grande, e de tanto cuidado de Sua Santidade, supplico humildemente a Vossa Magestade de declarar-me a sua precisa vontade, para que seja mais exactamente feito o serviço de Vossa Magestade, e que as suas heroicas acções sejam celebradas em Europa com toda aquella prespectiva de gloria, que lhe he tão justamente devida, e tambem para que fique justificado o que tenho escripto. 2.º A summa rectidão, com que Vossa Magestade governa os seus povos, e a igual clemencia, com que se digna ha tanto tempo favorecer aos Europeus, e tambem o tão louvavel amor da paz, moveu a sua bondade a dar profundos documentos de charidade aos mesmos Europeus, e a supprimir com a sua doutrina algumas suas particulares dissenções. Porém, temendo eu que se não se descobre a Vossa Magestade a verdadeira raiz das mesmas dissenções, resuscitarão novas occasiões de molestia ao seu coração, todo cheo de amor, especialmente em occasião, que hão de vir as pessoas pedidas por Vossa Magestade para o seu serviço, donde nasceria pouca satisfação de Vossa Magestade, e não menor disgosto ao Summo Pontifice meu Senhor, que tanto deseja que Vossa Magestade seja servido com pleno seu gosto; e que entre os Europeus se dê exemplo daquella carida- 1705-1707

1705-1707 de, que he o fundamento principal da nossa religião; tanto mais que só a duvida de encontrar desordens detem as pessoas mais sabias, e prudentes a não se exporem á occasião; daqui he que me movo a representar-lhe humildemente que a origem fundamental destas desordens he, que os Portuguezes não querem que venha cá alguem sem passar por Portugal, e sem submetter-se ás leis daquelle Reino, e daqui vieram os primeiros desgostos com os Padres Francezes, não obstante que sejam Irmãos da mesma Companhia, donde mais se opporiam a outros de gremio distincto, e certamente todos pela fama da bondade de Vossa Magestade á competencia concorreram a multiplicar-lhe servos e operarios, e escolhendo-se de todas as nações e de todas as communidades, não ha duvida que Vossa Magestade teria homens mui aptos, e em maior numero em qualquer arte que desejasse. Mas, porém, isto se insinua sómente, para receber as suas ordens, mentres a intenção de Sua Santidade he concorrer á satisfação de Vossa Magestade, sendo pae commum que olha com igual paterno affecto a todas as nações christãs da Europa, e que sobretudo deseja o gosto de Vossa Magestade. E eu em receber os seus documentos receberei especial beneficio, para poder obedecer-lhe mais exactamente.» Este he o memorial, cujo original italiano se conserva no archivo do palacio interior do Imperador da China, para perpetua memoria, com este titulo em lingua e letras Tartaras — *Libello accusatorio.*

61. Tanto que o primogenito do Imperador recebeu este memorial já vertido em Tartaro, logo á primeira vista exclamou, dizendo: *Réu digno de morte he este estrangeiro. Porventura o Bouvet não he nosso legado? Póde porventura o seu domestico ser legado do Imperio?* Depois disto levou o mesmo primogenito o memorial ao Imperador seu pae, o qual quiz ver as testificações alegadas no memorial. E sendo-lhe offerecida a cedula, em que estavam escriptas, disse: *Isto está bem escripto: tudo assim he.* Perguntou tambem aos antigos Europeus, se seria julgado em Europa ter o Patriarcha crime de morte? e o seu domestico Mariani havia lá de passar sem

castigo? Avisou, porém, aos mesmos Europeus antigos que Sua Magestade havia de attribuir tambem a culpa ao Bouvet, ainda que a não tinha, para que o Patriarcha conhecesse a sua. 1705-1707

62. Depois mandou aos 22 de Junho ao Patriarcha o seu imperial rescripto, no qual lhe dizia: que os negocios conteudos no memorial de nenhuma sorte pertenciam a Sua Magestade, mas a elle Patriarcha e aos Europeus; que era difficultoso que o Mariani vindo de reino estrangeiro fosse tambem legado do Imperio, que as commissões imperiaes foram dadas ao Bouvet; porém, que hum devia ceder ao outro, e não disputar da superioridade, e que portanto seriam ambos tornados a chamar a Pekim. Quanto á 2.ª accusação dos Portuguezes a rejeitou o Imperador no mesmo seu rescripto, dizendo, que elle não sabia que leis eram as dos Portuguezes, e perguntando como podia ser que o Summo Pontifice, o qual preside a todos os negocios da religião christã, admitta a homens, que impedissem aos outros para que não venham (*id est*, por causa da religião) á China? Acrescentava no mesmo rescripto, que elle não curava dos varios gremios dos Europeus, porém, que aquelles que se afastassem da doutrina do Imperio, difficultosamente ficariam na China; que tinha determinado que sem attenção á diversidade de gremios, todos os Europeus fossem daqui por diante unidos, e que sem distincção de meu e teu vivessem no mesmo lugar com despezas communs, e que desta sorte se podiam tirar as discordias para sempre.

63. Pacatamente ouviu o Patriarcha estas e outras cousas similhantes conteudas no mesmo rescripto, e humildemente respondeu, que de coração dava graças a Sua Magestade pelos documentos, aos quaes como justissimos, se submettia; e que sómente humilde pedia, que esta vez se dignasse Sua Magestade perdoar o erro do Bouvet, e do Mariani, para que o Summo Pontifice não fosse com a dilação privado por algum tempo da honra de receber o presente imperial. Ainda com esta resposta se não aplacou totalmente o Imperador; antes escreveu huma exhortação e reprehensão bastante-

1705-1707 mente aspera, para ser ntimada ao Patriarcha pelos aulicos Hesken e Chanchamchu, na qual louvava a união dos Europeus antigos, que viviam todos (são as palavras do Imperador) como se fossem de huma familia; não quebravam a lei de charidade, com que cada hum deve amar o proximo como a si mesmo; e exhortava aos novos Europeus á observancia da mesma charidade: vós (lhes dizia esta exhortação) deixastes vossas casas, apartastes-vos dos paes e parentes com o desejo de promulgar a lei christã, e exercitar as virtudes; se chegardes a tanto, que mutuamente vos não ameis, como podereis promover o negocio da religião? Reprehendia na mesma exhortação aos que não sabendo a doutrina da China se atreveram a disputar della temerariamente, e a fallar della.....................................[1]

## § 6.º

**Concede o Imperador audiencia ao Patriarcha, e da mesma sorte o Principe herdeiro. Advertencia que este faz a hum familiar do Patriarcha perante os Europeus**

..................................................[2]

Junho ao Palacio imperial acompanhado dos seus domesticos, e dos Jesuitas. Conduziram-no os Mandarins pelos maiores pateos, chamada recreação do coração. Nella dispensando o Imperador por causa da enfermidade do Patriarcha, lhe pozeram a mesa e depois de comer com os Europeus, que o acompanhavam, foi introduzido á presença imperial. Estava Sua Magestade assentado em um throno levantado; aos lados no mesmo throno mais abaixo do Imperador estavam o Principe herdeiro, o Principe primogenito, e o nono, e decimo tercio genito assentados em almofadas. Como o Patriarcha estava ainda debil de enfermidade, se sustentava nos braços dos Padres Thomás Pereira e João Gerbillon, e nesta fórma fez tres genuflexões e nove inclinações ao Imperador,

1 O manuscripto acha-se aqui interrompido por falta de algumas folhas.

2 Falta o principio d'este paragrapho pela rasão dita na nota antecedente

que o mandou assentar em hum feltro sobre o pavimento da 1705-1707
sala. Louvou brevemente o Patriarcha as virtudes do Imperador, e lhe deu graças por tantos e tão singulares beneficios. Seguiu-se huma pratica mui familiar entre ambos, a qual acabada o despediu o Imperador benignamente, e lhe mandou mostrar as salas magnificas do Palacio. Aqui foi convidado o Patriarcha para no dia seguinte ir á quinta do Imperador e do Principe herdeiro. Voltando o Patriarcha do Palacio para casa, chegou a ella na mesma hora o Bispo Cononense, Carlos Maigrot, Vigario Apostolico de Fokien (*supra* n.º 42) com o clerigo Francisco Gueti, perito na arte de fazer relogios.

69. No seguinte dia 30 de Junho, foi o Patriarcha conduzido por tres Mandarins á quinta do Imperador, a cuja presença foi outra vez admittido com seus domesticos, e com os Jesuitas. Entre as mais cousas lhe disse ao Imperador: «Hontem me pediste as minhas ordens. Eu Imperador julgo que não ha mais que acrescentar. Tu sómente faze patente ao Summo Pontifice que na China ha mais de dois mil annos seguimos reverentemente a doutrina do Confucio; e desde tempo, que Matheus Ricci e outros cá chegaram, e de quarenta e mais annos do meu imperio, que vem a ser ha duzentos annos, pouco mais ou menos, viveram os Europeus na China com grande paz e tranquillidade, sem culpa e sem erro. Porém, se de aqui por diante os homens da nossa religião tiverem ainda que seja hum só ponto, que desdiga da doutrina do Confucio, difficultosamente permanecerão na China os Europeus».

70. Respondeu o Patriarcha que os Europeus no tocante á religião eram subditos do Summo Pontifice, e eram obrigados a seguir tudo o que Sua Santidade definir, o qual não póde errar nas suas definições. Replicou o Imperador. Tambem na nossa doutrina nada ha contra a razão; porventura notaste alguma cousa? Respondeu o Patriarcha, como não sei ler os livros da China, nada notei; sómente ouvi que o Confucio ensinava vingança e isto he mau. Então o Imperador: Erra, disse, quem isto diz; o que o Confucio afirma do

1705-1707 poder do imperio para vingar os bons dos maus, applica aos homens particulares. Se os particulares matarem, não me pertence a mim o castigalos, e administrar a justiça? Eu mesmo Imperador procedo muito devagar em mandar matar aos reus, para que o affecto particular não perverta a justiça; e isto porque? senão porque temo ao céu, e o céu prohibe matar a alguem por ira particular.

71. Ouvindo isto, disse o Patriarcha, que não podendo elle por causa da ignorancia da lingua dar razão destas cousas, chamára da Provincia de Fokien hum Europeu provecto na idade, e nos costumes esclarecido com a dignidade episcopal, e peritissimo nas letras e cousas da China, o qual satisfizesse a Sua Magestade no que disputam os Europeus, e que este homem chegára hontem, e trouxera comsigo outro aptissimo para o serviço de Sua Magestade (*supra* n.º 63 *fine*). Já antes disto tinha o Patriarcha nas caldas em o 1.º de Junho avisado ao aulico Hesken do mesmo Bispo Maigrot que havia de vir a Pekim, e o Clerigo Apiani lhe tornou a fazer o mesmo aviso aos 19 de Junho. Mostrou o Imperador que gostava com a vinda de tão grande homem, e disse que o mandaria chamar á Tartaria; perguntou se elle sabia escrever as letras da China e fazer a composição? Respondeu o Patriarcha que sabia escrever, e podia compor quanto era necessario para se explicar.

72. Saíndo o Patriarcha da presença imperial, foi com os Europeus que o acompanhavam, levado por humas alagoas em hum bergantim imperial, para ver as delicias da quinta. Mandou-lhe tambem o Imperador huma formosissima flor de suavissimo cheiro, naquelle tempo rara na China, e em Europa nunca vista. Acabada a navegação, veio o Principe primogenito, e em nome de seu pae o Imperador offereceu ao Patriarcha novas dadivas para o Summo Pontifice, perguntando que cousas lhe seriam mais agradaveis? A esta pergunta depois de huma urbana resistencia, respondeu o Patriarcha, que a louça e os charoados da China poderiam ter applauso em Europa. Dali passou o Patriarcha para a quinta do Principe herdeiro; deteve, porém, o Principe primoge-

nito ao Clerigo Apiani, e a alguns outros Europeus, e voltando-se para o mesmo Apiani, diante de todos lhe disse: «O teu Patriarcha diz que o Confucio ensina a vingança, e que isto he mau (*supra* n.º 70), porém, elle accusou diante do meu Pae aos Portuguezes e ao Pereira, e isto porque? senão porque os aborrecia?» Quiz hum dos Jesuitas, que estavam presentes, interromper a pratica e ir-se, porém, o Principe pegando pelo braço, disse, importa que vós todos ouçaes. Dizem estes novos Europeus, que vem a prégar o amor do proximo, e sem causa accusam aos outros. Se tu Apiani ou o teu Patriarcha, tornardes a fazer taes accusações, tu o pagarás na pelle, o pagarás na pelle, o pagarás na pelle; repetindo estas mesmas palavras tres vezes com severidade. 1705-1707

73. Recebeu o Principe herdeiro na sua quinta ao Patriarcha com singular honra e benevolencia. Mandou (foi favor nunca visto) que na mesma cadeira de mãos, em que vinha, entrasse dentro dos muros do pomar e se embarcasse com os companheiros Europeus em hum admiravel bergantim, e depois da saudação humanissima, navegou juntamente, já hindo adiante, e já parando ao lado, e fallando com o mesmo Patriarcha, exquisitas bebidas[1] em huma formosa casa, que está no meio das alagoas, rodeada por todas as partes das aguas. Chegou finalmente o Patriarcha á sala em que o Principe dá audiencia, e ali lhe tornou a fallar Sua Alteza, e o despediu benigna e honorificamente. Á vista de tão grande benevolencia do Imperador, e do Principe herdeiro, ficou pasmada toda a côrte, e não custava pouco a alguns verem a soberania do seu imperio inclinada amigavelmente a hum estrangeiro.

[1] Assim está no manuscripto; mas parece faltarem aqui algumas phrases.

## § 7.º

**Parte o Imperador para a Tartaria; trata por internuncios das controversias com o Bispo Maigrot; accusa o Patriarcha de novo aos Portuguezes, e não quer escrever ao Summo Pontifice as palavras do Imperador ácerca dos ritos controversos.**

1705–1707 74. No 1.º de Julho do corrente anno 1706 partiu o Imperador de Pekim para a Tartaria, e quiz que alguns Jesuitas o acompanhassem nesta viagem. Deixou ordenado aos aulicos Hesken, e Chaocham que em nome de Sua Magestade dissessem ao Patriarcha, que escrevesse os beneficios, e decretos imperiaes, de que devia dar parte ao Summo Pontifice. Respondeu o Patriarcha aos aulicos (os quaes no mesmo dia 1.º de Julho lhe vieram intimar esta ordem imperial) que era facil escrever os beneficios, dos quaes se não podia esquecer; porém, que ainda restavam grandes difficuldades ácerca dos homens que o Summo Pontifice havia de mandar. A 1.ª era que elle Patriarcha tinha trazido de Europa hum dos melhores medicos para serviço do Imperador, e que sem ser admittido a experiencia alguma, era tornado a mandar voltar para Europa, e que sabendo-se isto em Europa, nenhum medico quererá jámais vir á China, para lhe não soceder o mesmo. A 2.ª era que os Portuguezes tinham firmemente determinado não dar passagem a pessoa alguma para a China, e que infallivelmente haviam de deter aos homens que mandasse o Summo Pontifice, se por algum caso fossem aos seus portos, como facilmente podia acontecer. E para confirmar isto foi o mesmo Patriarcha especificando os casos seguintes: 1.º de muitos companheiros que (como dizia) trouxera o Padre Grimaldi, e foram impedidos em Goa, para não virem com elle á China; 2.º de hum Jesuita Francez que queria passar a Tunkim, e de Goa foi remettido para Portugal; 3.º de certo Pintor que foi retido em Macau, e desterrado para Goa; 4.º do Clerigo Apiani seu interprete, que escaçamente escapou das mãos dos Portuguezes de Macau. Estava o Padre Gerbillon presente, quando o Patriarcha repetiu estás accusações, e lhe disse que por nenhum caso interpretaria taes cousas aos aulicos. Pois eu (disse então o Clerigo Apiani) as interpretarei, e assim o fez. Responderam, porém, os aulicos que elles não tinham ordem para ouvir taes accusações, e menos para referil-as ao Imperador; que fizesse elle Patriarcha o que Sua Magestade lhe mandava, porque elles no dia seguinte haviam de voltar a este fim. 1705-1707

75. Depois perguntaram os mesmos aulicos ao Bispo Maigrot, se tinha alguma cousa contra a doutrina do Confucio? Respondeu, que muitas. Se sabia escrever as letras, e ler os livros da China? afirmou que sim. O mesmo afirmou tambem de si o Clerigo Guety, companheiro do mesmo Bispo, acrescentando, porém, que o mesmo Bispo era seu mestre, sabia mais, e responderia a tudo. Não queria comtudo o Bispo escrever as cousas, que, como dizia, tinha contra o Confucio; mandaram-lhe, porém, absolutamente os aulicos que as escrevesse, e no dia seguinte lhas entregasse a elles por escripto.

76. Então mandou o Patriarcha aos Jesuitas que nem tratem nem disputem com o Imperador sobre os ritos e textos da China; e que procurem que não se venha a estas disputas; porque, dizia elle, se o Bispo Maigrot sahir com todas as cousas, que tem contra a doutrina do Confucio, não poderá deixar de expor-se a missão a gravissimo risco, e assim dareis vós Jesuitas conta a Deus, e aos homens, da ruina da fé de Christo na China. A isto respondeu o Padre Gerbillon, Superior dos Padres Francezes (a mesma resposta deu tambem o Padre Antonio Thomás, Superior de todos os mais Padres) que considerasse S. Ex.ª quem para estas disputas dera hontem noticia ao Imperador do Bispo Maigrot; quem nas caldas avisou ao internuncio Hesken do mesmo Bispo que havia de vir a Pekim; que elle Superior e todos os padres seus subditos haviam de obedecer ao mandado de S. Ex.ª, que não estava, porém, na sua possibilidade mover o animo do Imperador, para que se não chegue ás disputas, estando elle já inclinado a ellas; que alem disto protestava, se estas ou aquellas cousas eram licitas aos christãos, se não; se era este ou aquelle o sentido dos textos e ritos da China;

1705-1707 que o mesmo Imperador diante de S. Ex.ª tinha dito que elle declarava o sentido do imperio; se, porém, elle concordava, ou disconcordava da lei christã, o deixava ao Summo Pontifice; e que se não tratava diante do Imperador da doutrina do Confucio, mais que precisamente do que toca aos pontos controversos; donde se o Bispo Maigrot saír com mais cousas, e dellas se seguir algum mau successo, de nenhuma sorte se poderá attribuir aos Jesuitas. Estes protestos por si e pelos seus subditos, offereceram os ditos Superiores por escripto ao Patriarcha, o Padre Gerbillon o seu no mesmo dia 1.º de Julho, o Padre Antonio Thomás o seu aos 3 do mesmo mez, e este não quiz receber o Patriarcha.

77. Tornando os ditos aulicos aos 2 de Julho lhes deu o Bispo Maigrot por escripto algumas proposições, e na 2.ª dizia, que o sacrificio, que o Imperador fazia ao ceu, era mau. E tanto que os aulicos leram esta proposição, se offenderam e indignaram terrivelmente. Estava presente o Padre Parrenim, e lhes pediu que se não agastassem; porque o Bispo Maigrot escrevera aquella proposição, não com animo de offender ao Imperador, mas com bom animo. Valeu-se o mesmo Bispo desta escuza, e fez em seu nome a mesma supplica aos aulicos, os quaes lhe responderam: «se não julgassemos que tu por ignorante, e não com mau animo escreveras a tal proposição, sem esperarmos resposta do Imperador te entregariamos ao Tribunal do Crime para esperares no carcere a sentença de morte». Estava tambem presente o Clerigo Apiani, e largamente mostrou ao Bispo em quão grande risco mettera a missão, sahindo com cousas odiosas ao Imperador, das quaes de nenhuma sorte se tratava. Depois disto exhortaram os aulicos ao mesmo Bispo Maigrot que escrevesse, se era licito ou não venerar o *Tien,* o Confucio, os progenitores defuntos, e collocar as tabellas? Respondeu que todas estas cousas não eram licitas. Instaram elles que dissesse as causas. Disse que não se podião dizer. Perguntaram-lhe se sabia as causas? affirmou que sim. Logo tornaram a instar, escreve que estas cousas não são licitas, e porque? Respondeu que não podia escrever as letras sini-

cas. Replicaram-lhe; porém, hontem dizias que podias, e ante hontem isto mesmo foi dito ao Imperador; assim zombaste de Sua Magestade. Elle, porém, insistia dizendo, que nem as letras, nem os livros da China entendia; e que era inhabil para explicar estas cousas. Isto mesmo escreve, instaram, e nol-o entrega para offerecermos ao imperador. Finalmente prometteu de dar-lhes isto por escripto. 1705-1707

78. Foram logo os aulicos ao Patriarcha, o qual tambem lhes pediu que concedessem se riscasse do papel do Bispo Maigrot aquella 2.ª proposição offensiva do Imperador. Responderam os aulicos que tratariam do remedio, se o Bispo escrevesse os sobreditos pontos dos ritos controversos, com as suas causas. Sendo pois chamado o Bispo, não quiz vir nisto, tornando a confessar-se ignorante, não só de palavra, senão tambem por escripto que entregou aos aulicos, para offerecerem ao Imperador; porém, em lingua europea, disse: «Ainda que digo diante destes que sou ignorante nas letras e ritos da China; cõmtudo protesto que diante de V. Ex.ª disputarei até confundir a todos os Jesuitas, e mostrarei evidentemente que enganam a Igreja de Deus». Descontentou este protesto ao Patriarcha, e disse que agora se devia de abster de similhantes palavras.

79. Para satisfazer ao mandado do Imperador (*supra* n.º 74) entregou o Patriarcha aos aulicos: 1.ª huma difusa relação dos beneficios novamente recebidos do Imperador, escripta em lingua italiana para se offerecer ao Summo Pontifice; 2.ª huma supplica ao Imperador, para que se dignasse de declarar se mandava que elle Patriarcha voltasse neste anno para Europa; 3.ª aquellas mesmas cousas, que de palavra tinha dito aos aulicos ácerca dos seus medicos, e dos Portuguezes (*supra* n.º 74). Disputavam os aulicos entre si ácerca do que de tudo o sobredito deviam propor, e deixar de propor ao Imperador. Ajustaram-se, porém, e resolveram, que tudo se propozesse, e nas mesmas casas dos Jesuitas, em que residia o Patriarcha, verteram tudo em lingua Tartara. No entretanto propoz hum dos Jesuitas ao Bispo de Pekim o grande risco, a que se expunha o Patriarcha reno-

1705-1707 vando as accusações contra os Portuguezes, constando que o Imperador se offendia dellas, e que o Principe primogenito tinha sobre isso ameaçado ao Clerigo Apiani (*supra* n.º 72). Pode-se crer que o Bispo de Pekim persuadiu ao Patriarcha, que dezistisse destas accusações, porque, sendo já alta noite, veio o Clerigo Apiani ter com os aulicos antes que elles se fossem, e lhes pediu com instancia que na versão Tartara deixassem tudo o que o Patriarcha tinha dito, e escripto ácerca do Medico, e dos Portuguezes; e ainda que parece certo que os aulicos de tudo haviam de informar plenamente ao Imperador, comtudo esta supplica, e retractação havia de servir muito para mitigar a indignação de Sua Magestade.

80. Davam grande cuidado ao Patriarcha as proposições do Bispo Maigrot (*supra* n.º 77), e assim no dia seguinte 3 de Julho tornou pelo Clerigo Apiani a pedir aos aulicos, que se modificassem as taes proposições (alguma cousa se modificaram na versão Tartara). Porém, os aulicos lhe mandaram dizer pelo mesmo Apiani que na sua carta para o Summo Pontifice acrescentasse que o Bispo Maigrot era ignorante nas letras, e livros da China. Começou o Patriarcha a tergiversar, e pedindo-lhe os aulicos que respondesse categoricamente, lhes mandou dizer que não se deviam descobrir os defeitos alheios. Instaram os aulicos, perguntando se elle Patriarcha na outra vizita achasse defeitos nos outros Europeus, os havia de manifestar ao Summo Pontifice, ou não? para declinar a força do argumento, voltou o Clerigo Apiani, dizendo que o Patriarcha não tinha conhecido ao Bispo Maigrot. Com que finalmente prometteu que escreveria alguma cousa similhante. Neste mesmo dia intimou o Patriarcha aos Jesuitas que prohibia as disputas diante do Imperador, *sub pœnis statutis contra avocantes*, e que havia de anular tudo o que se obrasse contra esta prohibição.

81. Na tarde do mesmo dia 3 de Julho partiu para a Tartaria o aulico Chaocham levando todos os escriptos acima ditos, e voltando de lá a Pekim aos 5 de Julho, diante do Bispo Maigrot, Clerigo Guety, alguns Jesuitas e outros, es-

tando tambem presente o aulico Hesken, referiu de palavra 1705-1707
ao Patriarcha as respostas do Imperador, que eram as seguintes: 1.ª se te concede a ti Patriarcha, e eu Imperador de nenhuma sorte te impeço, que por espaço de hum ou dois annos, vizites os Missionarios das provincias, mas não aos de Pekim; 2.ª já que o Patriarcha quer deixar em Pekim o seu medico, fique embora hum ou mais annos á experiencia, e se for bom, ficará para sempre; porém, se o não for, tornal-o-hei a mandar para Europa; 3.ª quanto á relação dos beneficios que escreveste por modo de commentario para se referir vocalmente ao Summo Pontifice, e se has de mostrar-me a tal carta? Alem destas palavras intimarão os mesmos aulicos ao Patriarcha em nome do Imperador o decreto, ou explicação seguinte: «O costume do imperio da China (são formais palavras do Imperador) de venerar as tabellas, não he para pedir diante dellas felicidade, mas precisamente para cumprir com a intenção da reverencia sincera, *exempli gratia;* se eu Imperador te desse a ti Chaocham as minhas chinellas velhas, tu as colocarias mais altas que o teu barrete; porventura te será licito pedir felicidade diante das minhas chinellas? Outro exemplo: sei já agora o Patriarcha levará com reverencia as cousas que lhe tenho dado, e quando chegar á Europa certamente as alevantará com reverencia, dizendo: estas são as dadivas, que me deu o Imperador; porventura o Patriarcha honrando as taes cousas pede dellas felicidades? Mas considerando nellas, espontaneamente nasce no coração a reverencia. Destes exemplos logo se vê a raiz das reverencias e das honras.» Até aqui o Imperador; o qual nada respondeu ás queixas do Patriarcha contra os Portuguezes, como se não lhe fossem referidas; porém, na realidade, porque quiz dissimular então, como consta por outra via.

82. Tanto como o aulico Chaocham referiu ao Patriarcha tudo o sobredito, voltando-se logo para o Bispo Maigrot, lhe disse: O Imperador viu as cousas que escreveste, e riu-se; dizendo, que tu foste enganado por homens meios doctos, e meios ignorantes. Perguntou, porque escreveste sómente os

1705-1707 textos, sem acrescentares a explicação e a razão, e se tinhas escripto mais algumas cousas? A esta pergunta respondi eu, que tu escreveras mais alguma cousa, a qual porventura descontentaria a Sua Magestade, e que porisso ficára na mão do Patriarcha. Porém, o Imperador disse que se não offendia de hum homem, que não era perito das cousas da China, e mandou que lhe leve eu tambem aquelle escripto, e que escrevas livremente tudo o que quizeres com a sua explicação. Ouvindo o Patriarcha interpretar isso, logo entregou ao aulico o original das proposições do Maigrot, que ficára em seu poder. Depois deu as graças ao Imperador pela licença de visitar nas provincias, e de deixar o Medico no serviço de Sua Magestade; prometteu que escreveria ao Summo Pontifice os beneficios, e mandados recebidos; quanto ás tabellas respondeu que o Imperador fallava como Doutor; que elle Patriarcha certamente havia em Europa de fazer a estimação, e dar a honra devida ás dadivas que de Sua Magestade tinha recebido; que tinha ouvido que o povo da China, cria, pedia e esperava nas tabellas, mas visto Sua Magestade afirmar o contrario, era necessario ceder.

83. Muitas vezes exhortaram os aulicos Chaocham e Hesken ao Bispo Maigrot, que escrevesse o que tinha contra a voz *Tien,* tabellas e culto do Confucio, e dos progenitores defuntos. Porém, elle firmissimamente persistiu em não escrever cousa alguma. Concedeu comtudo, que era amplissimo tudo o que se contém na doutrina do Confucio, e affirmou que não podia entender a doutrina da China. Estas, e outras palavras do Bispo Maigrot, escriptas pelos aulicos, e revistas, e approvadas pelo mesmo Bispo, foram mandadas ao Imperador aos 6 de Julho (vide *in actis* n.º 47). No dia seguinte tambem por ordem do Imperador examinaram os mesmos aulicos diante do mesmo Bispo Maigrot, e do Clerigo Guety na sciencia sinica ao catechista do Patriarcha, China de Japão[1], e chamado João Chinsieu (o qual tinha no 1.º de Julho escripto em letras chinas as proposições do dito

[1] Assim está no manuscripto, mas talvez deva ser *China de nação*.

Bispo), e achando-o tão ignorante que não podia dar razão 1705-1707
do que escrevera, o reprehenderam severissimamente do seu atrevimento em escrever taes cousas, affirmando que não ficaria sem o castigo merecido. Irritaram-se com isto o Bispo Maigrot e o Clerigo Guety contra os Jesuitas clamando contra elles como contra auctores de tanto mal, e comparando-os aos Donatistas. Temperou, porém, o Patriarcha este clamor, e fez que os mesmos Bispo, e Clerigo, postos de joelhos diante dos aulicos (he costume na China ajoelhar-se quando se diz alguma cousa para se referir ao Imperador) escuzassem ao catechista, e transferissem em si a culpa que elle tinha, se he que a tinha. Desta sorte conseguiu finalmente o Bispo dos aulicos aos 7 de Julho, que com os outros escriptos mandassem ao Imperador a confissão do catechista, que conhecia e confessava a sua ignorancia, e a do mesmo Bispo, que transferia em si a culpa do catechista, se confessava a si mesmo ignorante, e pedia humildemente o perdão.

84. Os mesmos Chaocham e Hesken, aos 15 de Julho intimaram ao Patriarcha este rescripto do Imperador. «Se se considera o que escreveu o Maigrot dos livros sinicos (*supra* n.º 82) he huma cousa muito imperfeita e defeituosa, nem tem pés nem cabeça. Donde se vê que elle por esta tenuidade e vileza do animo, he como hum certo genero de homens na nossa China, os quaes põem todos os seus cuidados em escrever accusações e em mover demandas, e summamente gostam, e tem por recreação, prostrar e vencer aos outros, e não se lhes dá que fosse justa ou injustamente. Como quer que seja, qualquer que vir o papel do Maigrot, facilmente conhecerá, que isto he assim.» No tal papel tinha o Bispo Maigrot escripto as proposições sem acrescentar as razões.

85. Metteram este meio tempo os Jesuitas huma petição ao Patriarcha, em que lhe pediam que supposto ter chegado a Pekim o Bispo Maigrot, a quem elle tinha citado (*supra* n.º 42), tomasse S. Ex.ª agora juridicamente conhecimento dos instrumentos conducentes a causa dos ritos controversos, e nomeadamente da declaração do Imperador (*supra*

1705-1707 n.º 5). Entregou o Patriarcha essa petição ao mesmo Bispo Maigrot, o qual respondeu por escripto, que elle nada tinha proferido *verbo aut scripto* contra a verdade da declaração do Imperador. Á vista desta resposta instaram os Jesuitas ao Patriarcha, que passasse a proferir a sentença ácerca da verdade da dita declaração. Não quiz, porém, o Patriarcha dar tal sentença, e sómente de palavra disse, que ninguem duvidava da verdade da dita declaração.

86. Para satisfazer a ordem e vontade do Imperador (*supra* n.os 81 e 82) escreveu o Patriarcha em huma sua carta para o Summo Pontifice difusamente os beneficios, que tinha novamente recebido do Imperador, não escreveu, porém, nella os dois decretos do Imperador, que por ordem de Sua Magestade se lhe tinham dado por escripto, para elle os tresladar na mesma carta. Hum delles era ácerca das tabellas (*supra* n.º 82). Instaram, pois, os aulicos ao Patriarcha, que os acrescentasse na mesma carta, e como tergiversasse por largo tempo, finalmente, o apertaram que respondesse categoricamente, se queria ou não acrescentar os taes decretos. Respondeu, que sim, e em effeito os acrescentou; porém, no segundo decreto sobre as tabellas, aonde diz: *Não he para pedir diante dellas felicidade,* em lugar da particula *diante dellas,* escreveu a particula *a ellas,* e com tanta firmeza insistiu nesta mudança; que por mais que os aulicos lhe disseram e instaram, nunca quiz ceder della. Pelo aulico Chaocham, que tornou a hir á Tartaria, soube o Imperador, e se offendeu desta mudança, feita no seu decreto imperial; a qual veio a custar caro ao Patriarcha, como abaixo veremos nos n.os 105, 106, 107 e 110.

## § 8.º

### Chama o Imperador a sua presença ao Bispo Maigrot: examina-o nas letras e doutrina sinica, e acha-o ignorante, e obstinado nas suas opiniões

87. Voltando o aulico Chaocham da Tartaria a Pekim intimou a ordem do Imperador de que fosse á mesma Tartaria

o Bispo Maigrot, e com elle seu companheiro o Clerigo Guety, dois domesticos do Patriarcha, o Clerigo Apiani, e N. Angelico, e tres Jesuitas, o Padre Antonio Thomás, o Padre Domingos Parrenim, e o Padre Bouvalier. O mesmo aulico Chaocham, e o aulico Hesken, diante do Clerigo e interprete Apiani, intimaram ao Patriarcha outro decreto, no qual o Imperador: 1.º persuadia benignamente ao mesmo Patriarcha que não partisse de Pekim na 7.ª lua, como tinha determinado, mas esperasse pelo menos até á lua 8.ª; 2.º dizia que Sua Magestade não havia de envergonhar, mas honrar ao Bispo Maigrot; 3.º afirmava que as vozes *Kim tien chu: id est,* venerai ao Senhor do ceu, das quaes commumente usam os Christãos e Missionarios na China, e as vozes *Kim tien: id est,* venerai ao céu, ainda que eram vozes diversas, comtudo o sentido era totalmente o mesmo; e voltando a pratica para o Clerigo Apiani o arguia que tomasse na China o nome *Pitiensam,* como se o mesmo Apiani, conforme a sua opinião (que afirma que a voz *Tien* significa sómente o ceu material), quizesse ser chamado, imagem do ceu material, e não imagem de Deus, ao qual a voz *Tien* significa. Cada reino (concluia o Imperador) tem o seu costume de pôr nomes ás cousas, nem se póde dizer que por amor do nome e das vozes he a doutrina, e a razão diversa. 1705-1707

88. Depois de ouvir tudo o sobredito, deu o Patriarcha as devidas graças pela singular benevolencia do Imperador para com elle, e para com o Bispo Maigrot, e conformando-se com a benigna persuação de Sua Magestade, disse que partiria de Pekim na 8.ª lua. Quanto ás vozes *Kim Tien,* respondeu que os missionarios na China não usavam das vozes *Tien chu,* senão bem explicadas. Replicaram os aulicos ambos; tambem nós não usamos da voz *Tien,* senão igualmente bem explicada, já ha muitos seculos; porém, o Patriarcha nem com esta, nem com outras similhantes instancias dos aulicos se quiz dar por convencido; mas depois de huma larga disputa finalmente disse, que antes havia de morrer, do que usar da voz *Tien* para nomear a Deus; que queria antes dar o sangue, e perder a vida, do que chamar a Deus

1705-1707 com hum nome tão indigno. Ouvindo isto os aulicos fallaram em lingua Tartara entre si, dizendo: Isto mesmo he o que já entre nós tinhamos dito; este homem a torto, e a direito quer defender aquelle Maigrot; porém, nós não podemos escrever isto sem arriscarmos as nossas cabeças á indignação do nosso grande Monarcha.

89. Partiu o Bispo Maigrot com os mais chamados do Imperador para a Tartaria aos 28 de Julho; e antes de partirem deu o Patriarcha aos Jesuitas os preceitos seguintes: 1.º que diante do Imperador nem palavra fallassem das cousas pertencentes á religião christã; 2.º que não propuzessem ao Imperador cousa alguma, que podesse ser nociva á missão; 3.º que de nenhum ponto proseguissem diante do Imperador de tal sorte, que não ficasse logar de retroceder. Chegados todos a Tartaria, foram introduzidos á presença do Imperador em 2 de Agosto o Bispo Carlos Maigrot, os Clerigos Francisco Guety, Luiz Apiani, N. Angelico, e os Jesuitas, Antonio Thomás, Domingos Parrenim, Antonio Bouvalier, e alem delles outros dois Jesuitas, Thomás Pereira e Antonio de Barros, os quaes já antes estavam com o Imperador na Tartaria. Diante de todos, e dos seus aulicos, teve o Imperador com o Bispo Maigrot o coloquio seguinte, digno por certo de memoria. Nelle para maior clareza e brevidade, significará a letra I, ao Imperador, que pergunta, e a letra R. significa ao Bispo, que responde.

### Coloquio do Imperador da China com o Bispo Cononense Carlos Maigrot

90. I. Entendes tu porventura os livros da China? R. *Lio Lio, id est,* bem pouco. I. o Patriarcha deu noticia de ti como excellentemente versado nos nossos livros, por isso te chamei. Leste porventura Suxu? R. Li. I. Lembraste porventura do que leste? R. Não. I. Leste, e não aprendeste de memoria? R. Não se costuma em Europa aprender cousa alguma de memoria. Nestas perguntas, e respostas com grande difficuldade se entendia hum ao outro, e o Bispo confessou que só ametade entendia; ainda que o Imperador de proposito

fallava devagar, clara e distinctamente, para ser entendido. 1705-1707
Mandou pois Sua Magestade que o Padre Parrenim fosse interprete, e o foi até o fim, exceptuando em algumas, aonde quiz que o Bispo por si mesmo se explicasse do melhor modo que podesse e quizesse, para que não imaginasse que o Padre lhe prejudicava na interpretação. Continuando pois.

91. I. Porventura não poderás proferir duas palavras de Suxu? Pronunciou então o Bispo duas ou tres palavras, e logo se lhe estancou a veia, a qual o Imperador suavemente provocou para que corresse, sugerindo brandamente as vozes sinicas, que no mesmo livro se seguiam; porém, nada aproveitou, porque o Bispo ficou totalmente calado. Proseguiu pois o Imperador, repetindo de memoria quasi tres paginas do mesmo livro, e depois perguntou ao Padre Antonio Thomás se nenhuma cousa das sciencias se aprendia de memoria em Europa? respondeu o Padre que os Europeus muitas cousas aprendiam de memoria, e tambem muitas não estudavam de memoria. Vendo o Imperador que sem os livros diante não tinha já que fazer com o Bispo, lhe fez as perguntas seguintes.

92. I. Sabes ler os livros? R. Algum pouco sei. I. Porventura não me lerás as quatro grandes letras, que vês diante de ti postas sobre a minha cabeça? R. A primeira letra he *hoa*, a segunda he *yn*, a terceira não conheço, a quarta he *ngo*. I. Porventura tu não erras? a primeira he *hoa*, esta conheces bem; a segunda he *yen* e não *yn*; a terceira he *yun*; a quarta he *go*, e não *ngo*; ha se de ler pois, *hoa yen yun go*. Dize agora o seu sentido. R. Eu não as entendo. I. Se não entendes o sentido de quatro letras, como explicarás os nossos livros? esta empreza he mui difficultosa para ti. Os mesmos Chinas já versados por cincoenta annos nos livros, ainda necessitam muitas vezes de diccionarios para penetrarem os logares mais difficultosos. R. Se os Chinas, que por cincoenta annos estudaram, acham difficuldade em muitos logares, não he para admirar se hum estrangeiro, qual eu sou, e que nada sei, não explicar aquellas quatro letras. Peço a Vossa Magestade que não se offenda de que eu as não saiba. I. Não

1703-1707 me admiro que tu não saibas; porém, donde veio que o Patriarcha me disse que tu excelentemente sabias os nossos livros? e os nossos costumes do Imperio, e que podias dar razão de todas aquellas cousas da doutrina do Confucio, que dizes não concordam com a vossa lei? R. Isto veio de que o Patriarcha me não conhecia, nem já mais me tinha visto.

93. I. Desgraçado me acho hoje! Se podesses escrever as tuas razões, por escripto te responderia logo. Por que via tratarei comtigo? nem escreves, nem lês; que te escreverei? e ainda que te direi a ti, que nem entendes as palavras que fallo? tu Parrenim dize-lhe: os teus escriptos, que ha pouco tempo offerecestes (nos quaes dizes que estes e aquelles artigos não valem) estão cheios de erros; eis aqui te digo hum; tu citas nelles a Yuclin, como feito pelo Confucio, porque está no livro Liki; porém, tu estás enganado; Confucio não he o auctor deste tratado, mas he outro por nome Liupuvey, o qual dista muito do numero dos nossos Santos, e confessamos que he mui reprehensivel; louvamos nelle elegancia do estylo, não fazendo caso do que ensinou; unicamente por amor de estylo conservamos a sua obra. R. Sei que este tratado não he do Confucio, mas de Liupuvey; porém, elle está metido entre os tomos do livro Liki, como parte da Seita Literaria. I. Donde sabes isto? R. Assim o li na obra grande, que se intitula *Sim Litacuien*. I. Em que logar deste livro? aponta o texto. R. Não me lembro do logar, nem do texto. I. Outra vez te digo que tudo o que das obras deste homem se acha composto, não fazemos caso delle, senão por amor da elegancia do estylo, e tudo o que por escripto me offereceste, já disse que está cheio de erros. R. O que ahi escrevi são as mesmas explicações, que achei nos livros. I. Que resposta he esta? supposta a tua confissão, e a minha experiencia de que não entendes os livros, segue-se que tu não fallas de ti, mas de outro a quem segues. R. Essa totalmente he a verdade; porque eu não fui o primeiro que achei as objecções, que puz aos taes pontos. Os que, quando entrei na China me ensinaram a lingua, juntamente me ensinaram que todas estas cousas nada valiam. I. Se isto assim he, elles

eram tão ignorantes como tu; porque te deixaste enganar 1705-1707
delles? Ponhamos caso que eu te diga que todas aquellas cousas, que escreveste, são verdadeiras; que concluirias daqui? e se eu te dissesse que todas aquellas cousas são falsas, e que tu foste torpemente enganado; que consequencia tirarás daqui?

94. Não respondeu logo o Bispo a isto; e só depois de ter calado, e considerado por algum tempo, R. a mim me parece que as cousas, que ali notei, não concordam com a nossa religião. I. Para saberes se concordam ou não he necessario que primeiro as entendas; *atqui* he manifesto que tu não entendes as cousas que fizeste escrever. R. Alguma cousa entendo. I. Surrindo-se, alguma cousa, *id est,* menos de ametade. E sendo tu tão pouco inteligente, como poderás formar juizo destas cousas? se eu não entendesse senão pouco dos vossos negocios, e vos quizesse dirigir, que dirias de mim? R. Conforme aquelle pouco que entendo me parece assim. I. Que dizes? antes que conheças o fundamento da cousa, a decidirás? não aprendeste a escrever, não sabes ler; donde logo te veio a ti a noticia dos nossos livros? faltando esta, tu entretanto julgas atrevidamente. Não sabes distinguir nos nossos livros o verdadeiro do falso, o dogma da figura rhetorica, o auctor recebido do não recebido; logo que auctoridade tens tu para fallares da nossa doutrina?

95. A tudo isto nem palavra respondeu o Bispo. Continuando, pois, o Imperador disse; entre aquellas cousas que escreveste como más, por que quizeste deixar os tres pontos postos em questão, convem a saber, o *Kim Tien,* o culto dos antepassados defuntos, o do Confucio, e as tabellas? Sem duvida suppões que nestas cousas nada ha de mal? R. Não fui avisado que exprimisse ahi estes pontos. I. Ainda que não escreveste estas cousas ali, ou imagines que as não escreveste; comtudo na realidade as escreveste; porque estes pontos se incluem naquelles que tu escreveste. Portanto te pergunto, que mal achas nestas vozes *Kim tien?* (venerai ao ceu); porventura *Tien* não significa o Senhor do ceu? R. Não significa. I. Me admiro de ti! não te disse já que *Tien* signi-

1705-1707 fica ao mesmo Senhor do ceu, e que he muito mais excellente este nome de Deus, do que *Tien chu* ou *Tien tivan vochichu,* como vós chamaes a Deus na China? Porque o primeiro não significa senão Senhor do ceu; o segundo significa Senhor do ceu, terra e de dez mil cousas; porém *Tien* significa Senhor do ceu, terra e de todas as cousas. Dize-me porque razão os povos me chamam *Van Suei,* dez mil annos? Isto não póde ser conforme a vossa religião, porque eu não tenho dez mil annos! R. Fazem isto para denotar o desejo que tem de que a vida de Vossa Magestade se dilate larguissimamente. I. Dizes bem, porém, aprende daqui que na nossa China as palavras, e os ritos não se hão de entender como meramente soam, ou segundo a apparencia que mostram por fóra. Damos culto ao Confucio, e aos nossos antepassados defuntos, para mostrarmos o nosso amor, e reverencia para com elles. Declara-me os erros, e tudo aquillo que dizes que na nossa doutrina não concorda com a vossa lei. Quando começaram estas cousas? porventura depois do Li Matheu (he o nome sinico do Padre Matheus Riccio, fundador da missão da China) até agora? leste tu porventura o livro deste Li Matheu?

96. Interpretando isto (assim como o mais) o Padre Parrenim usou do mesmo nome sinico Li Matheu. Voltando-se, porém, para elle o Bispo, disse, meu Reverendo Padre, quem he este Li Matheu? Respondeu-lhe o Padre, que Li Matheu, era o nome sinico do Padre Matheus Riccio; o qual está impresso no principio do livro, em que o mesmo Padre Riccio prova que *Tien* ou *Xanti* não he o ceu material, nem *Li* nem *Taiqui,* nem alguma cousa criada; e no qual livro está aquelle systema do mesmo Padre Riccio sobre a doutrina da China, ao qual systema quiz destruir o mesmo Bispo Carlos Maigrot, e para ser destruido o propoz a toda a Europa na sua exposição. Tanto que o Bispo entendeu do Padre Parrenim que o Li Matheu era o Padre Riccio, e que o Imperador lhe perguntava se leu o livro deste varão ácerca da voz *Tien* etc. R. Não li este livro. I. Li Matheu e seus companheiros, vieram a estas terras de duzentos annos para cá certamente;

antes desse tempo a China nada sabia da incarnação, nem do nome *Tien chu*, que agora dais a Deus, o qual não encarnou. Nas nossas terras, antes da vinda do Riccio, porque não nos seria licito chamar a Deus *Tien*, e que inconvenientes prohibem o chamar agora a Deus com o mesmo nome? R. A razão he, porque o ceu não he o Senhor do ceu; e o Senhor do ceu, he o que fez o ceu e a terra. Então o Imperador, em tom alto, que denotava severidade, disse: já te disse que o ceu he o Senhor do ceu, ou o *Tien*, e o *Tienchu* significavam o mesmo; e passando a outras cousas, disse: I. Nós honramos ao Confucio como a nosso Mestre unicamente, para mostrarmos a devida gratidão, por razão da doutrina, que nos deixou. Diante das tabellas nem se pede honra, nem felicidades. Eis aqui os tres pontos, que trouxeste á disputa. Se estas cousas vos descontentam, importa que trateis de deixar estas terras. E se aquelles que abraçaram a vossa lei virem que vós entre nós não fazeis senão disputas, dissenções e distincções de preferencias, duvidarão da vossa religião e muito menos tratarão os outros de a abraçar. Para fallar verdade eu mesmo vos estou vendo, como se viesseis, não a estabelecer, mas a destruir a vossa religião. E se estes negocios forem para peor, attribui-o a vós mesmos. 1705-1707

97. Fazendo aqui pausa o Imperador, e não respondendo a isto o Bispo cousa alguma, se ajoelharam dois aulicos assistentes e fallaram a Sua Magestade desta maneira: «Superabunda hoje a bondade do coração de Vossa Magestade, que com tão grande affecto se empenhou benignissimamente na causa destes Europeus no mesmo tempo, em que elles a destroem. Não derrame mais Vossa Magestade a sua sabedoria inutilmente, nem trabalhe mais em perguntar a este ignorante em tudo, e obstinado para tudo que elle não quer». Surriu-se o Imperador para os mesmos aulicos, e tornando-se a voltar para o Bispo lhe disse: I. E concluamos hoje com alguma cousa; queres porventura disputar dos nossos livros? R. De nenhum quero disputar; nem eu tenho forças para disputar diante de Vossa Magestade. Então fallando o Imperador com o Padre Antonio Bouvalier, lhe fez a per-

1705-1707 gunta seguinte: Que dizes tu da voz *Tien*, e da sua significação? Respondeu o Padre Bouvalier: *Tien* da formação da letra, e do seu verdadeiro sentido significa *Yeta*, o primeiro grande ou o primeiro ser, o qual foi antes que ouvesse o ceu e a terra, ou cousa alguma; o qual creou o ceu e a terra, e todas as cousas que nelles se contem. I. Tu Maigrot, tens porventura alguma cousa que opponhas em contrario? R. Não posso disputar, porque hum homem rude, e não bem perito, não deve disputar. I. Ha porventura outros Europeus na China, que sejam da tua opinião, e sejam mais eruditos que tu? R. Certamente ha. I. Adonde estão elles? quaes são? R. Não sei. I. Os nossos livros difficultosamente se percebem dos Europeus. Eu mesmo examinei ao Visdelou (he Jesuita: Vide *supra* n.os 19 e 25) do qual dizem que estudou bem os nossos livros, e achei que não penetrava o sentido delles.

98. Logo tomando o Imperador huma cedula, que tinha quatro regras escriptas, e tendo-a na mão, disse: I. Examinai estas duas letras, *Yen tam* (he o nome sinico do mesmo Bispo Maigrot) de que se compõe o teu nome: Entendes porventura a ultima dellas? R. Sim. I. E que significa ella? R. Significa amparar. I. Não he isto; esta letra nada val, nem se deve ajuntar ao nome de hum homem religioso. R. Quando entrei na China me deram outros este nome, e não me atrevi a mudalo, ainda que me foi dito que significava Eunucho. Não interpretou o Padre Parrenim que dizia o Bispo que a letra *Tam* significava Eunucho, porque na verdade o não significava absolutamente; mas he nome proprio de hum Eunucho execrando, que destruiu a familia Taimim e ao Imperio. Perguntou o Imperador ao Clerigo Guety, como se chamava em China; pronunciou elle o seu nome sinico, o qual o Imperador não entendeu, até que os aulicos o pronunciaram mais alta e claramente, convem a saber: *Fam cheu*. Logo se tornou a voltar o Imperador para o Bispo Maigrot perguntando:

99. I. Em qual provincia tens o teu domicilio? R. Na provincia Fokiem. I. Quantos sequazes da vossa lei ha ali? R. cinco mil, pouco mais ou menos. I. Todos estes porventura

são da tua opinião, ou são contrarios a ella? Reprovão porventura o *Kim Tien,* o culto dos progenitores, as tabellas, e a veneração do Confucio? R. Não conheço os sequazes da nossa lei fóra da cidade de Focheu. Como elles sejam pobres, e de baixa condição, não tem as salas chamadas *Lu tam,* nas quaes coloquem as tabellas, e a veneração do Confucio. Não me consta de certo o que cada hum faz em particular nesta materia. I. Suppõe que eu pelos Madarins da provincia mando examinar, e acho que tu falsamente me afirmaste isto; que imaginas que será? Concluiu finalmente o Imperador dizendo aos aulicos introductores: levai agora daqui este homem, depois eu vos mandarei os meus decretos. 1705-1707

Ainda que o Bispo Maigrot disse (*supra* n.º 95) que não fôra avisado para escrever os pontos controversos, comtudo he certo o que ácerca disto referi acima nos numeros 77, 78, 82 e 83. Dissimulou, porém, este dito o Imperador, assim como dissimulou outros ditos do mesmo Bispo neste mesmo coloquio, que se deixam á consideração do leitor.

## § 9.º

**Em dois decretos bem asperos reprehende o Imperador ao Bispo Maigrot, e ao Patriarcha, o qual redargue fortemente ao mesmo Imperador; porem mais fortemente he reprehendido, e convencido pelo aulico Hesken, que tambem lhe pede a carta de crença, mas não a quiz appresentar o Patriarcha.**

100. Acabado o coloquio acima referido, no mesmo dia 2 de Agosto fez o Imperador hum decreto aspero, que mandou intimar ao Bispo Maigrot, e ao Clerigo Guety, pelos aulicos Hesken e Chaocham, os quaes de proposito o entregaram ao mesmo Bispo, dizendo-lhe que o lesse, e visse se estava bom. Correu-o elle com a vista duas vezes, movendo entretanto os beiços, e depois respondeu que estava bom. Tanto, porém, que dos outros Europeus soube o que continha o tal decreto, o contradisse. Daqui manifestamente infiriram os aulicos que o Bispo não pudera ler o decreto, mas fingira com o movimento dos beiços que o lia. E ficou muito

1705-1707 mais celebre naquella côrte a sciencia sinica do mesmo Bispo, que tinha abonado o Patriarcha diante do Imperador.

101. Neste decreto fallando o Imperador com o mesmo Bispo Maigrot, e com o Clerigo Guety, seu companheiro, e referindo summariamente o coloquio precedente, confirma as explicações dos ritos (*supra* n.º 96); lança-lhe em rosto a elles, e principalmente ao Bispo, a ignorancia nas letras, e cousas da China; reprehende a sua temeridade em fallar do sentido dos livros da China, a qual diz que hade levar a mal o Summo Pontifice; argue ao Patriarcha por ter dito que o Bispo era peritissimo nos livros sinicos; convence ao mesmo Bispo de ter calado a verdade ácerca dos christãos de Fokiem; argue-o de que por sua vontade, sem razão alguma, mas sómente querendo vencer, accuse aos outros, e movendo duvidas, impeça aos Chinas que não se façam christãos. E finalmente conclue:

«As quaes cousas como sejam assim, obrar desta sorte não he querer que se propague a religião christã, mas de proposito destruil-a, e procurar que sejaes lançados fóra da China.»

Outro decreto ainda mais severo fez o Imperador aos 3 de agosto para o Patriarcha, o qual antes de lhe ser intimado foi por ordem de Sua Magestade tresladado, e assignado pelos Europeus nomeados acima n.º 89, ficando só o Angelico livre desta obrigação, por ser da familia do Patriarcha. Dizia pois este decreto assim.

102. «Hesken, tu obedecendo ao meu mandado vai, e declara este meu decreto ao Patriarcha. Eu chamei cá ao Maigrot para ver. Pouco sabe da lingua China, não póde fallar tão claramente que seja entendido; ainda necessita de interprete, não sómente não entende o sentido dos livros, mas nem ainda conhece as mesmas letras. Hum homem tão ignorante deste reino não se atreveria a abrir bôca em presença dos outros; e se temerariamente o intentasse, causaria riso a todos. Como pois não entenda o sentido de livros, certamente se não póde dizer que he assim o que diz: porém, se tu pertinazmente julgares que o que elle diz he assim, co-

metterás nova culpa. Já te tinha eu dito, quando estiveste 1705-1707
em minha presença, que os homens Europeus, que não entendem perfeitamente o sentido dos nossos livros, e querem disputar sobre elles, se hão de comparar aos homens, que estando fóra da porta, quizessem disputar das cousas, que estão no interior da casa. Isto mesmo he o que antes te tinha dito logo quando cá chegastes a dar-me as graças por ter tratado aos teus Europeus benevolamente; porém, agora como entre os mesmos Europeus haja alguns, que mutuamente se precipitam, e accusam dos seus deffeitos, certamente será difficultoso tratal-os daqui por diante como até agora. Não és tu homem pouco intelligente; deves pois entender o sentido destas minhas palavras. Agora não estaes unidos como homens de huma familia, contra o que tinha determinado. Se não cessardes de dizer accusando; meu instituto, teu instituto; certamente estaes mudados do que ereis ao principio. Esta casta de homens, que por occasião das leis, e da nossa doutrina causam riso, como se póde deixar na China? Daqui por diante em cada huma das provincias se examinará deligentemente, e se forem taes, logo serão lançados fóra; e seja patente a todos os reinos de Europa com que genero de pena devam ser castigados estes desterrados. Se aqui pecarem alguns, e quebrarem as leis; eu Imperador tenho determinadas leis penaes, e conforme a ellas castigarei. Disto faze sabedor ao Summo Pontifice. Porém, se acontecer que nos meus decretos tomes como leve o que he grave, e o que he grave como leve, pervertendo o sentido; eu Imperador procurarei que sejam levados a todas as partes de Europa todos os meus decretos e mandados, que te tenho dado. Alem disto tu queres examinar todos os Europeus, que estão nas provincias; eu nunca prohibi aos Europeus, que moram sempre na China, que não discorressem pelas provincias. Porém, vós sendo homens que voltaes para a vossa patria, querendo discorrer por todas as provincias, será inconveniente, convem a saber, que os domesticos, e os hospedes sejam tratados do mesmo modo. Alem de que tu estiveste gravemente enfermo, e ha poucos dias para cá estás

1705-1707 bem; temes os logares frios; os que queres examinar são todos Europeus, e da China mui poucos; avisa a todos, e os ajunta, ou na provincia Kiamnan, ou na de Kiamsi, ou na de Quantum, e fazendo viagem os visita.» Até aqui o decreto.

103. Tanto que o Clerigo Apiani viu na Tartaria tudo o sobredito, logo ali mesmo aos 5 de Agosto (dizendo que tinha commissão do Patriarcha) pediu licença para o mesmo Patriarcha se ir de Pekim meada lua 7.ª, e não na 8.ª lua, como a persuação do Imperador tinha persuadido (*supra* n.º 88). Quizeram os aulicos, e mandou o Imperador que o dito Apiani fizesse esta supplica por escripto; como, porém, elle não sabia escrever em China, a escreveram os aulicos, e por ordem do Imperador a verteram os Jesuitas em latim, assignando-se o mesmo Clerigo Apiani, assim no original China, como na versão latina. Concedeu o Imperador o que nesta supplica se lhe pedia, e mandou que o Patriarcha fosse reconduzido a Cantão pelos mesmos conductores, e da mesma sorte que tinha sido conduzido a Pekim. Voltaram da Tartaria os sobreditos Europeus, que tinham sido chamados lá pelo Imperador, e chegaram a Pekim aos 10 e aos 11 de Agosto.

104. No mesmo dia 11 intimou o aulico Hesken (voltado tambem a Pekim) o decreto imperial acima referido no n.º 102 juntamente com o outro decreto, já intimado na Tartaria ao Bispo Maigrot, e ao Clerigo Guety (*supra* n.º 101). Sentiu o Patriarcha tanto estes dois decretos, que pelo mesmo Hesken de palavra redarguiu ao mesmo Imperador: 1.º de que dissesse no 2.º decreto (*supra* n.º 102) *cometterás nova culpa,* como se antes tivesse comettido culpa alguma; 2.º de que não declarasse os Europeus, de que diz precipitavam, e accusavam aos outros; 3.º de que Sua Magestade faltasse á sua promessa, porque tendo antes promettido que havia de tratar bem aos Europeus, agora dizia que daqui por diante não seriam bem tratados; 4.º de que queira que os Europeus vivam na China como se fossem de huma familia; sendo que nem o Summo Pontifice póde obrigar os que são de diverso instituto; 5.º de que dissesse no mesmo de-

creto; *se acontecer que nos meus decretos tomes como leve o que he grave, e como grave o que he leve;* insinuando que elle Patriarcha tinha mudado o que nos decretos imperiaes se contém; 6.° negou o mesmo Patriarcha que dissesse que os logares frios faziam mal á sua saude, ainda que isso fosse dito pelos seus, e declarou que não tinha vontade de se hir tão cedo de Pekim; 7.° quanto ao outro decreto (*supra* n.° 101), que lhe foi intimado, afirmou que nunca dissera que o Bispo Maigrot era peritissimo nos livros da China, mas que sómente dissera alguma cousa similhante, como ouvida de outros. 1705-1707

105. Ouvindo o aulico Hesken tudo isto ao Patriarcha, logo o reprehendeu muito mais asperamente, discorrendo por cada um dos ditos pontos na fórma seguinte:

Quanto ao 1.° se tu (lhe disse) não cometteste antes culpa alguma, para que logo derramaste aquellas lagrimas? (*supra* n.° 64). Quanto ao 2.° notorios os que precipitam e accusam aos outros; escusado era o declaral-os. Quanto ao 3.° porventura tu (lhe disse) quererás que o Imperador ampare tambem aquelles, que movem estas cousas, e se attrevem a fallar mal dos costumes do Imperio? Quanto ao 4.° escarnecendo do Patriarcha, lhe explicou que quando se diz, que os Missionarios vivam como homens de huma familia, se entende de união dos animos e não de outras meudezas, de que o Imperador não cura. Quanto ao 5.° mudaste (lhe disse) estas palavras: *pedir diante das tabellas;* em estoutras *pedir ás tabellas* (*supra* n.° 86), e riscando tu a particula já escripta, para pores como puzeste a outra em seu logar, poder-se-ha porventura dizer que tu o não fizeste de proposito? Quanto ao 6.° muitas vezes (lhe disse) te ouvi a ti que os frios eram mui nocivos á tua saude, e nenhum dos teus me disse jámais tal cousa; e referindo a persuação do Imperador (*supra* n.° 87) e a petição feita pelo Clerigo Apiani (*supra* n.° 103) arguía ao mesmo Patriarcha de contradicção. Quanto ao 7.° quando (lhe disse) deste parte ao Imperador do Maigrot, e do Guety, eu mesmo estava então ao lado do Imperador. Disseste que o Bispo penetrava os livros da Chi-

1705-1707 na, e sabia excellentemente os costumes do imperio, nem disseste isto como ouvido de outrem. Estas duas cousas; penetrar os livros; ser peritissimo nos livros; fazem totalmente o mesmo sentido.

106. Muitas mais cousas acrescentou então o mesmo Hesken ácerca do Bispo Maigrot, e das controversias, ás quaes respondeu o Patriarcha que faria como determinasse o Summo Pontifice. Perguntou mais o mesmo aulico ao Patriarcha se tinha carta de crença, por onde constasse que era verdadeiro legado do Summo Pontifice. Respondeu que na verdade a tinha, mas que discorrendo por outras partes antes de chegar á China, a entregara aos que governavam as mesmas partes. Finalmente o amoestou o aulico: 1.º que no decreto imperial, que havia de remetter ao Pontifice, emendasse as sobreditas palavras: *pedir a ellas;* 2.º que na sua carta para o Pontifice acrescentasse o nome do Padre Bouvet, legado do Imperador, que tinha deixado de escrever na mesma carta. Respondeu o Patriarcha que as particulas *a ellas, e diante dellas,* faziam o mesmo sentido; prometteu, porém, que acrescentaria o nome do Padre Bouvet.

107. De tudo isto que passou entre o Patriarcha e o aulico Hesken, fez elle aviso ao Imperador por carta escripta aos 13 de Agosto. E recebendo a resposta do Imperador, por sua ordem tornou ao Patriarcha aos 16 do mesmo mez, e o arguiu: 1.º de que nem huma palavra justa e recta respondesse aos documentos imperiaes, que ultimamente tinha recebido; 2.º de que não quizesse ainda responder claramente se havia de emendar o que viciosamente tinha mudado no outro decreto imperial (*supra* n.º 86); 3.º de que fingindo que não entendia o decreto do Imperador (*supra* n.º 102) não respondesse a elle a proposito. Respondendo pois o Patriarcha já categoricamente a tudo, disse: que com acção de graças recebia os documentos do Imperador, e todos os seus profundos e sublimes decretos, ainda que era muita verdade que não entendia bem alguns; que certissimamente procuraria que todos fossem patentes ao Summo Pontifice; que aquelle ultimo decreto (*supra* n.º 102) procedera tambem do

animo benefico de sua Imperial Magestade, que elle Patriarcha nem hum apice delle havia de encubrir ao Summo Pontifice; que as palavras que elle Patriarcha mudára (*supra* n.° 86) as tornaria a escrever como estavam na primeira versão; e que finalmente partiria de Pekim aos 19, ou mais tardar aos 20 da corrente lua 7.ª 1705-1707

108. Tinha dito o Patriarcha (*supra* n.° 104) que o Summo Pontifice não podia obrigar aos Missionarios de diversos institutos que vivessem como se fossem de huma só familia. Tornou pois o dito aulico Hesken aos 13 da lua 7.ª, que era aos 20 de Agosto, a apertal-o sobre esta resposta, pedindo-lhe, que lha desse por escripto sellada com sêllo do seu officio para fazer fé. Porém, o Patriarcha negava agora ao mesmo aulico que dissesse então tal cousa. Valeu-se o aulico das testemunhas que então e agora estavam presentes, e lhes requereu que testificassem a verdade. Huma dellas era o Padre Parrenim, o qual afirmou que o Clerigo Apiani (outra testemunha então e agora presente) interpretára então as palavras do Patriarcha da sorte que agora as referia Hesken; o mesmo Clerigo Apiani seguindo ao testemunho do Padre Parrenim testificou tambem o mesmo, e começou a escrever a sua testificação para dal-a ao aulico, que lha pedia; prohibiu-lho o Patriarcha; e não lha deu. Escreveu pois o aulico tudo isto ao Imperador no mesmo dia 20 de Agosto.

## § 10.°

Por ordem do Imperador procuram os aulicos Hesken, e Chaocham, já com ameaças já com brandura conseguir, mas não conseguem, que o Patriarcha satisfaça ao Imperador offendido; parte-se finalmente o mesmo Patriarcha de Pekim.

109. Para não chegar o Imperador ás ultimas, quiz tentar todos os meios, para conseguir do Patriarcha alguma satisfação. Mandando pois ao aulico Chaocham em soccorro do aulico Hesken, lhes recommendou muito este negocio. E para que o Patriarcha entendesse quão gravemente tinha offendido a Magestade Tartara Sinica, e em quanta indignação

1705-1707 imperial tinha incorrido, lhe fez intimar pelos mesmos internuncios o asperissimo, e comminatorio decreto seguinte.

110. «Tanto que aqui chegaste, como me referiste a mim Imperador, que tu eras mandado do Summo Pontifice para o fim de me dares em seu nome as graças pelos beneficios, que tinha eu feito aos Europeus, que vieram á China, e que alem disto nenhum outro negocio tinhas; eu Imperador te mandei tratar benevolamente como a homem mandado de terras tão remotas pelo Summo Pontifice; e tu mesmo em minha presença muitas vezes disseste que totalmente não tinhas negocio algum. Porém, agora vendo eu que tu por repetidas vezes sahiste com accusações (*supra* n.os 32, 43, 60, 74 e 79) que finges o verdadeiro por falso, e o falso por verdadeiro, e que obras segundo a inclinação do teu particular affecto; isto he na verdade muito vil, baixo e digno de desprezo. Tu dizes que és grande, mandado do Summo Pontifice, e comtudo a isto mesmo nenhum testemunho pontificio apresentas (*supra* n.º 106). Como a distancia dos logares he de muitas mil leguas, he certamente dificil resolver se na verdade és mandado do Summo Pontifice, ou se enganosamente vieste. Por isto mandarei agora voltar á côrte ao Bouvet, e ao Mariani com as cousas destinadas para o Summo Pontifice, e mandarei que daqui por diante, párem nos limites, não só os mandados pelo Summo Pontifice; se não tambem quaesquer Europeus que vierem á China, ainda que digam que vem para exercitar a virtude. Nem serão admittidos dentro dos limites sem serem primeiro diligentemente perguntados, e examinados pelos Mandarins dos logares. Os Europeus antigos, que antes vieram á China, viveram nella sem rumor nem estrepito, applicando-se sómente a cultivar a sua religião, e as cousas da mathematica, e da musica, e não se mettendo totalmente em tantos annos em negocio algum. Amando-os pois eu por isto mesmo, a nenhum Missionario que vinha de Europa á China mandei examinar, nem ainda huma só vez. Porém, como tu depois que cá chegaste excites estes negocios, movimentos e perturbações, não póde daqui por diante fazer-se de outra sorte senão examinal-os,

e tudo isto de ti será originado. Alem disto, tu primeiro me afirmaste que não estavas inclinado a parte alguma. Se disseres que o que depois me referiste de nenhum modo he contrario a este teu dito, attrever-te-has porventura a jurar isto diante do Senhor do Ceu? Ainda que não dês noticia ao Summo Pontifice dos meus decretos reaes, os quaes eu te dei, das cousas que me referiste, e de todas as cousas que tu fizeste e as encubrires; eu certamente mandarei que os Europeus, que aqui estão, por cartas publiquem estas cousas em todos os reinos da vossa Europa. Alem disto, tu ás perguntas que te foram feitas, respondeste que no meu imperial decreto se determinava, que se os Missionarios não vivessem juntamente como se fossem huma familia, nem cessassem de mover alterações, e proferir accusações, por serem de diverso instituto, etc., assim, digo, respondeste; conforme as regras da nossa religião christã os que são de hum instituto podem ter os bens, e outras cousas em commum, como homens de huma familia, sem meu, nem teu, vivem juntamente; porém, os que são de diversos institutos o mesmo Summo Pontifice não os póde obrigar a que vivam como se fossem huma familia; e eu Patriarcha muito menos posso fazer isso. Dá-nos pois esta tua resposta por escripto, sellada com o teu sêllo; servir-nos-ha de testemunho. Nós imaginavamos que o vosso Summo Pontifice podia unir em mutua concordia aos homens da vossa religião. He porventura verdade que não os póde reger? Quando os vossos Europeus vem ao nosso Imperio da China, logo ficam homens nossos; se vós os não podeis reger, nós os regeremos.» Até aqui o decreto intimado pelos aulicos ao Patriarcha. 1705-1707

111. Depois disto os mesmos aulicos Chaocham e Hesken com palavras brandas, e conselhos suaves, procuraram persuadir ao Patriarcha que de qualquer modo desse satisfação ao Imperador offendido; acrescentavam que para isso bastava que com algumas palavras geraes, que nada (como diziam) significassem, confessasse que tinha errado em abonar a Sua Magestade o Bispo Maigrot, que elle tinha sido menos reverente por mais fortemente do que era justo recusar em

1705-1707 obedecer a Sua Magestade. Não puderam, porem, os aulicos dobrar o animo do Patriarcha, para que desse tal satisfação ao Imperador. Antes de tal sorte respondeu ao decreto proximamente referido, que julgaram os mesmos aulicos que elle com a sua mesma resposta offendia mais ao Imperador. Nella dizia que dava graças a Sua Magestade por lhe dar occasião de merecer diante de Deus. Replicaram, pois, os aulicos a esta proposição, dizendo: que o Imperador lhe tinha feito a elle muitos beneficios e não lhe fizera nenhuma injuria; respondeu, porém, o Patriarcha: quem não vê que o Imperador vos mandou intimar este decreto, para me deshonrar? A isto disseram os aulicos, o Imperador quizera dar-lhe documentos; que não podia permittir que elle excitasse rixas e contendas; que attendia á honra do Summo Pontifice, o qual o tinha mandado com bom animo.

**112.** Muitas outras cousas similhantes a estas se disseram de huma e outra parte. E a principal com que os aulicos apertavam ao Patriarcha era a temeridade do Bispo Maigrot, que não quiz dar credito, nem conformar-se com a explicação do Imperador sobre o sentido dos livros sinicos (*supra* n.º 90 *usque ad* 99), e comtudo (diziam) o Imperador attendendo á honra do Summo Pontifice, e para que tu não ficasses confundido com nimio rubor, não quiz deshonrar ao mesmo Maigrot, mas lhe perdoou; porém, tu de nenhum modo o reprehendes, antes temerariamente inclinado e propenso a favorecel-o, astuta e sagazmente defendes a sua causa, e queres que seja verdadeira. Não respondeu a isto directamente o Patriarcha; mas disse-lhes sómente: Vós tomai o papel da minha resposta e mostrai-o ao Imperador, que quando o vir, entenderá logo as cousas, que me tocam; e se Sua Magestade perguntar alguma cousa, então eu responderei. Replicaram os aulicos que aquelle papel era inepto e confuso, e se primeiro o não explicasse, de nenhuma sorte o mostrariam ao Imperador. Redarguiu-os tambem o Patriarcha, dizendo-lhes que queriam perdel-o sem causa. Então o provocaram elles ao juramento imprecatorio, para elles e o Patriarcha o fazerem logo diante do Senhor do ceu. Nada

lhes respondeu a isto o Patriarcha, mas arguiu ao aulico 1705-1707
Hesken, dizendo que elle não referiu fielmente ao Imperador as cousas, que elle Patriarcha nos dias antecedentes lhe tinha dito para o mesmo Imperador. Para pois o aulico se livrar desta suspeita, exhibiu os exemplares das cartas, que escrevera ao Imperador, mostrando por ellas em como todas as cousas, que o Patriarcha lhe tinha dito, referira elle Hesken fielmente ao Imperador, seu senhor. Finalmente, não querendo já o Patriarcha responder cousa alguma, arremeçou o aulico Chaocham o dito papel ao Patriarcha, e se foi com o seu companheiro Hesken. Todas estas cousas (excepta aquella ultima acção de arremeçar com desprezo aquelle papel) referiram diffusamente os aulicos ao Imperador por cartas, que logo escreveram e mandaram, cuja conclusão era: do modo de fallar e obrar do Patriarcha julgamos que ainda que conhece muito bem as suas culpas, comtudo nunca as hade confessar.

113. Desta inflexibilidade do Patriarcha, e da offensa do Imperador se temia a ruina da Missão. Por esta causa o Bispo de Pekim (que até então se detinha nesta côrte) movido dos Jesuitas, juntamente com os familiares do Patriarcha instantemente pediu ao mesmo Patriarcha, que de qualquer modo cedendo désse alguma satisfação ao Imperador offendido. Cedeu pois algum tanto o Patriarcha, e aos 25 de Agosto escreveu ao Imperador huma carta, nas palavras bastantemente obsequiosa, porém, quanto ao intento sómente dizia, que ainda que não sabia em que tivesse errado, nem por isso se queria eximir de erro; principalmente sendo por razão do seu officio obrigado aos erros dos outros; que por isso muito bem conhecia que necessitava de huma ampla compaixão de Sua Magestade, a qual pedia não só para si e para os seus domesticos, mas tambem para todos os Europeus que estavam na China, que tinham, já havia tanto tempo, sido protegidos de Sua Magestade; e que pedia tambem que lhe fosse licito a elle procurar pela saude de Sua Magestade tambem em outras occasiões. Foi esta carta mandada ao Imperador aos 25 de Agosto; não sortiu, porém, o effeito

1705-1707 desejado; assim porque nella dizia o Patriarcha que não sabia em que tivesse errado; como tambem porque achou já o Imperador inflamado com o zêlo da sua propria honra. Mandou pois o Imperador a sua resposta pelos aulicos Chaocham e Hesken, e he a seguinte.

114. «Vós significai esta minha imperial resposta ao Patriarcha. Eu vi o que me escreveste. O ter eu até agora feito beneficios aos Europeus que residem no Imperio da China, e o protegel-os, de nenhuma sorte foi por amor da tua vinda. Porém, agora como as cousas estejam perturbadas, dizendo huns, assim he, e dizendo outros, não he assim; quem quer que quebrar os meus decretos, eu Imperador conforme ao que já declarei, os castigarei logo, e de nenhum modo lhes perdoarei. E se temendo que eu os castigue, não vierem cá, tanto melhor será. Quanto ao que pede o Patriarcha, que lhe seja licito perguntar pela minha saude, se elle quer perguntar com bom animo, pergunte muito embora, eu lhe dou licença; porém, se tomar sobre si outros negocios, para me serem referidos, de nenhuma sorte póde ser isto. Como já agora esteja proximo o tempo, em que costuma cursar o vento norte, para que se não agrave a sua enfermidade, dizei-lhe, que parta no mesmo tempo que tinha determinado.»

115. Foi esta resposta do Imperador intimada ao Patriarcha aos 27 do mesmo Agosto de 1706, e no seguinte dia 28 finalmente se partiu elle de Pekim para Cantão com o mesmo acompanhamento e commodidade, com que tinha vindo de Cantão a Pekim (*supra* n.º 24 e 103). Foi, porém, cheio de suspeitas contra os Jesuitas, como insinuou nas palavras seguintes proferidas por elle mesmo na partida: Os padres de Pekim, disse, fizerão commigo peor do que todos os demonios do inferno poderiam fazer.

## § 11.º

**Declara o Imperador ao Patriarcha por não legado; manda voltar á côrte o Padre Bouvet, e o Clerigo Mariani com o presente imperial: he examinado o Clerigo Guety, chamado a exame o Clerigo Mezzafalse, e mais dois letrados: volta preso a Pekim o Clerigo Appiani: são castigados tres christãos, e livres os dois letrados.**

116. Chegou a noticia da partida do Patriarcha ao Imperador na Tartaria em 30 do dito mez de Agosto de 1706, e logo no mesmo dia fez Sua Magestade o seguinte decreto: 1705-1707

«Quando o Tolo (he o nome sinico do Patriarcha) chegou cá, me referiu o seguinte. Ouvindo o Summo Pontifice a benevolencia com que Vossa Magestade tratava, e os muitos beneficios que fazia aos Europeus, que vieram á China, lembrado de tão singular beneficencia me mandou aqui expressamente para dar as graças inclinando a cabeça até á terra; alem disto nenhum outro negocio tenho. Eu Imperador sendo-me gratissimo que o Summo Pontifice, *virtutis cultor*, mandasse cá de tão longe, logo mandei ao mesmo Pontifice dadivas reaes commettendo-as ao Bouvet e Mariani (*supra* n.º 39). Porém, considerado o modo vil e temerario, com que o Tolo (o Patriarcha) se ouve depois que partiram, accusando perpetuamente os homens (*supra* n.º 110) e fallando mal da doutrina e costumes do Imperio da China (*supra* n.º 47, 48, 56 e 70), este de nenhuma sorte tem apparencia de pessoa grande mandada por Legado. Diz elle que he Legado do Summo Pontifice; porém, nenhum signal tem da sua legacia (*supra* n.º 106), e ainda que os Europeus antigos, que aqui estão, se fazem fiadores que o Tolo he verdadeiro Legado do Summo Pontifice, comtudo não se póde dar credito a estes seus ditos como verdadeiros. Sendo pois isto assim, sejam chamados para voltarem á côrte o Bouvet, e o Mariani, e as dadivas imperiaes se guardem entretanto. Depois que cá vier hum verdadeiro Legado do Summo Pontifice, então ficando a cousa clara, não será tarde para se mandarem as dadivas imperiaes. Portanto, se mande outra vez ao Pursay (escrivão de Palacio), pela posta para reconduzir ao Bouvet

1703-1707 e ao Mariani com as imperiaes dadivas.» Não mandou, porém, o Imperador executar logo este decreto, mas o reteve suspenso mais de hum mez no Palacio da caça em a Tartaria, até que, finalmente, se resolveu a mandal-o executar, como abaixo diremos.

117. Quando o clerigo Guety foi com o Bispo Maigrot, e com os mais a Tartaria (*supra* n.º 89), o mandou lá ficar o Imperador, dizendo que era para experimentar a sua arte de fazer relogios, por ter dito o Patriarcha que elle era aptissimo para o serviço de Sua Magestade (*supra* n.º 71). Ficaram tambem (depois de partido o Patriarcha) em Pekim o seu medico, conforme a concessão do Imperador (*supra* n.º 81), e o Bispo Maigrot, a quem Sua Magestade mandou reter naquella côrte com o cathechista do Patriarcha Joam Chinsieu, que tinha escripto as proposições do mesmo Bispo (*supra* n.º 74). Por ambos intercederam os Jesuitas repetidas vezes na Tartaria, pedindo instantemente a Sua Magestade que se dignasse de perdoar-lhes. Não quiz, porém, o Imperador defirir a estas supplicas, e vendo que repetiam as instancias, lhes mandou expressamente que não lhe fallassem mais neste ponto.

118. Succedeu, pois, que mandando o Imperador chamar de Pekim á Tartaria ao medico do Patriarcha, entregou o Bispo Maigrot ao mesmo medico duas cartas para o Clerigo Guety. Não podia isto ser culpa, porque não havia prohibição alguma em contrario. Porém, o Imperador attendendo sagazmente a tudo, mandou perguntar ao Clerigo Guety se tinha recebido algumas cartas. Confessou elle ingenuamente que o medico lhe tinha entregado duas; porém, tanto que lhe foi ordenado que as mostrasse, rasgou e supprimiu huma; fez, porém, hum Mandarim, a quem este negocio se commetteu, tão exactas diligencias, que achou os pedaços da mesma carta. E ainda que nesta tal carta não havia cousa alguma, que requeresse grande segredo, porque só continha alguma cousa contra os Jesuitas, estranharam, porém, muito os aulicos o engano, e a mentira do sacerdote Europeu, e de tal sorte lha lançavam em rosto, que elle totalmente confuzo e

arrependido, disse que morreria antes, do que tornar a dizer outra mentira. Soube o Imperador desta promessa, e pegando della, mandou no segundo dia da 8.ª lua, que era aos 8 de outubro, que o mesmo Guety fosse examinado pelo Principe primogenito, e que ingenuamente respondesse ás perguntas seguintes: A que veio á China o Patriarcha? A que veio o Maigrot e os outros homens similhantes, contendendo sobre quem he maior, quem menor, disputando da doutrina do Confucio e reprovando os ritos da China? Porque vos não conformais com os decretos e documentos imperiaes, e sempre accusaes aos homens da Companhia de Jesus? 1705-1707

119. Respondendo, pois, o Clerigo Guety a estas perguntas, disse que o Summo Pontifice se queixava dos Jesuitas, porque não obedeciam aos seus mandados, e porque eram largos em o que toca aos ritos da China, em publicar as leis, em dar dinheiro a ganhos; que o Patriarcha fôra mandado pelo Summo Pontifice para emendar aos Jesuitas, e para examinar a todos os religiosos residentes na China, e os costumes da lei se tinham alguma cousa de mal; que o Bispo Maigrot fôra mandado pelo Summo Pontifice para aprender os livros da China, vertel-os em lingua europeia, e mandal-os á Europa, para lá se determinar quem erra, ou quem acerta; que os Jesuitas não gostam que os homens das outras ordens venham á China promulgar a lei christã; que os outros religiosos se queixam em Europa, de que os Jesuitas chamem a sua religião da Companhia de Jesus, querendo por isso ser superiores das mais ordens; que o Summo Pontifice em todos os reinos de Europa honra a Companhia da Santa Lei (assim chamam os Clerigos na China o seu estado clerical) como a raiz, e que tem a primacia; que a Companhia de Jesus e outras religiões eram ultimos ramos; e que hum Licenceado da cidade de Focheu da provincia de Fokien, chamado Kiamguei Pião; e hum Bacharel chamado Ly So Leam, ou Ly Y Fuen (ambos eram christãos, e o nome christão do primeiro era Xavier, e do segundo Leoncio) foram os mestres nos livros sinicos do Bispo Maigrot. Tudo isto respondeu o Clerigo Guety ás primeiras perguntas.

1705-1707 120. Não se contentou, porém, o Principe primogenito com estas respostas, mas sobre ellas o foi examinando largamente, e foram tantas e taes as perguntas, que o mesmo Guety se contrariava a si mesmo nas respostas, sendo manifestamente convencido em algumas. Huma das cousas, sobre que o Principe o apertou, foi para que dissesse donde sabia o sobredito a que o Summo Pontifice mandára o Patriarcha á China. Tergiversou o Clerigo, porém, finalmente, nomeou a hum Europeu por nome Mezzafalse, da ordem da Santa Lei (*id est*, Clerigo) residente em Siáo Xan, da provincia de Chekiam, e outros dois religiosos, hum Dominico, outro Franciscano, como pessoas que sabiam, ou poderiam saber do sobredito intento a que viera o Patriarcha. Todo este exame em lingua e letras sinicas offereceu o Principe ao Imperador, seu pae, que lendo-o se confirmou muito mais no conceito que já tinha feito de que os Missionarios novos não eram como os antigos (*supra* n.º 63, 65, 97, 101, 102, 110 e 116), que não vinham mais que a excitar perturbações, discenções e a tratar de preferencias; que os da Companhia da Santa Lei (*id est*, Clerigos) eram os maiores perturbadores, e que o seu fim não era outro mais que destruir aos Jesuitas. São formaes palavras do mesmo Imperador, e fallando nomeadamente do mesmo Clerigo Guety, disse: Não mandou a Europa até agora cá monstro similhante a este. Pelo mesmo Clerigo Guety intercederam os Jesuitas, que então estavam na Tartaria, diante do Principe primogenito, terrivelmente irado contra elle; e alguma cousa lhe valeu esta intercessão; não lhe valeu, porém, nem aos mais a intercessão que os Jesuitas repetiam diante do Imperador para que perdoasse a todos; porque não sómente a regeitou muitas vezes, chamando aos mesmos Jesuitas parvos e loucos, que intercediam por quem os queria destruir; mas ultimamente lhes ordenou, que não tornassem a interceder por tal gente. Mandou, pois, que o dito Clerigo Mezzafalse (que era juntamente Vigario Apostolico na mesma provincia de Chekiam) e os sobreditos letrados christãos, Xavier e Leoncio, viessem logo á côrte para serem examinados.

121. Aos 23 da 8.ª lua (29 de Setembro) entregou o Imperador ao Principe primogenito, e ao aulico Chaocham o decreto, que tinha feito aos 30 de Agosto (*supra* n.º 116), e em effeito foi logo mandado o Mandarim nomeado no mesmo decreto da Tartaria a Pekim, donde partiu para Cantão aos 8 de Outubro, para reconduzir á côrte ao Padre Bouvet e ao Auditor Mariani com o presente imperial. E ainda que (como se diz) achou em Cantão alguma resistencia no Mariani; comtudo executou o que o Imperador lhe tinha ordenado, reconduzindo com o presente imperial ao Padre Bouvet (a quem Sua Magestade deixou ficar na côrte como dantes) e ao dito Auditor Mariani, que foi mandado sahir da côrte para hir acompanhar ao Patriarcha. 1705-1707

122. Mandou tambem o Imperador aos 25 da mesma lua 8.ª, que era o 1.º dia de Outubro, por outro seu decreto, que o Padre Antonio de Barros, Portuguez, e o Padre Antonio de Bouvalier, Francez, ambos Jesuitas, fossem da côrte conduzidos a Cantão, para passarem á Europa, aonde Sua Magestade os mandava por causa de negocios. Tinha o Imperador revisto por si mesmo immediatamente todos os memoriaes, e escriptos do Patriarcha, decretos imperiaes, perguntas e respostas que tinha havido desde a chegada do Patriarcha a Pekim até o presente (o que tudo se conserva no archivo do Palacio interior) e mandando verter tudo em lingua Europeia exactamente, o entregou authenticado com o sêllo imperial aos mesmos Padres para em nome de Sua Magestade o apresentarem ao Summo Pontifice, a quem pedia satisfação dos excessos comettidos pela Patriarcha, e que nada se alterasse sobre os ritos sinicos, etc. Chegando pois os Padres a Cantão se embarcaram para a Europa em Dezembro de 1706.

123. Entretanto se passava na côrte o sobredito vinha o Patriarcha fazendo a sua viagem para Nankim (donde havia de passar a Cantão) com tanto vagar, que tendo partido de Pekim aos 28 de Agosto, só no fim de Novembro passou o rio Amarello, e chegou a Hoaingan, primeira cidade da Provincia de Kiamnan, que se chama tambem de Nankim. No

1705-1707 mesmo dia em que chegou, foi hum Mandarim inferior com seus beleguins á barca em que vinha o mesmo Patriarcha, e em sua presença prendeu com cadeias ao Clerigo Appiani, seu interprete, com as quaes o levou prezo para hum templo de idolos, aonde veio o Governador da cidade, acompanhado de outros Mandarins, lhe ler a ordem do Imperador, que o mandava levar prezo a Pekim, como em effeito foi levado em huma cadeira de mãos carregado de cadeias, e acompanhado de 18 cavallos. Causou esta prisão não pequeno espanto a todos os que vinham com o Patriarcha, por se não saber a causa della; o mesmo Patriarcha ficou sentidissimo, derramou muitas lagrimas, e pegando das cadeias com que havia de ser prezo o seu companheiro e interprete, as beijou com grande ternura, e offerecendo-se tambem para ser prezo com ellas, se he que podiam tambem prendel-o. Concorreram os gentios em grande numero a ver esta prizão, que foi tanto mais estrondosa quanto maiores tinham sido as honras, que o Imperador tinha feito em Pekim ao Patriarcha. E não foi menor a confusão dos christãos de Hoaingan, aos quaes os gentios soberbos, e ufanos ameaçavam gravissimos castigos, e a total ruina da religião christã. Tinha cuidado desta christandade o Padre Manuel de Sousa, Jesuita, que fez todo o obsequio que poude ao Patriarcha; o qual aos 3 de dezembro se partiu para a cidade de Nankim, aonde chegou no meado do mesmo mez de Dezembro.

**124.** Por este tempo tendo-se já feito os exames dos Europeus, que o Imperador tinha mandado vir á côrte, e tinha retido nella, os sentenciou o Imperador em hum decreto seu mandando executar o que tinha ameaçado (*supra* n.os 102 e 110). No mesmo decreto condemnou a açoutes, e desterro ao Chatechista do Patriarcha, Joam Chim sieu (*supra* n.º 83) e a outros dois christãos chamados Pedro Vanchiao, e Thomé Cuche; não se sabe de certo a causa, e só se sabe que tambem se metteram nos negocios do Patriarcha em Pekim, e tinham fama de embrulhadores e vagabundos. Não soccedeu assim aos dois letrados Xavier Kianguei Piao, e Lioncio Ly y fuen, que tinham sido mestres nos livros sinicos do Bispo

Maigrot (*supra* n.os 119 e 120), os quaes sendo apresentados 1705-1707
ao Principe primogenito, que era o que immediatamente fazia estes exames, protestaram de palavra, e por escripto não terem explicado os livros sinicos ao dito Bispo da sorte que elle os entendia, mas que toda a sua sciencia consistia em huns papeis de hum Religioso Dominico já defunto, Fr. Francisco Varo; e que quando elles lhe contradiziam o seu sentir, se enfadava, e como por força os queria obrigar a que explicassem os textos ao seu intento, e não conforme ao verdadeiro sentido. Acrescentou o Xavier Kianguei Piao, que pelas impertinencias, e falsidades sobre ritos, que ouvira ao mesmo Bispo Maigrot, deixára a lei christã, e tomára huma concubina. Pelo contrario o Leoncio Ly y fuen em todas as suas palavras mostrou que era bom christão, e estava firme em fé. E por isso mesmo foi muito louvado do Imperador, e o Xavier apostata vituperado. Como, porém, no ponto para que eram chamados, deram a dita cabal satisfação de si, os mandou o Imperador voltar a ambos para suas casas em paz, como se vê no fim do mesmo decreto infra escripto.

## § 12.º

**Por decreto do Imperador he levado preso a Suchuen o clerigo Appiani, exterminado o Bispo Maigrot com os Clerigos Guety, e Mezzafalse: são chamados a exame todos os Missionarios para serem exterminados os sequazes do Maigrot nos ritos sinicos: Oppõe-se o Patriarcha com outro decreto, e mette a Missão em risco de arruinar-se.**

**125.** No anno de Kambi 45.º (são as formaes palavras do decreto imperial) aos 13 da lua 11.ª (19 de Dezembro) referindo o Principe primogenito, e os aulicos Hesken e Chaocham ao Imperador as respostas do Maigrot, e dos outros, deu o Imperador o decreto seguinte: «O Maigrot, o Guety e o Mezzafalse são homens turbulentos no seu modo de obrar, nem são taes, que se lhes possa permittir ficar dentro das provincias. Sejam entregues ao tribunal dos soldados, do qual se determine hum Mandarim, que com pressa os leve a Cantão, e ahi os entregue ao supremo Mandarim Tsumto, e ao

1705-1707 Vice Rey, que os lance para Macau, e de nenhuma sorte se lhes permitta que tornem a vir á China. Daqui por diante se os Europeus tiverem alvará imperial, bem está (*infra* n.º 128), porém aquelles que o não tiverem, não lhes permittam os supremos Mandarins, e Vice Reys das provincias que fiquem no Imperio. Alem disto, se daqui por diante vierem os Europeus, venham em direitura á côrte, e cá se determinará o alvará, que se lhes hade dar. Se diz que o Apiani fez perturbações na provincia de Suchuen; determine-se do tribunal do crime hum escrivão, que o leve ao Vice Rey da mesma provincia, e lho entregue. O Vice Rey examinada a causa, ma refira por escripto. Vam Kiáo, Cuche, e Chim si eu (*supra* n.º 124) são homens muito turbulentos, e dignos de odio; não devem ser remettidos á sua patria, sejam entregues ao tribunal do crime, e depois de se dar a cada hum cincoenta açoutes, sejam levados ao General das armas da provincia Leaotum; o qual os ponha em algum logar não permittindo que andem vagabundos; quanto aos dois Kiam goei piáo, e Ly y fuen, tendo-se já acabado o negocio de que haviam de ser perguntados, voltem ambos para a sua patria.

126. Foi-se logo executando o contheudo neste decreto imperial. O tribunal do crime mandou para a Metropoli da provincia Suchuen ao Clerigo Apiani em hum carro carregado de cadeias, e nella está prezo dentro do tribunal de hum Mandarim, sem se lhe permittir fallar, ou escrever aos Missionarios que ali residiam, e ainda que se lhe permittia mandar-lhes recados, era só por pessoas determinadas pelo mesmo Mandarim, que tudo examinava. Porém, até deste allivio ficou privado desde Maio de 1707 a esta parte, porque os tres unicos Missionarios que lá residiam, foram obrigados a ir-se para Cantão, por não terem recebido os alvarás imperiaes. Da causa desta prizão do Clerigo Apiani se não sabe de certo mais que o que o Imperador expressou no seu decreto (*supra* n.º 124) fundado, como dizem, em huma accusação, que do mesmo Apiani fez hum christão dizendo que elle tinha dito em Suchuen (aonde tinha sido Missionario) alguma cousa que indicava rebellião, o que se suppõe ser

falso, ou se foi verdade, he certo que não foi, nem podia ser com esse intento. Não falta quem diga, que esta tal accusação foi só pretexto e que a verdadeira causa desta prisão foi o ter-se mostrado este Clerigo em Pekim contrario aos ritos sinicos, e ter offendido ao Imperador na interpretação que fez de muitas propostas, e respostas do Patriarcha (*supra* n.os 32, 34, 43, 47, 48, 56, 59, 72, 74, 104 e 111). Tambem o tribunal de milicia mandou logo conduzir a Cantão e a Macau ao Bispo Maigrot, e aos dois Clerigos, Guety e Mezzafalse. O conductor os tratou pelo caminho com sufficiente honra até Macau, aonde foram entregues ao Senado da Camara daquella cidade. Aposentaram-se no convento de Santo Agostinho, e andavam livremente pela mesma cidade, tratando-os os Portuguezes com honra e favor, até se embarcarem em hum navio inglez, que dali partiu para a Europa. 1705-1707

127. Redundavam todas estas execuções em grande opprobrio e damno da religião christã pelo pessimo conceito, que della faziam o povo e os Mandarins, vendo prezos, e desterrados os pregadores da lei de Christo pelo proprio Imperador, que tanto os favorecia. Porém, maior era o damno, que se havia de seguir, se o decreto acima referido se mandasse logo, como devia mandar-se, aos Mandarins das provincias para lançarem fóra do Imperio a todos os Missionarios, que não tivessem o alvará da licença para ficarem nelle, sendo certo que não ficaria em toda a China Missionario algum exceptos os Padres de Pekim, porque nenhum outro tinha essa tal licença imperial. E o peor de tudo era, que o Imperador neste tempo não só se não mostrava benevolo aos mesmos Padres de Pekim, mas os affastava de si. Vendo, porém, elles já tão proxima a ruina da missão, fizeram todo o esforço possivel para evital-a. Vencidas pois gravissimas difficuldades, conseguiram o serem admittidos, e ouvidos do Imperador, propozeram-lhe que se o decreto se mandasse logo ás provincias, seriam logo lançados fóra do imperio todos os Europeus; pediram-lhe que pelo grande amor que sempre lhes tivera se dignasse de moderar o decreto quanto a esta parte, e, finalmente, depois de muitos rogos, instan-

1705-1707 cias e lagrimas conseguiram que não fosse logo o decreto ás provincias. Não poderam, porém, conseguir, ainda que muitas vezes o pediram com instancia, que os Missionarios não viessem a exame; e sómente lhes concedeu o Imperador que elles mesmos avisassem aos Missionarios das provincias do Norte que viessem a Pekim, e aos das provincias do Sul que fossem a Nankim, e ali esperassem até o principio de Abril por Sua Magestade, que nesse tempo viria pessoalmente áquella cidade e provincia, e acrescentou o mesmo Imperador aos mesmos Padres de Pekim; Escreve aos Missionarios que a todos os quero ver, e provar, e que se algum recusar a vir á minha presença, saia logo da China, e de nenhuma sorte espere que sejam lançados fóra pelos meus ministros, com discommodo e deshonra sua, e da vossa lei.

128. Em recebendo este aviso dos Padres de Pekim foram concorrendo áquella côrte os Missionarios das provincias do Norte a pedir os seus alvarás de licença para ficarem na China; antes, porém, que o Imperador lhos desse, por ordem sua se apresentavam ao Principe primogenito, o qual perguntava a cada hum, que praxes seguia ácerca dos ritos sinicos, se as do Padre Riccio, se as do Bispo Maigrot, e dizendo que as do Padre Riccio, lhe ordenava que fizesse, e desse hum escripto assignado da propria mão na fórma seguinte, que era a mesma para todos: «Eu N. natural de tal Reino, de tal Religião, e de tanta idade, estudei philosophia e theologia, vim á China ha tantos annos; agora moro em tal cidade de tal provincia, não tenho animo de tornar á Europa; sempre segui as praxes do Padre Matheus Ricci. Em tal cidade aos tantos de tal mez e de tal anno. N. N. Religioso de tal ordem.» (*supra* n.º 65). Recebendo o Imperador este escripto, dava ao Missionario o seu alvará imperial nesta fórma: «O Europeu natural de tal Reino, chamado N. de tanta idade, Religioso de tal Religião, em tal anno veio á China; agora veio á côrte ao throno do Imperador tendo proposito de nunca tornar á Europa, e conforme a esta sua determinação lhe damos este nosso alvará». O qual alvará se sellava com o sêllo do maior Ministro do Imperio, ficando

cada hum dos que o recebiam com o privilegio de não poder 1705-1707
ser molestado dos Mandarins das provincias e cidades, e com licença de poder discorrer por toda a China prégando a fé de Christo.

129. Achava-se neste tempo o Bispo de Pekim D. Fr. Bernardino de La Chiesa na provincia de Xantum (aonde tem a sua ordinaria residencia) distante de Pekim oito ou nove dias de caminho, e foi hum dos primeiros que chegou á mesma côrte de Pekim a receber o seu alvará. Não queria, porém, dar-lho o Imperador, porque estando em Pekim com o Patriarcha, e sendo seu amigo, lhe não fôra á mão nos seus excessos. Desculpou-o, porém, o Padre Thomás Pereira, e outros Padres de Pekim (*supra* n.os 47, 79 e 113), e finalmente depois de dar o seu escripto na fórma sobredita, recebeu o alvará do Imperador, e da mesma sorte o recebeu seu companheiro Fr. Carlos Castorano, Religioso Franciscano. Não o recebeu, porém, o Fr. Antonio Frossoloni, que tinha estado com o mesmo Bispo de Pekim (*supra* n.º 41), porque ainda que disse que seguira sempre as praxes do Padre Riccio, comtudo o Imperador não quiz dar-lhe o alvará para ficar na China, antes o mandou lançar fóra della, não sei ainda porque causa, salvo se foi o que fica referido (nos n.os 47 e 48). Os mais Missionarios das provincias do Norte, que receberam seus alvarás dizendo que seguiram sempre nos ritos sinicos as praxes do Padre Riccio, que não voltariam á Europa, foram seis Jesuitas e oito Franciscanos. Não entrando neste numero os Padres de Pekim, todos Jesuitas, que eram onze, aos quaes não deu o Imperador alvarás, por lhes não serem necessarios.

130. Como o Patriarcha se deteve largo tempo na cidade de Nanquim, recebeu nella no meado de janeiro o decreto imperial (*supra* n.º 125), que os Padres de Pekim lhe remetteram, avisando-o juntamente de como o Imperador mandava chamar á sua presença a todos os Missionarios para lhe dar os alvarás sobreditos. Tudo sentiu o Patriarcha em extremo. Mandou chamar ao Padre José Monteiro, Provincial da provincia da China da Companhia de Jesus, e fallando com elle

1705-1707 aos 19 de Janeiro se queixou gravissimamente dos Padres de Pekim, como de auctores de tudo quanto o Imperador decretava; acrescentou que as praxes do Padre Riccio e da Companhia sobre os ritos sinicos estavam já condemnadas por hum decreto do Papa decisivo e prohibitivo dellas, que elle tinha na sua mão; e que já não podia dilatar a publicação desta decisão, como intentava, visto querer o Imperador obrigar os Missionarios a perpetua morada na China contra a obediencia devida á Sede Apostolica, e mais Prelados Ecclesiasticos, e a seguirem as ditas praxes contra a decisão Pontificia.

131. Respondeu-lhe o Padre Provincial: 1.º que da innocencia dos Padres de Pekim lhe constava com certeza; 2.º que quanto á perpetua morada na China não lhe parecia que o Imperador queria impedir a obediencia, que sabe devem os Missionarios á Sede Apostolica, e aos seus Prelados, mas só queria saber, se haviam alguns que tivessem vindo á China só afim de a ver, e voltar-se para Europa; e se acaso na execução ouvesse algum rigor, seria sómente para que se pedisse licença a Sua Magestade, e que este mesmo rigor com o tempo acabaria; 3.º que elle, e seus subditos tinham muito diante dos olhos, e no coração a observancia devida ás decisões da Santa Sede Romana, e não duvidariam dar por ellas a vida, se fosse necessario, porém, que devia elle Patriarcha considerar se era este o tempo opportuno para se promulgar a tal decisão Pontificia. De que servirá, lhe dizia, esta promulgação neste tempo? senão de acrescentar a ira do Imperador, que será igual ao sentimento gravissimo, que hade ter vendo condemnados os ritos sinicos, que elle com tanto empenho defende como innocentes? Qual Principe catholico se não exasperaria vendo-se condemnado pela Santa Sede Romana sem ser ouvido? Sendo, pois, o Imperador gentio, e tendo sobre a causa recorrido ao Summo Pontifice pelos Padres Barros, e Bouvalier, interpondo a sua auctoridade, e as suas declarações imperiaes sobre os ritos do seu Imperio; qual será o seu sentimento, e qual a sua ira, vendo que V. Illustrissima sae com a condemnação dos mesmos ritos, sem es-

perar que o requerimento, e propostas de tão grande Monarcha sejam apresentadas, e ouvidas em Roma? Quem jamais applicou prudentemente ao enfermo os remedios no tempo, em que só podem servir para lhe accelerarem a morte? e que he o que neste tempo se póde esperar da promulgação deste decreto Pontificio, senão o exterminio dos Missionarios, a ruina da missão, a morte eterna de innumeraveis almas? Deve-se pois esperar tempo mais opportuno, em que mais segura e saudavelmente se publique esta decisão da Santa Sede, e assim se deve interpretar a vontade do Summo Pontifice Clemente XI tão amante desta missão, que entre tantos e tão illustres varões escolheu a V. Illustrissima para como anjo de paz trazer a vida, e não a morte a este tão remoto rebanho de Christo, que por estar no meio da gentilidade necessita de ser amparado, e favorecido. 1705-1707

132. Estas e outras similhantes razões propoz ao Patriarcha o Padre Provincial, não só huma, mas muitas vezes, para o dissuadir da publicação de tal decisão em tal tempo. Quasi as mesmas razões, e com igual energia lhe representou o Padre Antonio da Silva, então Vigario Apostolico daquella Diocese de Nankim (*supra* n.º 26). Ouvia tudo o Patriarcha; persistia, porém, fixo na resolução de publicar logo a dita decisão Pontificia. E como preambulo mandou ao 1.º de Fevereiro intimar pelo seu cancellario Ande Candella ao Padre Provincial hum seu decreto feito aos 28 de Janeiro, em o qual (depois de arguir e reprehender, *tacito nomine*, aos Padres de Pekim, e aos Missionarios, que sem sua licença se tinham obrigado diante do Imperador a morarem perpetuamente na China) concluia que todos os que se obrigassem a morada perpetua na China sem sua licença ficariam *ipso facto* suspensos do officio de Missionarios, e da sacerdotal reverencia, ordenando ao mesmo Padre Provincial que fizesse este mesmo decreto notorio a todos os Missionarios Jesuitas. Obedeceu o Padre Provincial mandando o decreto a todos, e aos 6 de fevereiro supplicou por escripto ao mesmo Patriarcha para que lhe concedesse, e aos Padres nomeados no cathalogo, que juntamente offerecia, a licença de se obrigarem

1705-1707 á perpetua morada na China, para poderem alcançar os alvarás os Jesuitas do Imperador. Não respondeu logo o Patriarcha a esta supplica, mas mandou que no dia seguinte 7 de Fevereiro fossem, como foram, ás casas, em que morava o mesmo Padre Provincial e o Padre Silva, Vigario Apostolico, e estando tambem presentes os Clerigos Francisco Montanbi, Pedro Herve, Francisco de São Jorge, por outro nome Abade de São Jorge, Hilarião Sala e Bartholomeu Carvalho, mandou pelo cancellario Candella ler em voz alta o decreto seguinte:

133. «Carlos Thomás Maillard de Tournon por graça de Deus, e da Santa Apostolica Sede Patriarcha de Antiochia, Commissario e Visitador apostolico geral com poderes de Legado a latere, etc. Aos R.mos Senhores e Irmãos Bispos, ordinarios dos logares, Vigarios Apostolicos, e Reverendos Protovigarios (*sic*), e tambem aos Missionarios Apostolicos nestes Reinos da China, saude sempiterna em o Senhor. Tendo nós ouvido que os operarios evangelicos eram chamados a fim de serem perguntados de algumas cousas pertencentes á nossa santa Religião, para que sejamos unanimes testemunhas, e sem escandalo dos que andam errados fóra do caminho, por huma bôca, e com hum coração glorifiquemos a Deus, que não he Deus de dissensão; conformando-nos com a mente, e decisão da Santa Sede Apostolica (da qual nos consta) emanada ha pouco tempo da mesma suprema Sede, e do Santissimo Senhor nosso, o Senhor Clemente por providencia divina Papa XI, depois de passados os estudos de tantos annos, e os trabalhos no exame das controversias, que portanto tempo combatiam esta missão, pela obrigação do nosso officio determinamos propor, declarar e constituir huma regra e lei certa, para ser ao diante observada de todos, como em effeito com a maior auctoridade que temos, ainda de Legado a latere, propomos, constituimos e decretamos nas seguintes respostas aos quesitos, que se hande fazer, como se diz, e mandamos que totalmente seja observada nesta missão de todos os Missionarios, assim seculares, como regulares de qualquer ordem, e tambem da Companhia de Jesus. Se forem perguntados da doutrina, leis, ritos ou

costumes sinicos *in genere*, se consentem nelles, ou promettem de os não impugnar, nem escrever, ou prégar contra elles; serão obrigados a responder, quanto aos que são conformes á lei christã, e se podem concordar com ella, afirmativamente, quanto aos outros, negativamente. Se depois disto lhe perguntarem que cousas ha na lei divina, que não sejam conformes á doutrina da China? responderão, que muitas; e induzidos a pôr exemplos, poderão dizer á sua vontade as que lhe occorrerem das sortes dos sacrificios, ou *Ci*, que se fazem ao ceu, á terra, ao sol, ás plantas, aos espiritos, aos inventores dos ares e a outros, porque só a Deus criador de todas as cousas he licito aos christãos sacrificar, e que só delle lhes vem todas as cousas, prosperas e adversas. Se decerem as perguntas ao *Ci*, ou aos sacrificios do Confucio, e progenitores, responderão negativamente; não podemos fazer estas cousas, nem permittil-as aos que seguem a lei divina. *Item* negativamente se forem perguntados, se o *Xanti* ou *Tien* são o verdadeiro Deus dos christãos. Se forem perguntados, porque julgam assim das cousas sobreditas? responderão, porque não concordam com o culto do verdadeiro Deus, e assim está definido pela santa suprema Sede, que he a regra infallivel dos Christãos nas cousas da fé. Se forem perguntados ácerca do tempo da decisão; seja notorio a todos que ella foi dada em o dia 20 de novembro de 1704. Se finalmente lhe disserem como vos consta disto? Nos consta (responderão) pela declaração feita sobre isto pelo Patriarcha de Antiochia, nosso superior, o qual por força dos seus poderes tem em si o oraculo do Summo Pontifice, e somos obrigados a crel-o. E assim pela auctoridade apostolica, tambem de Legado a latere, commettida a nós, ainda que não merecedores, decretamos, pomos preceito e mandamos observem a todos e a cada hum dos Bispos, Vigarios Apostolicos, Ordinarios dos logares, Missionarios e Presbyteros, assim seculares como regulares, tambem da Companhia de Jesus, existentes nesta missão da China, e que existirem ao futuro, sob pena de excomunhão *latae sententiae* de tal sorte reservada á Santa Sede Apostolica, e a nós, que nem ainda

1705-1707

1705-1707 com o pretexto de qualquer privilegio, concedido pelos Summos Pontifices, ainda aos Padres da Companhia de Jesus, possa alguem em tempo algum ser absoluto, excepto no artigo da morte; para o qual effeito sómente e não para outros casos, e emquanto seja necessario, por vigor de faculdade especial que temos, suspendemos e revogamos a qualquer privilegio desta qualidade; tirada tambem toda a faculdade de illudir, ou de interpretar doutra maneira este nosso mandado com o pretexto do decreto do Papa Alexandre VII de santa memoria, publicado no anno de 1656, ou de algum grande perigo; porque por especial indulto nos está commettida a interpretação, e declaração das constituições apostolicas, e por isso declaramos que não obstante o tal decreto, ou qualquer grave prejuizo, assim se hade ter e ensinar, e responder de todos os que quizerem permanecer ou entrar nesta missão, sob a dita pena *ipso facto incurrenda;* como quer que o maximo bem da religião, e missão principalmente consista no decoro, e honra da espôsa divina, a qual Christo acquiriu com o seu sangue, e vestiu com a vestidura inconsutil. Dado em Nankim em o dia 25 de janeiro do anno de 1707, e no anno 7.º do Pontificado do Santissimo Senhor nosso o Senhor Clemente, por providencia divina Papa XI. Publicado em Nankim no dia 7 de Fevereiro do mesmo anno 1707.»

134. Depois de lido este decreto mandou o Patriarcha a cada hum dos presentes que se assignasse e jurasse a sua observancia. Propoz o Padre Silva, Vigario Apostolico, o perigo certo da Missão com fortes e efficazes razões, e como o Patriarcha persistisse, lhe pediu dois dias para considerar, os quaes lhe concedeu. Não quiz, porém, mostrar a decisão Pontificia, sobre que se fundava este decreto ao Padre Provincial, que lha pediu, dizendo que não era obrigado mostral-a. Replicou o Padre Provincial, que ainda que não fosse obrigação, pelo menos concedesse benignamente aquelle beneficio, para maior consolação dos Missionarios, e para com maior segurança das consciencias exporem a si mesmos, e a missão a tão evidente perigo. E como nem ainda esta razão bastasse para se mover o Patriarcha a mostrar a decisão da

Santa Sede, finalmente se assignou o Padre Provincial, e ju- 1705-1707
rou a observancia deste decreto, dizendo o fazia na supposição que estava assim decidido pela Sede Apostolica. Assignaram-se tambem, e juraram os Clerigos presentes, e o mesmo fez o Padre Silva dentro do termo que se lhe tinha concedido. Por tres vezes depois de jurar tornou o Padre Provincial a instar ao Patriarcha lhe mostrasse a decisão Pontificia; as mesmas instancias fez o Padre Silva interpondo a auctoridade de Vigario Apostolico; e ambos juntos lhe pediram ultimamente que supposto não querer mostrar a tal decisão, lhes desse hum testemunho autentico de como a pediram. Tudo lhe negou o Patriarcha; mandou, porém, ao Padre Provincial aos 8 de Fevereiro *in scriptis* a licença para elle, e os Padres seus subditos se obrigarem a perpetua morada na China (*supra* n.º 132), com tanto que no acto da obrigação *saltem ore tenus* resalvassem a obediencia devida á Santa Sede, e aos superiores, e que antes jurassem a observancia do seu decreto (*supra* n.º 133), e se assignassem nelle.

## § 13.º

**Manda o Provincial dos Jesuitas observar o decreto do Patriarcha, e com quatro seus subditos constantemente o observa no exame; offende-se o Imperador; desterra a todos cinco, e declara por rebeldes aos christãos que não observarem os ritos. Appellam outros Jesuitas para o Papa, e ficam nas suas igrejas. Sáe o Imperador com hum decreto terribilissimo, e desterra a outros Missionarios.**

135. Em ordem á execução do decreto do Patriarcha (*supra* n.º 133) logo depois de jural-o lhe perguntou o Padre Provincial se havia de tirar-se das igrejas o *Kim tien* (*supra* n.º 10) logo naquelle tempo, em que o Imperador havia de passar por ellas, e se offenderia vendo ou sabendo que se tinha tirado. Não respondeu a isto o Patriarcha claramente; e só dizia que deixava essa determinação ao Padre Provincial, e Padre Silva, e elles por ser mais conforme ao decreto do mesmo Patriarcha, resolveram que a todo o risco se tirasse, e em effeito se tirou em quasi todas as igrejas da pro-

1705-1707 vincia de Nankim antes que chegasse o Imperador. Mandou tambem logo o Padre Provincial a todos os Padres seus subditos a licença do Patriarcha para poderem receber os alvarás imperiaes, e obrigar-se a perpetua morada na China com as duas condições (*supra* n.º 134), e juntamente o decreto do mesmo Patriarcha, ordenando-lhes que todos os que quizessem permanecer na China se assignassem nelle, e jurassem a sua observancia, e aos que não tivessem animo para isso, lhes dava o mesmo Padre Provincial licença para que logo se fossem para Macau, por isto ser conforme ao mesmo decreto. Excepto dois, todos os mais Padres quizeram antes permanecer na missão, do que usar desta licença para sahirem della, e juraram a observancia do dito decreto assignando-se nelle.

136. Vinha-se já chegando o mez de Março, em que o Imperador havia de vir de Pekim para a Provincia de Nankim, e haviam os Missionarios de apparecer diante de Sua Magestade cada hum no districto da sua igreja por costume já havia annos introduzido, e agora por sua ordem, a fim de serem examinados, e receberem os alvarás (*supra* n.º 127 e 128). Mandou pois o Patriarcha ao Padre Provincial que fosse mais longe a receber ao Imperador, e que por via dos tres Padres de Pekim, que vinham com elle, alcançar que cedesse de perguntar aos Missionarios o que seguiam ácerca dos ritos sinicos. Representou o Padre Provincial ao Patriarcha que esse ponto de fazer tornar atraz hum tal Monarcha em hum ponto de tão grande seu empenho, era impossivel; que já os Padres de Pekim tinham naquella côrte feito todo o possivel para impedirem os taes exames, e não o poderam conseguir. Insistindo, porém, o Patriarcha em que fosse o Padre Provincial, para em tudo obedecer, se resolveu a hir ser o primeiro que com suas propostas, e respostas havia de offender, e irritar a hum tão grande Monarcha. Partiu pois de Nankim aos 24 de Fevereiro, passou pela cidade de Chinkiam, aonde tinha a sua residencia, e dispondo brevemente as suas cousas como se não ouvesse de tornar a ella, foi continuando a sua viagem, que havia de ser de 70 leguas por-

tuguezas, com grandes discommodos e trabalhos, cujo fim (como dizia) esperava que fosse a morte ou o desterro, em obsequio da obediencia devida ao Legado da Sede Apostolica. Aos 20 de Março se encontrou com os Padres Bouvet, Parrenim e Pedro Jatourx, que vinham diante do Imperador não muito distante; disse-lhes ao que vinha, e elles o certificaram que o mesmo seria fallar agora alguma cousa ao Imperador que arruinar logo a missão, e expor a pessoa do Patriarcha a hum grandissimo perigo; que o menor mal era, dar logar a que o mesmo Patriarcha sahisse de Nankim, e não apparecer Missionario algum na presença do Imperador, para que elle mesmo reparando nisso, perguntasse a causa, e com as respostas se não irritasse tanto, quanto se irritaria com as propostas. Conformou-se o Padre Provincial com este parecer, e se voltou para a sua residencia de Chinkiam, donde fez este aviso ao Patriarcha, o qual havia poucos dias se tinha partido de Nankim para Cantão. 1705-1707

137. Em Chinkiam se ajuntaram com o Padre Provincial os Padres Manuel da Mata, Antonio Ferreira, José Pereira e Manuel de Sousa, o qual estava na sua residencia de Hoaingan, por onde havia de passar primeiro o Imperador, e prompto a ser o primeiro que havia de responder a Sua Magestade contra os ritos, porém o Padre Bouvet, com os dois Padres Parrenim e Jartourx o avisaram que viesse para Chinkiam, e desta sorte desse occasião a que o Imperador reparasse e perguntasse. E succedeu assim, porque chegando Sua Magestade a Hoaingan, e vendo que daquella igreja não aparecia Padre, contra o que experimentára todas as outras vezes, que por ali passára, mediante o Principe primogenito perguntou ao Padre Parrenim se havia naquella igreja Padre algum, e porque causa não aparecia, sabendo todos os Padres muito bem o quanto elle gostava de os ver e honrar diante da sua côrte, e dos Mandarins das Provincias? Respondeu o Padre Parrenim que ali havia Padre, mas que tinha ido para Chinkiam a aconselhar-se com seus irmãos. Com esta resposta entrou o Principe em suspeita e fez novas perguntas; e como o Padre Parrenim tergiversasse

1705-1707 nas respostas, como se não soubesse mais, o mandou logo o Principe a Chinkiam a buscar as noticias certas do que passava. Chegou o Padre a Chinkiam aos 30 de Março e aos 31 voltou com os nomes de todos os cinco Padres, e deu ao Principe a razão porque elles se não atreviam a apparecer diante do Imperador, o qual informado de tudo ordenou que todos cinco viessem diante do mesmo Principe seu filho primogenito.

138. Foi pois o Padre Provincial da China, José Monteiro com os quatro Padres seus subditos, Manuel da Mata, José Pereira, Antonio Ferreira e Manuel de Sousa, ao logar aonde o Imperador então estava (que era junto da cidade de Yamcheu) e sendo aos 2 de Abril pela manhã introduzidos á presença do Principe, apresentaram as offertas, que conforme ao costume sinico levavam. Mostrou-se-lhes o Principe affavel, e lhes perguntou: 1.º se queriam os alvarás para ficarem na China? Responderam que sim; 2.º se seguiam as praxes do Padre Riccio? Responderam que até então as seguiam; porém, dali por diante só podiam seguir o que o Patriarcha dizia estava já definido pelo Summo Pontifice, porque se fizessem o contrario, seriam condemnados aos tormentos eternos do inferno. Ouvindo isto disfarçou o Principe, viu as offertas que levavam para o Imperador, para o Principe herdeiro e para elle, e se recolheu com ellas, mandando esperar aos Padres em palacio. De tarde os tornou a chamar o mesmo Principe á sua presença, e por espaço de tres horas os exhortou a seguirem como dantes as praxes sinicas do Padre Riccio, e não o que o Patriarcha lhes dizia, porque era homem que aborrecia de morte aos da Companhia de Jesus, e o que obrava era unicamente para lhes fazer mal: propoz-lhes com notavel energia o grande amor que o Imperador seu pae lhes tinha, os beneficios que delle tinham recebido, e a offensa que lhe faziam se lhe não obedecessem. E vendo que persistiam na sua resolução, se trocou em severo ameaçando-os com as prisões e cadeias; porém, com os rogos dos Padres Bouvet e Jatourx, e com a paciencia dos mesmos cinco Padres se socegou algum tanto, e lhes ordenou que

cada hum desse a sua resposta por escripto a hum Mandarim 1705–1707
que deputou para recebel-as, e que no dia seguinte voltassem á sua presença. Escreveram logo os Padres as suas respostas, todas coherentes, e conformes ao decreto do Patriarcha; entregaram-nas ao Mandarim, e se voltaram para as suas barcas.

139. Aos 3 de Abril pela manhã voltaram os mesmos Padres a palacio; tornou o Principe a apertar com elles para seguirem como dantes as praxes do Padre Riccio; reprehende-os asperissimamente pelas respostas dadas no dia antecedente, chamando-os ignorantes, arrenegados da verdadeira lei, discipulos da nova seita Maigrotiana, e outras offensas que sua impaciencia lhe ditou; porém, de repente se trocou em benigno, usando de palavras brandas, e suaves para os attrahir ao que pertendia o Imperador. Vendo pois que persistiam sempre constantes, lhes mandou que escolhessem, ou ser logo desterrados da China, e ir para a Europa com o Patriarcha, ou ficarem na China suspensos do officio de Missionarios até voltarem os Padres Barros, e Bouvalier com a resposta do Summo Pontifice; e se elle lhes desse licença para seguirem como dantes as praxes do Padre Riccio, ficarem na China, quando não desse, irem se então para a Europa. Escolheram os Padres esta segunda parte. Mostrou-se o Principe algum tanto contente de que a escolhessem, e foi dar de tudo parte ao Imperador, o qual mandou ao primeiro Eunuco em companhia do Principe, que em nome de Sua Magestade reprehendeu aos Padres, e finalmente lhes disse que ainda que não queriam tomar os seus alvarás, usava da sua benignidade e os mandava para Cantão a esperar ali a volta dos Padres Barros, e Bouvalier; mas que entretanto não obrassem cousa alguma contra as leis, e ritos da China sob pena da morte. Abaterão logo os Padres nove vezes a cabeça por este beneficio tão grande, e o Principe lhes mandou 50 mil réis, concedendo-lhes quinze dias para se prepararem para a viagem. Das cousas que offertaram, recebeu o mesmo Principe algumas, o Imperador outras, e foi favor e honra que lhes fizeram, e não lha fez o Principe herdeiro, que nada

1705-1707 quiz receber, mostrando-se enfadado por não quererem fazer a vontade do Imperador seu pae.

140. Logo depois deste successo, fez o Imperador da sua propria mão o decreto seguinte: «Chegando eu a Yancheu, alguns Europeus ahi presentes não vieram receber o nosso alvará; e disseram que ainda que o quizessem receber, não haviam de testificar por escripto que seguiriam ao Li Mateu (Padre Riccio). Perguntando-se-lhes a razão disto, responderam que fôra publicado pelo Tolo (pelo Patriarcha) este dito; se seguirem a regra do Yentan (do Bispo Maigrot) poderão prégar a lei, ou ser Missionarios; porém, se seguirem a doutrina do Li Matheu (do Padre Riccio), poderão só ser Religiosos, e alem disto serão levados ao inferno (*supra* n.º 138), por isso, se pedissem o alvará, o pediriam incongruentemente. O Pecim (Padre Bouvet) tambem mudou a falla a favor dos sobreditos. Postos nestes termos, eu Imperador mandei abaixo a minha decretoria sentença, a qual he: se os Europeus continuarem na doutrina do Li Matheu, ainda poderão debaixo da minha protecção prégar a lei; porém, se procederem na regra do Yentan (do Bispo Maigrot), tenho por rebeldes aos meus vassallos, que a seguirem, e digo que totalmente probibo que se não exercite assim.

141. Voltou o Padre Provincial com os quatro Padres no mesmo dia 3 de Abril para Chimkiam, e aos 5 do mesmo partiram todos para Cantão a cumprir o seu degredo. Antes do Imperador chegar a Nankim, aonde já se esperava, mandou ao Padre Jatourx a persuadir aos Padres que ali achasse que pelo menos recebessem os alvarás imperiaes, ficando sem fazer os ministerios de missionarios até á volta dos Padres Barros, e Bouvalier, e a isto se resolveram finalmente todos os Padres Jesuitas, que se achavam não só na cidade de Nankim, aonde concorreram muitos, mas em outras muitas cidades, e logares das provincias do Sul; antes, porém, que fossem a receber os alvarás, appelaram do decreto do Patriarcha para a Sede Apostolica. Chegando, pois, o Imperador a Nankim aos 9 de Abril, mandou que viessem os Padres que alí estavam a palacio; foram com as suas offertas

para o Imperador, que recebeu alguma cousa; para o Principe herdeiro, que nada quiz receber; e para o Principe primogenito, que recebeu tudo e se mostrou benigno no exame, dizendo que sabia que Santo Ignacio era o fundador da Religião, que elles professavam, e que por sua humildade não quizera se intitulasse sua, mas se chamasse Companhia de Jesus; que Jesus era o *Tien chù Kiam sem* (o Deus incarnado), e que desta Companhia tinha sido o Li Matheu (o Padre Matheus Ricci); supposto pois serem todos seus irmãos, e filhos do mesmo Patriarcha, seguissem as mesmas praxes sinicas, e não dessem credito ao Tolo (ao Patriarcha) nesta materia, em que elle era ignorante. E quando não quizessem prégar conforme as mesmas praxes, podiam ficar no imperio vivendo religiosamente sem fazerem o officio de Missionarios. Depois deste discurso, achando a todos os Padres resolutos a receberem os alvarás, lhes fez varias perguntas sobre o Patriarcha, Bispo Maigrot, e Clerigo Guety, dando signaes de se alegrar muito, quando lhe diziam que não os viram, nem trataram. 1705-1707

142. Foram tambem a exame dois Clerigos, que então se achavam na mesma cidade de Nankim, (que tambem se chama Kiamnim) e irritou-se tanto o Imperador com as suas respostas, que saiu com o decreto seguinte, verdadeiramente terribilissimo: Aos 5 da 3.ª lua (10 de Abril) o Principe primogenito, e o Mandarim Chamcham chu, referindo ao Imperador o que toca ao Europeu Francisco Herve, morador na cidade Chicheufu, e ao Europeu Abade de S. Jorge, morador em Kiamnim, disseram que examinando o Abade, acharam que elle fôra companheiro do Tolo (do Patriarcha), e não ha muito viera á China, não conhecia ainda as letras sinicas, nem sabia se era bom, ou não seguir o costume de Matheus Riccio. Que o Herve viera com o Padre Bouvalier, e tinha algum pouco estudado os livros sinicos. Este disse: o custume do Matheus Riccio concorda sómente comnosco em dizer que se hade adorar ao *Tienchu*, quanto ao demais, vg. a saudação diante das tabellas, a honra que se hade dar ao Confucio, etc., em todas estas cousas nós não podemos concordar com

1705-1707 elle, e por isso não nos atrevemos a receber o alvará. Estas e outras cousas disseram, as quaes referidas ao Imperador saiu o decreto imperial seguinte, dirigido ao supremo Mandarim Tsunto, e ao Vice Rey, e foi promulgado diante de muita gente congregada, estando presentes os mesmos Herve, e Abade, em alta voz: «Desde que entrou na China Matheus Riccio, isto he, ha duzentos annos e mais, porque se não poz impedimento á doutrina sinica, por isso permittiu aos Europeus viver religiosamente na China. Porém, já o que vós fazeis não concorda com o costume do Matheus Riccio, repugna á doutrina da China, não honraes o Confucio, e não permittis que assim se faça. Se daqui por diante se acharem ainda Europeus, que digam estes despropositos, todos que forem serão mortos. Alem disto, antes da entrada do Matheus Riccio na China por alguns milhares de annos nenhum Europeu havia, que pregasse a lei, e nem por isso faltava nada ao imperio. Attendendo nós que vós outros os Europeus vinheis de longe a este vasto imperio da China, e não punheis impedimento á doutrina da China, vos permittimos promulgar a lei. Agora vós contendeis que o Confucio não hade ser honrado dos Chinas, que quizerem seguir a vossa lei dos Europeus, parece que taes homens não se podem tolerar na China. Alem disto no Japão, que he reino pequeno, tanto como se apanha algum Europeu, logo se mata. Assim foram mortos não sei quão grande numero. Vós outros Europeus com isto vos atemorisastes, e nenhum de vós até agora se atreve a hir ao Japão. Daqui por diante se entre vós Europeus se acharem alguns que na pregação da lei contradigam a doutrina sinica, serão prezos, e mortos; fazei-o sabedor disto, encomendai-lhe que não excite mais estas perturbações. Se daqui por diante succederem estas cousas, será o Tolo (o Patriarcha) trazido prezo, e será morto. Se por se matar ao Tolo, não consentirdes que os Europeus preguem a lei na China, e que nenhum Europeu venha á China, tanto melhor será. Os Europeus que agora estão na China, ainda que não preguem a lei, poderão viver religiosamente nas suas igrejas. Alem disto se os vossos Europeus vierem com soldados, os soldados da China pelejarão com elles; se os vossos soldados poderem andar 9:000 leguas para virem cá, por ventura os nossos soldados não poderão tambem chegar lá? Concede-se a vós ambos cinco dias para partirdes; quando chegardes a Cantão seguindo ao Tolo, logo vos ide embora. Se a vossa detença passar deste termo, se manda ao supremo Mandarim Tsúnto, e ao Vice Rey que vos apanhe, e amarrados vos levem a Macau, cidade da provincia de Cantão.» 1705-1707

143. Dois dias depois foi hum aulico dizer aos Jesuitas que o Imperador ao outro dia 13 de Abril, para honral-os queria de proposito passar com toda a sua côrte, e acompanhamento pela porta da sua igreja, e vel-os ali, e que para isso a ornassem com todo o aparato possivel. Fizeram no assim os Padres, e quando foi tempo, postos todos (eram onze) em ala na rua fizeram as reverencias costumadas ao Imperador, que vinha em huma cadeira aberta com os dois Principes seus filhos aos lados, indo diante os Mandarins, e grandes do imperio todos a pé; chegando Sua Magestade á porta da igreja, fixou benignamente os olhos nos Padres, e se deteve conversando com os dois Principes. Depois mandou por hum aulico dizer aos mesmos Padres que na cidade de Yamcheu lhes daria os alvarás, que ainda não tinham recebido, os quaes finalmente receberão nesta cidade aos 27 de Abril da mão do Principe primogenito, sendo primeiro perguntados, em que anno entraram na China, se tinham vindo em fragatas de guerra, ou em naus mercantes, se conservavam os vestidos europeus, quanto numero de christãos tinha cada hum em a sua igreja, e outras cousas similhantes, que poderiam ser curiosidade, porém, indicavam receios de que os Europeus na China excitassem alguma rebelião. Em a cidade de Sucheu se explicou o Principe neste ponto com os Padres Bouvet e Jartourx, dizendo-lhes que o Patriarcha viera para ver se por meio dos Chinas christãos poderiam as armas europeias conquistar a China, e ainda que os Padres pertenderam tirar-lhe estas suspeitas com efficazes razões, não o poderam conseguir, antes mais tenaz neste erro, lhes

1705-1707 respondeu que elle já tinha advertido ao Imperador seu pae nesta materia.

144. Na cidade de Hancheu, metropole da provincia de Chekiam, aonde chegou tambem o Imperador, se apresentaram ao Principe primogenito tres Clerigos, oito Religiosos Dominicos, e tres Jesuitas. Aos Clerigos sem mais exame nem perguntas os mandou logo o Imperador que se fossem para a Europa (*supra* n.º 120); aos Religiosos Dominicos exhortou o Principe a que tomassem alvarás, e ficassem nas suas igrejas sem exercitar o officio dos Missionarios, até chegarem os Padres Barros, e Bouvalier; mas como elles se não quizeram accommodar a isto, os mandou o Imperador sahissem da China, excepto hum chamado Fr. Pedro Nunes, o qual em particular occultamente dos outros, fez fallar ao Principe que ficaria em Cantão esperando pela volta dos ditos dois Padres sem exercitar o officio de Missionario; e isto se lhe concedeu. Os Jesuitas receberam os alvarás na fórma dita (*supra* n.º 141). E entre todos foram vinte e sete Padres da Companhia de Jesus, que depois de appellarem receberam os alvarás, que juntamente com os seis das provincias do Norte, que os receberam antes de saberem do decreto do Patriarcha, e com os onze de Pekim, que não necessitam de alvarás (*supra* n.º 120), vem a ser quarenta e quatro Jesuitas os que com licença imperial ficaram nas suas igrejas. Não entrando neste numero os cinco, que o Imperador desterrou para Cantão (*supra* n.º 139), nem tambem outros cinco Jesuitas, que sendo Missionarios na provincia de Cantão, antes de terem noticia do decreto do Patriarcha partiram para Nankim com dezeseis outros Missionarios da mesma provincia Clerigos, e Frades, para receberem os seus alvarás; foram, porém, todos impedidos em a cidade de Xaocheu pelo Mandarim da alfandega, e obrigados a voltar-se sem conseguirem o intento. Dos Clerigos nenhum recebeu alvará do Imperador. Dos outros Religiosos o receberam sómente oito Religiosos Franciscanos (hum dos quaes he Vigario Apostolico da provincia de Xensi) e o Bispo de Pekim, tambem Franciscano (*supra* n.º 120).

## § 14.º

**Resolve-se o Bispo Ascalonense a ir receber o alvará imperial; recebe no caminho o decreto do Patriarcha, e appella para o Papa. Chega o Patriarcha a Cantão**

145. Tanto que o Bispo Ascalonense Fr. Alvaro de Benavento, da sagrada familia de Santo Agostinho, soube que o Imperador chamava a todos os Missionarios, para lhes dar os alvarás imperiaes (*supra* n.os 127 e 128), se resolveu a hir buscar tambem o seu. Recebeu, porém, no caminho em a cidade de Cocheufu o decreto do Patriarcha (*supra* n.º 133). Deteve-se pois nesta cidade alguns dias, e finalmente se resolveu a appellar da execução do decreto do Patriarcha para o Papa; o que fez dentro dos dez dias da lei, remettendo ao Patriarcha a sua appellação escripta em latim; a qual fielmente traduzida em portuguez he a seguinte: 1705-1707

146. «Ill.mo e Rev.mo Sr.—Fr. Alvaro de Benavento, Bispo Ascalonense, Vigario Apostolico desta provincia de Kiamsi do reino da China, diante de V. Ill.ma e Rev.ma Sr.a, Sr. Carlos Thomás Maillard de Tournon, Patriarcha de Antiochia, Commissario e Visitador Apostolico com poderes de legado de latere nestas partes, etc. Pela via e fórma, que de direito posso e devo, me apresento e digo que nesta cidade Cancheufu aos 8 de Abril do anno presente recebi o decreto dado por V. Ill.ma e Rev.ma Sr.a em Nankim aos 22 de janeiro do mesmo anno, no qual se prescreve, e intima a fórma de responder ao Imperador Tartaro-Sinico ácerca dos ritos controversos, não só diante da Sede Apostolica, mas tambem perante o mesmo Imperador e com o pretexto da sentença dada sobre elles pela mesma Sede Apostolica (o theor da qual parece se não contem no decreto) manda V. Ill.ma e Rev.ma Sr.a a todos os Missionarios sob pena de excomunhão *latae sententiae* que sendo perguntados, respondam, que não podem permittir aos christãos o *Ci*, ou sacrificio do Confucio, e dos progenitores, nem outro das taboinhas, e muito menos dizer que o *Xanti* ou *Tien* he o verdadeiro Deus dos

1705-1707 christãos; porque V. Ill.$^{ma}$ e Rev.$^{ma}$ Sr.$^{a}$ declara que todas estas cousas, assim como se contem no seu decreto estão definidas pela Santa Sede Apostolica.

147. Como, porém, estas respostas se opponham direitamente ás declarações feitas pelo Imperador no anno de 1700 e no anno 1706 aos 2 de Agosto, e não se possa racionavelmente duvidar, pelo que já experimentamos, que as taes respostas causaram a ultima ruina da christandade, como constará do que abaixo se hade dizer, e he bastantemente notorio a V. Ill.$^{ma}$ e Rev.$^{ma}$ Sr.$^{a}$; por esta causa, ainda que eu aos 9 deste mez pelo portador, que apressadamente voltava para V. Ill.$^{ma}$ e Rev.$^{ma}$ Sr.$^{a}$ respondi que não me agradava usar do remedio da appellação, e que não obstante o parecer-me que podia, e por gravissimas causas devia usar delle, com tudo por outras, as quaes reservava para relatal as á Sede Apostolica, reverentemente recebia eu o tal decreto, e não só o mandaria, mas tinha já começado a mandar executar, notificando-o a tres Missionarios então presentes; procedendo isto do vehemente e intimo desejo que tenho de obedecer a V. Ill.$^{ma}$ e Rev.$^{ma}$ Sr.$^{a}$, e de cooperar em tudo o que pertence ao seu officio e á gloria da sua legacia. Considerado, porém, isto mesmo, e encomendado a Deus por tres dias, e ponderados os damnos já iminentes; de nenhuma sorte posso nesta parte renunciar ao proprio direito, e ainda que podesse, não convinha renuncial-o com damno gravissimo de tantas almas, porque nesta provincia ha 7:000 christãos, e não he licito desamparal-os, nem este desamparo, e a minha omissão com pretexto de reverencia, me poderiam racionalmente escusar de grave culpa diante de Deus, e diante da Sede Apostolica, principalmente quando se trata do essencial de tudo, nem me póde tirar o direito de appellar o ter eu escripto a V. Ill.$^{ma}$ e Rev.$^{ma}$ Sr.$^{a}$ na fórma sobredita, por que ainda estamos dentro em dez dias depois da noticia do decreto, e do gravame, e nem renunciei ao meu direito, nem menos ao das almas fieis a mim commettidas, e alem disto os gravames, que o mesmo decreto traz comsigo, não são momentaneos, mas tem continuação do tempo successivo, e

causa continua, e não só duram ainda agora, mas durarão 1705-1707
por largos annos, assim como no Japão, o que Deus não permitta. Portanto eu no meu nome, e de todos os fieis desta provincia, pelos quaes fallo, e fico fiador, de *rato grato*, appello para o Santissimo Papa Nosso Senhor da execução do sobredito decreto, porque contem gravissimos e irreparaveis gravames, nocivos a toda a christandade deste reino.

148. E verdadeiramente as respostas intimadas para se darem ao Imperador (fallando com a reverencia devida) são totalmente intempestivas, e só podem servir para provocar a ira do Imperador contra a Sede Apostolica, e contra a lei de Christo, e não para propagar a gloria divina. Porque como por huma parte deva ser notorio a V. Ill.^ma^ e Rev.^ma^ Sr.^a^ que o seu decreto, e tambem aquelle que nelle se suppõe emanado da Sede Apostolica ácerca dos sobreditos artigos, foram feitos por causa da presumpção e informação dos que se julgavam peritos na lingua, e letras sinicas, e por conseguinte sendo descoberta a impericia, e sendo a presumpção diversa, sejam os taes decretos reformaveis, e revogaveis, e por outra parte como tambem saiba V. Ill.^ma^ e Rev.^ma^ Sr.^a^, que V. Ill.^ma^ mesmo propoz ao Imperador o Ill.^mo^ e Rev.^mo^ Sr. D. Carlos Maigrot, Bispo Cononense, e Vigario Apostolico da provincia de Fokien, como douto e perito nas letras, e doutrina sinica para dar razão dos ritos controversos, e que o Imperador o admittiu, e juntamente mandou que por escripto desse razão das suas opiniões, e que por esta razão o Ill.^mo^ Sr. Cononense offereceu ao mesmo Imperador duas escrituras para provar as suas opiniões; succedeu, porém, que nada ou quasi nada provou com aquellas escrituras, e sendo chamado do Imperador para dar razão dellas, diante de Sua Magestade nada disse, que podesse satisfazer, antes achou o Imperador aquillo, que elle mesmo declarou a V. Ill.^ma^ e Rev.^ma^ Sr.^a^ no decreto dado aos 3 de Agosto do anno passado, e eu tenho pejo de referir aqui, e isto mesmo se manifestou de novo quando foi julgado diante dos Juizes reaes, juntamente com dois letrados de Fokien, os quaes em outro tempo tinham sido mestres nas letras sinicas do mesmo

1705-1707 Ill.^mo Sr. Cononense; porque estando elle presente afirmaram o que havia quatro annos eu lhes ouvi a elles dizer, convem a saber, que elles não ensinaram ao dito Sr. Cononense os livros sinicos no sentido em que elle os entendia; porque aquelle sentido tinha elle aprendido não delles, senão do Padre Varo, Dominicano, ao que ñada respondeu em contrario o mesmo Sr. Cononense; pela qual razão foi elle pelo Imperador regeitado, e declarado em dois decretos ignorante na lingua, e letras sinicas, e muito mais na inteligencia dos livros canonicos da China, e com razão, porque todos nós os Europeus, ainda aquelles que por muitos annos nos applicamos á mesma inteligencia, não podemos comparar-nos a hum dos mais ordinarios bachareis da mesma China, o que nenhum dos Missionarios amante da verdade póde negar. Pela qual razão não póde deixar de causar gravissimo escandalo no animo do Imperador, e dos outros letrados da côrte, vendo que são despresados, e propostos a hum homem estrangeiro e sem letras, e que não só não são cridos, mas nem ainda ouvidos da Sede Apostolica.

149. Nem basta dizer que a declaração do Imperador feita no anno 1700, já ha tempo foi vista em Roma, porque não chegando ella lá autenticada, como era justo, em fórma que provasse, talvez que por isso não foi admittida, e tambem porque a parte do Ill.^mo Sr. Cononense se oppoz a ella, e a escreveu com muitas cavilações, dizendo que o Imperador mais declara nella que o ceu material, ou a sua virtude identificada com a materia era o principio, e governador de todas as cousas, o que agora consta ser falso, porque o mesmo Imperador no seu decreto de 2 do sobredito Agosto declarou, e explicou o seu sentido dizendo, que a letra *Tien* na taboinha *Kin tien,* he o mesmo que *Tienchu,* senhor do ceu, e Deus dos christãos (*supra* n.^os 101 e 36), da qual explicação ainda não sabe a Santa Sede. Nem contra isto se póde oppor que o Imperador não sabe o que entendem os christãos pelo *Tienchu,* porque os Religiosos da Companhia de Jesus, que lhe assistem, por muitas vezes o tem instruido ácerca da idéa do nosso Deus, e principalmente o Padre Fernando

Verbi est, a petição do mesmo Imperador, e alem disto leu Suá Magestade muitas vezes na lingua sinica, e na tartara o livro do Padre Matheus Riccio da Verdadeira razão de Deus, no qual elegantissima e difusissimamente se propõe a idéa de Deus impugnando igualmente os erros das outras seitas, e o que mais he, duas vezes foi proposta a mesma idéa de Deus pelo Padre Antonio de Bouvalier em dois libellos, ou memoriaes offerecidos ao Imperador, respondendo ás propostas contheudas em outros dois libellos, feitos pelo Ill.$^{mo}$ Sr. Cononense, e depois do Imperador ver tudo isto, saíu com o sobredito seu decreto; o que tudo ainda não consta em Roma. 1705-1707

150. De mais disto porque tambem he notorio que o Imperador no mez de Outubro passado mandou ao sobredito Padre Antonio de Bouvalier, e ao Padre Antonio de Barros, da mesma Companhia, para informar ao Santissimo Papa Nosso Senhor com o transumpto do processo, ou actos, e das suas declarações, sellado tudo com o sêllo imperial, o qual recurso verdadeiramente tem força de appelação dos gravames feitos por V. Ill.$^{ma}$ Rev.$^{ma}$ Sr.$^{a}$ á Igreja christã diante do mesmo Imperador, pendente a qual appellação, nada se deve innovar, e os actos posteriores devem ser tidos *pro attentatis;* nem o contrario se póde executar sem grave discredito da Santa Sede Apostolica, a qual certamente o Imperador não reputará por justissima e humanissima, mas antes por injusta e austera, e por conseguinte a sua ira já aceza se atreverá cada dia mais contra os Missionarios, e contra a christandade até ultimamente desterrar a lei divina do seu imperio.

151. Alem disto porque nestas controversias, eu, ainda que minimo, com tudo Bispo e Vigario Apostolico, assim como o Sr. Cononense, não fui ainda ouvido da Santa Sede, porque não pude acabar as minhas escripturas sobre as mesmas controversias até o anno de 1705; e nellas intento de provar que as opiniões do Ill.$^{mo}$ Sr. Cononense são totalmente falsas, e contra a verdadeira doutrina dos Chinas, e no fim do mesmo anno as mandei a Roma por duas vias, e

1705-1707 depois as mandei tambem pelos sobreditos enviados do Imperador, porque não ha razão alguma, para que deva mais ser ouvido o Ill.mo Sr. Cononense do que eu, que quatro annos antes delle vim á China, e por espaço de quatorze annos que nella tenho estado, não trabalhei menos que elle no estudo dos livros sinicos; e ainda que em outras muitas cousas me confesso inferior ao mesmo Senhor Illustrissimo, nesta materia, porém, não vejo porque devia ser proposto a elle, o que bem contra minha vontade digo; porém, estando a missão já no ultimo perigo, muito melhor he faltar alguma cousa á modestia, do que á verdade.

152. Demais, sendo notorio pelo decreto imperial, dado aos 19 de Dezembro passado, que todos os Missionarios que estamos nas provincias deste vastissimo imperio, não tendo para isso alvará real, devemos sair desterrados da China, os Religiosos da Companhia de Jesus assistentes ao Imperador, não sem perigo, nem sem lagrimas lhe pediram que o tal decreto se não publicasse nas provincias, dando logar aos Missionarios espalhados e separados por logares muito distantes, para que cada hum podesse hir a Pekim a buscar a licença de ficar na China, que nenhum tem; o que finalmente alcançaram do Imperador, ainda que com grande difficuldade, (exceptuando as provincias de Quantum e Suchuen, nas quaes já está publicado o dito decreto imperial) acrescentando o Imperador: «Escrevei aos Missionarios, que se algum recusar vir a minha presença (porque a todos quero conhecer e provar) saia logo da China, e de nenhuma sorte espere que os meus ministros o lancem fóra, com descommodo, e descredito seu, e da vossa lei». Pela qual razão o Ill.mo e Rev.mo Sr. D. Frei Bernardino de la Chiesa, Bispo de Pekim, ainda que tinha de idade mais de sessenta annos, logo no meio do inverno foi com seu companheiro apressadamente á côrte para pedir, e conseguir a sua licença, e no mesmo tempo a pediu o sr. Sabino Mariano; e o Sr. Bispo, e o Sr. Sabino de palavra me disseram o exame que se lhes fez; e na verdade todos os que pedem esta licença, para a alcançarem devem por palavra, e por escripto professar diante

do Imperador a praxe do Padre Matheus Riccio, e dos Missionarios antigos; a qual praxe na verdade se oppõe direitamente ás respostas determinadas por V. Ill.^ma^ e Rev.^ma^ Sr.^a^ no sobredito seu decreto, e portanto nenhum Missionario póde chegar a pedir a dita licença ao Imperador, salvo se porventura algum temerariamente esperar que a hade conseguir protestando aquelles mesmos artigos, por causa dos quaes ha pouco tempo foi lançado, e desterrado da China o Ill.^mo^ Sr. Bispo Cononense com o Sr. Mezzafalse, e Guety, ainda que o dito Sr. Mezzafalse protestou que elle era novo na missão, e ignorava as letras sinicas, e que por isso não approvava, nem reprovava as opiniões do Ill.^mo^ Sr. Cononense. 1705-1707

153. O que tudo supposto, he infallivel (se Deus o não impedir com a sua especialissima, e milagrosa providencia) que todos os Missionarios sejam lançados fóra da China, exceptuando poucos, que estão em Pekim, e por conseguinte que cesse a propagação da fé, que se façam apostatas os neophitos, ainda não firmes nella, que os mais firmes careçam dos sacramentos, que as igrejas e casas dos Missionarios sejam occupadas pelos gentios, e talvez feitas templos dos idolos, e que finalmente se sigam outros innumeraveis e irreparaveis males. Nem basta dizer que estas e outras peores cousas se devem antes escolher, do que consentir em que os sacrificios, que se devem só a Deus, sejam offerecidos ao Confucio e aos progenitores, que se conservem as taboinhas dos defuntos conforme o costume sinico, e que se ensine que o Deus dos christãos he o ceu, ou a sua virtude, como se diz no decreto. Não basta, digo, o dizer isto; porque o Imperador com o sobredito Padre Riccio, e doutissimos Missionarios, e tambem com os Chinas, que imprimiram livros sobre estes pontos, não afirma que o *Tien Xanti* he o ceu material, ou a sua virtude, mas antes afirma que o não he, nem diz que se hão de offerecer sacrificios ao Confucio, e aos progenitores defuntos, mas antes afirma que as offertas que se lhes fazem, não são sacrificios, porque por ellas se lhe não attribue honra alguma mais que humana, nem se

1705-1707 lhes pede, ou espera delles cousa alguma, e que são tidos e tratados como homens; donde os inconvenientes, que se referem no dito decreto, mais se suppõem do que se provam; porém, os que se seguem da execução do mesmo decreto, são mais claros que a luz do meio dia, e por conseguinte se devem evitar.

154. Item, porque o Imperador ama aos Europeus, não aborrece a lei christã, favorece e patrocina aos Missionarios, permittiu que se edificasse dentro dos muros de palacio huma igreja, e concorreu para isso com grande parte das despezas, não prohibe que os seus domesticos se façam christãos, e finalmente se mostra reverente para com o Summo Pontifice, por respeito das quaes cousas e de outras, que grandiosamente tem obrado, he digno de que a Sede Apostolica o ouça sobre os negocios do seu reino, e que a sua auctoridade e Magestade não seja desprezada dos estrangeiros, o que na verdade he muito conforme ás instrucções dadas pela Sagrada Congregação de Propaganda Fide aos Vigarios Apostolicos, e fundadas no direito, Cap. *Si quando, de rescriptis*, e por isso se deve suspender quanto á execução qualquer decreto emanado da Sede Apostolica até ella ser mais plenamente informada, principalmente das cousas, que notavelmente mudam o caso, e que nunca poderam vir ao pensamento do Santissimo Nosso Senhor, para se não semearem maiores escandalos entre os gentios.

155. Nem basta dizer que os mesmos inconvenientes se hão de temer, se ouvido o Imperador não quizer a Sede Apostolica mudar a sua sentença ácerca dos ritos sinicos, porque isto he muito incerto, antes o mais provavel he que revogará o que por falsa presumpção tinha determinado, sendo descoberta a verdade, e a impericia dos informadores, ou pelo menos o temperará com alguma moderação; para que este vastissimo imperio se não reduza ao estado, que a igreja chora no de Japão visinho, e porque he muito diverso, desprezar o Imperador não o admittindo a audiencia, do que depois de admittido, e ouvido ensinal-o com spirito de brandura, com benignidade e benevolencia (o que com razão se

espera que fará o Santissimo Nosso Senhor) propondo-lhe 1705-1707
as razões, pelas quaes sem odio, nem aversão se conforme com a Santa Sede, não lance fóra os Missionarios, e não prohiba a lei christã como irracionavel.

156. Pelas quaes causas, e outras notorias, de novo appello para o Santissimo Papa Nosso Senhor da execução deste sobredito decreto, dos seus gravames, da excomunhão nelle proferida, e da sua declaração: *et instanter, instantissime,* e quantas vezes de direito for necessario, peço a V. Ill.ma e Rev.ma Sr.a os Apostolos, para proseguir esta appellação diante do nosso Santissimo Papa Nosso Senhor, e no caso de negação, como de gravame feito (fallando com reverencia) injustamente a mim, e aos fieis desta provincia, outra vez appello para o mesmo Santissimo Nosso Senhor e *instantissime* peço os Apostolos, *ut supra*. E porque V. Ill.ma e Rev.ma Sr.a está ausente, faço ésta appellação conforme a disposição do direito, diante dos varões honestos, convem a saber, os Padres João Fernandes Serrano, Diogo de Santa Rosa e Miguel Roca, da ordem dos Menores, nesta cidade de Cancheufu aos 13 de Abril do corrente anno de 1707, no sexto dia depois que o sobredito decreto me chegou á noticia. Na fé do que se subescrevem os presentes *et cet.*»

157. Não obstante, porém, esta sua appellação, desistiu o Bispo Ascalonense do caminho para hir receber o alvará imperial; ou porque se resolveu a hir a Roma proseguir a sua appellação, como dizem alguns, ou porque, como outros afirmam, espera que intercedendo os Jesuitas de Pekim. conseguirá do Imperador o alvará sem hir á presença imperial, supposta a sua idade e pouca saude. Foi a sobredita appellação entregue ao Patriarcha vindo de Nankim para Cantão, porém, nem ainda á vista della quiz suspender a execução do seu decreto (*supra* n.° 133).

158. Alcançaram ao Patriarcha neste caminho para Cantão os dois clerigos Pedro Herve, e Abade de S. Jorge aos 4 do mez de Maio, e lhe deram a noticia do decreto imperial, com que eram desterrados da China (*supra* n.° 142). Concebeu pois o Patriarcha tão grande pena com esta noticia,

1705-1707 que lhe sobreveio logo hum perigoso desmaio; melhorou, porém, e foi proseguindo com os mesmos clerigos, e mais companheiros, a sua viagem para Cantão. Diante de todos perguntou então o clerigo Herve ao Patriarcha, porque razão no seu decreto (*supra* n.º 133) não prohibiu expressamente as ceremonias, ou ritos do Confucio, permittidas pelos Jesuitas? Respondendo pois o Patriarcha a esta pergunta, disse: já bastantemente me tendes levado ao fim; para que me quereis perder totalmente? Alcançou tambem o Patriarcha neste caminho o Padre Provincial José Monteiro, que com os seus quatro companheiros hia tambem desterrado para Cantão, e lhe referiu o successo, que tiveram com o Imperador (*supra* n.os 138 e 139). Chegaram finalmente todos a Cantão, primeiro o dito Padre Provincial com os seus quatro companheiros e subditos e depois o Patriarcha com os seus clerigos.

## § 15.º

### Defende El-Rey de Portugal o seu direito quanto á jurisdição do Patriarcha; a mesma regalia defendem o Vice Rey da India, o Primaz, e o Capitão geral de Macau

(Resta para referir o que o Patriarcha fez, pretendeu, e occasionou na cidade de Macau, e tudo depende de algumas noticias precedentes, que primeiro referimos n'este titulo.)

159. Tanto que a sagrada congregação de propaganda fide começou a mandar Vigarios Apostolicos ás missões do padroado de Portugal, começou tambem El-Rey a defender o seu direito, ordenando aos seus Vice Reys da India que não permittissem que os Vigarios Apostolicos e Missionarios, não vindos por Portugal, entrassem nas missões do real padroado e muito menos que tivessem jurisdição nas terras do dominio de Portugal. Estas mesmas suas ordens renovou El-Rey quando soube que contra sua vontade se mandavam novamente de Roma muitos Bispos, e Vigarios Apostolicos para a China (*supra* n.º 15). Depois disto o Santissimo Papa Clemente XI, pelo Padre Antonio do Rego, Jesuita (que en-

tão supria as vezes de Residente de Portugal em Roma) deu 1705-1707
noticia a El-Rey de como mandava ao Patriarcha de Antiochia, com o officio de Visitador Apostolico para a India, e para a China. E isto escreveu tambem a Sua Magestade o mesmo Patriarcha. Recebendo pois El-Rey esta noticia, escreveu ao Papa em 27 de Março de 1702 huma carta, na qual dava o seu consentimento quanto á pessoa do Patriarcha, eleito para aquella funcção, pedia, porém, a Sua Santidade que antes do Patriarcha partir para a India se lhe communicassem a Sua Magestade os poderes que levava na fórma, que se praticava com os Nuncios, para ver se entre elles levava alguns, que offendessem o seu padroado e regalia; aliás que seria difficultoso conseguir o Patriarcha o fim da sua jornada. O mesmo ainda mais expressamente dizia ElRey na sua resposta ao Patriarcha: «E logo (são as suas formais palavras) que Sua Santidade se digne de se inclinar ás minhas reverentes supplicas, ordenarei ao meu Vice-Rey da India, e a todos os meus Governadores, e Generaes, Cabos, e vassallos daquelle Estado, que vos franqueiem os passos para entrares naquellas vastas provincias, e vos dêem para isto a ajuda e favor, sem o que não poderá deixar de ser mais que difficil a execução da diligencia para que estaes destinado.»

160. Ainda até agora me não chegou a noticia do que Sua Santidade respondeu a El-Rey. O certo he que Sua Magestade até o anno de 1707 nada ordenou aos Vice Reys, Governadores, e Cabos do Estado da India, ácerca do Patriarcha. Sómente hum dos Conselheiros de Sua Magestade em Lisboa escreveu no anno de 1703 ao Vice Rey da India Caetano de Mello de Castro, que o Summo Pontifice por causa de certos negocios mandára para a China o Patriarcha de Antiochia, e que convinha se lhe não impedisse a entrada naquelle imperio, e que fosse bem tratado nas terras do dominio de Portugal; não dizia, porém, este Conselheiro que isto era ordem de El-Rey. E comtudo persuadindo-se o dito Vice-Rey que o conselho deste Conselho era ordem real, fazendo menção della, ordenou no anno de 1704 ao Capitão geral e ao Bispo

1705-1707 de Macau, que se o Patriarcha de Antiochia aportasse áquella cidade, fosse nella admittido com cortezia, e se lhe desse todo o bom tratamento, não se entendendo com elle o impedimento posto pelas ordens reaes aos demais Bispos, não vindos por Portugal. E assim o executaram pontualmente o Bispo e Capitão geral aos 4 de Abril de 1705 (*supra* n.º 24), no qual dia deu o Patriarcha ao mesmo Bispo hum breve, que de Roma trazia para elle, o qual traduzido de latim em portuguez, dizia assim.

**161.** «Clemente Papa XI, Veneravel Irmão, saude e benção apostolica. Razão he, que o pastor, e as ovelhas mutuamente se consolem, para que confirmados, e animados com a esperança commúa corram com maior ligeireza, com o favor divino, pelo caminho da salvação. Como, pois, não possamos (como desejariamos) assistir presencialmente a esses fieis, julgámos deviamos mandar a essas partes alguem, que em nosso nome veja assim aos que mereceram acolher-se ao gremio da Santa Madre Igreja Catholica, como aos que pia, e frutuosamente trabalham nos ministerios divinos, e na pregação evangelica, e a huns, e outros lhes manifeste os testemunhos do nosso amor, e amplissimamente fortalecido com a nossa auctoridade solicitamente procure soccorrer spiritualmente as necessidades de todos. Escolhemos, pois, para este officio ao veneravel irmão Carlos Thomás, Patriarcha de Antiochia, varão de muitos e mui esclarecidos dotes temporaes, e spirituaes, e principalmente de singular piedade, doutrina e prudencia, ao qual commettemos o officio de Visitador Apostolico com os poderes de Legado de latere nosso, e desta Santa Sede, porque confiamos naquelle, que misericordiosamente rege a nossa fraqueza, que poderá ceder totalmente em grande utilidade dessas almas, a diligente, e pontual inspecção, que elle, ou por si, ou por seus delegados deve ter dessa escolhida grei. E porque nos promettemos muito do zêlo e caridade, e tambem da conhecida devoção e obediencia de vossa fraternidade, para com esta Santa Sede, e para com nós mesmos, totalmente vos amoestamos, e avisamos que procureis diligentemente assistir ao mesmo

Patriarcha, para que possa satisfazer ao seu ministerio, constituir cousas saudaveis, e colher copioso fructo do seu trabalho, e tambem confiados na vossa obsequiosa vontade para comnosco vos pedimos que se julgardes alguma cousa util ás vossas cousas, ou proveitosa para o augmento da Missão, ou finalmente para conservar entre os operarios a perpetua caridade tão necessaria para a propagação da Fé, livremente declareis tudo isto ao mesmo Patriarcha; e mui amorosamente concedemos a vossa fraternidade a benção apostolica. Dado em Roma junto a S. Pedro, debaixo de sêllo do pescador, aos 20 de Junho de 1702 no anno 2.º do nosso Pontificado. Ulyses Jos. Archiep. Theodosiensis.» 1705-1707

162. Quando o Patriarcha entregou ao Bispo este breve, não procurou a sujeição, e obediencia da cidade de Macau, antes logo no dia seguinte 5 de Abril do dito anno 1705 se partiu para Cantão. Porém, depois por cartas, escriptas do mesmo Cantão, aonde se deteve por largo tempo, mandou ao Bispo que publicasse em Macau o dito breve, e o Bispo o mandou publicar por hum seu edital escripto tambem em latim, o qual vertido em portuguez dizia assim: «D. João de Casal, por graça de Deus e da Santa Sede Apostolica Bispo de Macau, do Conselho do Serenissimo Rey de Portugal, etc. Fazemos saber, e testificamos a todos os fieis christãos desta nossa diocesi, de qualquer estado, e dignidade que sejam, que o Santissimo nosso Senhor Clemente, por providencia divina Papa XI, nos significou e intimou por suas letras, que mandava a estas Indias orientaes ao Ex.$^{mo}$ D. Carlos Thomás, Patriarcha de Antiochia, Visitador Apostolico das mesmas Indias com poderes de legado de latere da mesma Sede Apostolica. E para que tudo conste claramente ajuntamos aqui o mesmo breve, cujo theor he o seguinte: Clemente Papa, etc. (*supra* n.º 161). Até aqui o dito breve; e para que venha á noticia de todos, mandamos a cada hum dos parochos desta nossa diocese, assim seculares, como regulares, que logo o publiquem nas suas Igrejas, e depois se fixará no logar costumado. Dado em Macau sob nosso signal e sêllo, a 31 de Julho de 1705.»

1705-1707 163. Publicou-se este edital com o breve em Macau no dia seguinte, e logo depois o mandou o Bispo ao Patriarcha, o qual o tornou a mandar ao mesmo Bispo com hum additamento, para o Bispo o acrescentar ao dito seu mesmo edital. O qual additamento tambem era escripto em latim, e vertido aqui em portuguez, he o seguinte: «E portanto para testemunho da nossa filial observancia aos mandados apostolicos, por estas presentes damos obediencia ao dito Senhor Carlos Thomás, Patriarcha Antiocheno, como a ministro immediato, e Legado de Sua Santidade, e da Sede Apostolica Romana, e para que conste, e seja patente a todos, mandamos que estas nossas letras se fixem no logar costumado, e sejam publicadas, e que o mesmo façam todos os Parochos, assim seculares, como regulares *respective* nas suas igrejas. Dado em Macau, etc». Recebendo o Bispo este additamento, esteve perplexo por alguns dias, se o acrescentaria como mandava o Patriarcha, ou não o acrescentaria ao seu edital. E finalmente se resolveu a acrescental-o, fazendo, porém, primeiro hum protesto occulto diante do Bispo de Malaca, que naquelle tempo tinha aportado a Macau.

164. Neste protesto juridico e occulto dizia o Bispo; que o seu Vigario da vara de Cantão (o Padre Domingos de Brito, Jesuita) o certificara que se elle Bispo não obedecia ao Patriarcha acrescentando o dito additamento ao edital, o mandaria o mesmo Patriarcha declarar logo por excommungado, entregaria o governo das duas provincias de Cantão, e Quansim (que são do Bispado de Macau) a algum dos Vigarios Apostolicos, e que se seguiriam outras peores consequencias; que ponderando elle Bispo isto, e juntamente o medo reverencial, que os moradores de Macau tinham ao Patriarcha; a obediencia que lhe deram o Bispo de Meliapor, o Arcebispo das Philipinas, e davam os Bispos da China; o genio do Patriarcha inflexivel no que emprendia, e o parecer de alguns Theologos, que consultou, e julgaram que era força obedecer ao Patriarcha, e que considerando por outra parte que no breve sobredito se não concedia ao Patriarcha jurisdição tão ampla como elle pelo additamento pretendia; se achava elle

Bispo perplexo, e finalmente se resolvia a acrescentar o dito additamento, forçado, porém, violentamente, e sem vontade de que valesse, ou tivesse vigor algum, e que isso mesmo protestava huma, e muitas vezes em ordem a ficar illeza a sua jurisdição ordinaria, e o padroado de El-Rey seu senhor, não só do dito violento additamento, mas tambem de todas as mais consequencias, que delle se seguissem. Recebeu o Bispo de Malaca este protesto juridicamente, e depois de autuado, foi restituido ao mesmo Bispo de Macau, para conservação do seu direito aonde competisse.» 1705-1707

165. Tendo pois o Bispo de Macau feito este seu protesto aos 13 de Agosto do dito anno 1705, logo no dia seguinte mandou fazer hum exemplar do seu edital (*supra* n.º 162) com o additamento, que o Patriarcha lhe tinha mandado (*supra* n.º 163) e o remetteu ao mesmo Patriarcha, não o mandando, porém, ler nem publicar em Macau. Depois no fim do mesmo anno 1705, deu o mesmo Bispo parte ao Vice-Rey da India, e ao Arcebispo Primaz da jurisdição amplissima, que o Patriarcha pertendia nas dioceses do real padroado, e cidade de Macau, e de huma carta que do mesmo Patriarcha tinha ultimamente recebido, na qual lhe dizia que queria elle Patriarcha mandar a Macau hum seu vizitador, que vizitasse aquella cidade, e diocese, e perguntava o Bispo ao Vice Rey e Primaz o que se devia fazer.

166. Propoz o Vice Rey esta questão com tudo o tocante a ella no Conselho do Estado, especialmente a carta que tinha recebido do Conselheiro de El-Rey (*supra* n.º 160), e ponderando tudo julgaram todos os Conselheiros do Estado uniformemente que não constava do consentimento de El-Rey para que o Patriarcha viesse á India com jurisdição, e que de nenhuma sorte se permitisse que elle a exercitasse nas dioceses do padroado real, e muito menos em Macau, sem primeiro exhibir as bullas dos seus poderes, passadas pela chancelaria de Portugal. Assim o decretou o Vice Rey, e ordenou em nome de ElRey ao novo Capitão geral Diogo de Pinho Teixeira, que no Maio de 1706 partiu de Goa para Macau e aos Bispos de Macau, de Malaca e de Pekim, e tam-

1705-1707 bem ao Padre Antonio da Silva, Vigario foraneo de Nankim, por não saber ainda então o Vice Rey que elle estava já naquelle tempo constituido Vigario Apostolico pelo mesmo Patriarcha (*supra* n.º 26).

167. Da mesma sorte o Arcebispo Primaz, D. Fr. Agustinho da Anunciação, passou huma sua pastoral dada aos 12 do dito Maio de 1706; na qual dizia que tendo-lhe a Igreja Catholica encarregado todas as christandades do Cabo de Boa Esperança até a Tartaria, devia não permittir que pessoa alguma entrasse nellas com jurisdição por qualquer titulo, sem primeiro fazer patentes as suas bullas e poderes, que Sua Santidade lhe tivesse delegado, conforme a Clementina, *Injunctae.* § *Sane de electione inter communes,* e que o Sr. D. Carlos Thomás, intitulando-se Patriarcha de Antiochia e Legado a latere, se quizera introduzir nas christandades da India, alterando os costumes dellas, promulgando censuras no bispado de Meliapor, declarando por excomungados os parochos de Madrasta, perturbando as christandades, entromettendo-se na China nos Bispados do padroado real; impondo prefeitos dos bispados aos Senhores Bispos, intentando prover os bispados vacantes do mesmo padroado, reservados conforme o Concilio Tridentino, derogando os privilegios do Serenissimo Rey de Portugal, remuneratorios e irrevogaveis; e obrando tudo sem publicar as bullas, e poderes da commissão, exhibindo-as legalmente aos prelados, aos quaes competia a posse de similhantes jurisdições, no que encontrava as leis da Igreja, e o direito do padroado da Corôa de Portugal; pelo que declarava elle Primaz por nullas as ditas censuras impostas, e ordenava a todos os ecclesiasticos e seculares, que moravam dentro dos limites da sua Primazia, que não obedecessem ao dito Patriarcha, nem guardassem as suas censuras, sem que primeiro constasse dos poderes da sua legação; para cuja legalidade havia ao dito Sr. D. Carlos Thomás por citado, e inhibido com pena de excomunhão, para que não exercitasse acto algum jurisdicional, sem que primeiro lhe constassem a elle Primaz legalmente os poderes commettidos ao mesmo Sr. D. Carlos.

168. Mandou pois o Primaz esta sua pastoral no mesmo 1705-1707
anno ao Bispo de Macau para publical-a naquella cidade, e a remetter aos outros ordinarios da China; como, porém, no tempo em que ella, e o novo Capitão geral Diogo de Pinho chegaram a Macau estava o Patriarcha embaraçado com outros maiores cuidados em Pekim (*supra* n.º 87), e nem por si, nem por outrem exercia jurisdição nas outras dioceses, se absteve o Bispo por então de publicar a tal pastoral, e o Capitão geral se absteve tambem de intimar as novas ordens que trazia do Vice Rey. Passados, porém, alguns mezes, chegou a Macau noticia que o Patriarcha vinha de Pekim para Cantão. Julgou pois o dito Capitão geral não deferir mais a publicação das ordens reaes, e em effeito aos 27 de Janeiro de 1707 as intimou a todos os prelados das Religiões residentes em Macau em presença do Bispo, ordenando-lhes que não acceitassem jurisdição alguma do Patriarcha contraria ao real padroado, mas procurassem por si, e pelos seus subditos que não fossem offendidas as regalias e privilegios, com que tantos Summos Pontifices remuneraram os grandes merecimentos dos Serenissimos Reys de Portugal. Todos os prelados responderam que elles e seus subditos obedeceriam promptamente a esta ordem real. Propoz então . . . . . . . . . .

*N. B.* O resto do manuscripto perdeu-se. Mas como a obra promettia só narrar os successos até ao fim do anno de 1707, vê-se que pouco falta do que o auctor escreveu. Esperamos, porém, supprir com os documentos, que ha no archivo do governo deste Estado, não só a falta da obra primitiva, mas a noticia do mais que aconteceu até ao fallecimento do Patriarcha, depois Cardeal de Tournon, no anno de 1710 em Macau.

## Primeiro relatorio do Capitão geral da cidade de Macau ao Vice Rey da India, sobre as cousas do Patriarcha de Antiochia

(Chronista de Tissuary.)

1707 Dezembro 1

Ex.$^{mo}$ Sr. — Por este relatorio dá a V. Ex.$^{a}$ conta o Capitão geral da cidade de Macau, Diogo de Pinho Teixeira, de tudo quanto obrou na dita cidade em defensa da jurisdição do Padroado Real de Sua Magestade, que Deus guarde, que o Patriarcha de Antiochia D. Carlos Thomás pretendeu empenhadamente offender nella, como tinha feito nas provincias do Imperio da China.

Vendo eu, Senhor, assim pelas noticias que o anno passado dei a V. Ex.$^{a}$ como por outras que me foram chegando, o empenho com que o Patriarcha de Antiochia procurava offender a jurisdição do Real Padroado de El-Rey nosso Senhor, e vendo tambem a conhecida aversão que mostrou ter ao nome portuguez pela accusação que deu no tribunal de hum Rey infiel, procurando por ella não só malquistar a nação e perder esta cidade, mas tambem abrir as portas para a entrada dos Missionarios da Propaganda sem o consenso real de Sua Magestade, como do treslado authentico da dita accusação se vê (doc. n.$^{os}$ 1 e 2): e achando-me obrigado a defender a dita jurisdição pela ordem que V. Ex.$^{a}$ foi servido dar-me no Cap. 5.º do meu Regimento, procurei acautelarme para o fazer nesta cidade, já que naquellas terras, por independentes deste governo, não podia obrar mais que insinuar aos nossos Missionarios a obrigação que tinham por vassallos de Sua Magestade de se empenharem na mesma defensa, e a sentir juntamente com elles o lastimoso estado a que hiam chegando aquellas missões pelas inconsideradas resoluções deste Prelado, como tudo será presente a V. Ex.$^{a}$ por este Relatorio, e pelos constos authenticos, que com elle offereço.

Pela proposta (doc. n.º 3) que fiz aos Prelados de todas as

Religiões desta cidade, se vê que tendo eu moral certeza de que o dito Patriarcha pretendia por si, ou por interposta pessoa exercitar a sua jurisdição nella em offensa do real Padroado de El-Rey nosso Senhor, os mandei convocar, e sendo todos juntos, lhes noticiei a ordem com que me achava, e para a observancia della lhes notifiquei não acceitassem nem deixassem acceitar a seus subditos jurisdição alguma do dito Patriarcha, que fosse em offensa do dito Padroado, sob pena de eu proceder contra aquelle que o contrario obrasse, como me fosse licito em tal caso, e pelo termo do assento que se tomou ao pé da dita proposta, se vê a promessa que todos fizeram de observarem mui inteiramente, acrescentando que assim deviam fazer sem o menor escrupulo, por ser a jurisdição do dito Padroado concedida por muitos Breves Pontificios, e do mesmo termo se vê o meio que nesta occasião arbitrou o Bispo desta cidade, de que as cartas todas que recebessem do dito Patriarcha, ou do seu Vigario Apostolico, de que se presumisse poder vir nellas alguma Pastoral, censuras ou excommunhão, se não abrissem sem ser em minha presença, e que eu as mandasse logo recolher, que todos julgaram por conveniente meio, e a mim me pareceu tambem, porque já antevia não só a frouxidão, que havia de experimentar em alguns delles nesta defensa, mas ainda tambem infidelidade, que pelo tempo adiante vim a conhecer na obediencia, que logo alcançou nesta cidade, não só contra esta notificação, que lhes fiz, mas tambem contra outras muitas que lhes fui fazendo, como adiante se hirá vendo, impondolhes mui rigorosas penas, até a de serem retheudos em huma fortaleza e remettidos á presença de V. Ex.ª, nada disto bastou para que o dito Patriarcha não fosse alcançando a obediencia que pretendeu, pela qual razão me foi necessario proceder do modo que se dirá no seu logar. 1707 Dezembro 1

Disposto isto assim na fórma referida fui sabedor que tendo o Patriarcha a noticia de que o Imperador da China mandava convocar os Missionarios todos que assistiam no seu Reino depois que botou ao Bispo Maigrot para fóra delle por oppositor ás praxes do Padre Matheus Riccio para exa-

1707 Dezembro 1 minar a todos se seguiam as ditas praxes, que elle tanto approva, para debaixo do dito exame despedir aos que as reprovassem para fóra do seu Reino, e permittir nelle só aquelles que as seguissem com ordem de que aos taes se lhe desse hum *Pião*, que he o mesmo que huma patente, para poderem prégar e ensinar a santa lei, sem a qual o não poderiam fazer sob pena de morte, sahira o dito Patriarcha com hum Decreto, pelo qual condemnava os ditos ritos, ou declarava estarem já condemnados pela santa Sede Apostolica, e ordenava a todos os que fossem chamados com pena de suspensão e outras censuras a elle reservadas dissessem ao dito Rey que os não podiam já ensinar, nem seguir; e porque me dissessem que este tal Decreto se achava já em poder do Padre Francisco Pinto, da Companhia de Jesus, Provincial da provincia de Japão, lho mandei pedir pela carta (doc. n.º 4), traduzido em portuguez, o qual sendo visto, e considerando o perigo que certamente se entendia correr não só toda a Missão, mas tambem esta cidade, se pelos nossos Padres fossem reprovados os ditos ritos, que até áquelle tempo seguiram e ainda hoje seguem, me pareceu mais conveniente mandar retirar a todos para esta dita cidade, para que em caso que por tal causa se perdesse de todo a Missão, ao menos não perigasse tambem a esperança de a podermos em algum tempo restaurar, e evitar que se irritasse mais o Imperador com lhe reprovarem os Padres Portuguezes os taes ritos, em que se funda toda a politica do seu imperio; porém, como a materia era de tanta importancia, e envolvia em si muitas e mui grandes circumstancias, não quiz executar esta determinação sem primeiro tomar sobre ella maduro conselho, pelo que mandei convocar o Bispo e mais Prelados desta cidade, e o Senado da Camara della, e sendo todos juntos lhe fiz a proposta (doc. n.º 5), a qual sendo ouvida por todos, assentaram se mandasse perguntar ao Padre Provincial da Companhia, que como mais experiente nas cousas da China podia dizer se da hida dos nossos Padres Missionarios á presença do Imperador, e nella dissessem que não podiam já seguir os taes ritos que até então seguiram, se irritaria o dito

Imperador de sorte que se seguisse dahi algum damno a esta cidade; ou se ainda não hindo os ditos Padres á sua presença, mas que ficando nas suas residencias e nellas não guardassem os taes ritos, se por isso se seguiria o mesmo damno a esta cidade; e ultimamente se perguntasse tambem que em caso que eu mandasse retirar os ditos Missionarios, se desta resolução se molestaria o Imperador de tal modo, que em vez de se remediar este damno que consideravamos, se seguisse o mesmo perigo; e que feitas estas perguntas, e certificando o dito Padre não se seguir da tal resolução ruina alguma a esta cidade, julgaram todos ser o meio mais conveniente de que se podia usar para se reparar tão grave damno, pelo que podia eu ordenar ao seu Superior, ou Superiores dos ditos Missionarios da parte de Sua Magestade que salvo qualquer perigo da fé, e perigo das almas, se recolhessem a esta cidade com os seus subditos todos que entraram na China por via de Portugal, como tudo melhor consta do termo (dito doc. n.º 5). 1707 Dezembro 1

Tomada esta resolução mandei logo ainda estando em conselho ao escrivão da camara, fazenda e matricula desta cidade, e ao Procurador della, ao collegio de S. Paulo fazer ao Padre Provincial da Companhia as perguntas acima referidas, que logo se executou, e da certidão (doc. n.º 6) consta que respondeu assim o dito Padre Provincial como o Padre Manuel Ozorio, da mesma Companhia, e Procurador da provincia do Japão, que da retirada dos ditos Padres se não podia seguir damno algum a esta cidade, mas antes se evitaria, e que da ficada delles nas suas residencias, ou da hida delles á presença do Imperador julgavam por infallivel o damno que se considerava; pelo que determinei logo escrever ao Padre José Raymundo, Visitador das provincias de Japão e China, e ao Padre José Monteiro, Vice-Provincial da dita provincia da China, que recolhessem logo com os ditos seus subditos para esta cidade, como consta das cartas (doc. n.º 7). E para que constando ao Imperador da China esta minha resolução, a não estranhasse, mas antes entendesse que era por tirar a occasião do desgosto que lhe poderiam

1707 Dezembro 1 causar os nossos Padres, se na sua presença, e ainda fóra della reprovassem os ritos que até ali seguiam, e elle tanto defendia, escrevi na mesma occasião ao Padre Filippe Grimaldi, que assiste na sua côrte, com aquellas palavras de que o dito Imperador mais se paga, para que lhe fizesse presente, tendo occasião, o motivo que tive para mandar retirar os ditos Padres, como consta da carta (doc. n.º 8). Da resposta que tive do Padre José Raymundo, Visitador das ditas provincias de Japão e China, que vae no mesmo doc. n.º 7, verá V. Ex.ª o estado em que se achavam já a esse tempo as cousas das Missões, e pela do Padre Vice-Provincial José Monteiro, que vae (doc. dito), se vê chegar esta resolução minha a tempo que já quasi todos os Missionarios se tinham apresentado ao Imperador, como elle diz, e por elle e mais quatro Padres terem dito que já não podiam seguir as praxes do Padre Matheus Riccio, que até então seguiam, pela prohibição do Patriarcha, foram mandados para Cantão para ali estarem até a chegada do Padre Antonio de Barros e seu companheiro, que foram mandados pelo dito Imperador ao Summo Pontifice, avaliando a resolução que tomei para a retirada de todos por pouco conveniente, sem primeiro darem razão de si ao dito Imperador; e o Padre Visitador entende o contrario, como adiante se verá.

Nesta confusão andavam as cousas das Missões da China, e por instantes se augmentava a desconsolação dos nossos Padres Missionarios em ver que se hiam de todo arruinando e se acabariam de arruinar, se o Imperador com a noticia do decreto do Patriarcha entrasse em furor, e como barbaro dispozesse o ultimo fim dellas com expulsar a todos do seu imperio, ou com os acabar nelle tirando-lhes as vidas; porém, como a causa he tanto de Deus, parece que sua Divina Magestade o alumea nas suas resoluções para que ao menos se não perca a esperança de se restaurar ao seu primeiro e florente estado pelo mesmo Monarcha que para partes tão remotas mandou á custa de sua real fazenda, sangue e vida de seus vassallos a sua santa lei, permittindo que se conserve, ainda que agonisante, até que de tudo seja Sua Magestade e V. Ex.ª sabedor para dispôr o remedio, que for servido, com o qual se restaure, como todos confiam, a seu primeiro estado, e ainda mais florente. 1707 Dezembro 1

Estando, pois, senhor, as cousas nestes termos, sem me ser possivel poder obrar mais cousa alguma em defensa da jurisdição do Real Padroado de Sua Magestade, succedeu que não se satisfazendo o dito Patriarcha de a ter offendido naquellas terras, aonde por independentes deste governo lhe não podia eu resistir, se resolveu a querel-a tambem offender nesta cidade com pretender exercitar nella a sua, sem que me constasse serem as suas Bullas passadas pela chancellaria do nosso Reino; e foi o caso que em 28 de Abril deste presente anno pelas tres horas da tarde pouco mais ou menos me trouxe o Bispo desta cidade hum masso de cartas sem dizer de quem era, e só pelo sobrescripto conhecia ser para elle, porém, que o não abrira, porque o queria fazer em minha presença, porque como já lhe tinha succedido ser-lhe entregue em outra occasião outro massete de cartas, o qual abrindo achára dois escriptos, hum para elle, e outro para mim, que me remetteu, e ambos sem nomes, mas em tudo quasi conformes nas circumstancias que continham, o que do seu treslado se vê (doc. n.º 6), não queria nesta occasião lhe succedesse tambem o mesmo; e por tal caso formar eu delle alguma sinistra opinião contra a lealdade devida a Sua Magestade; e que por isso e pelo muito que convinha a seu credito e fidelidade, assentára não abrir carta nenhuma que pelo sobrescripto, sêllo ou portador não conhecesse de quem era, senão em minha presença, e de hum Tabellião; o que por esta razão trazia o dito masso para ali se abrir, e que fosse eu servido mandar vir hum official de fé para o fazer; e supposto que procurei despersuadil-o daquella justificação, com que queria obrar naquelle particular, com lhe dizer que o conhecia tão fiel vassallo de Sua Magestade que nenhum daquelles casos me poderia fazer duvidar da lealdade que ao dito senhor devia, e que com esta certeza podia abrir as cartas que lhe viessem, porque estava certo que quando ellas trouxessem cousa que de algum modo podesse offender as

1707 Dezembro 1 regalias do Real Padroado da Sua Magestade, se empenharia elle na defensa dellas com aquelle zêlo com que estava obrigado por muitos titulos; comtudo persistiu em que lhe mandasse vir o dito official, porque assim lhe convinha; e sendo presente a sua instancia, se abriu o dito masso e nelle se achou hum decreto prohibitivo dos ditos ritos, e mais duas cartas para o dito Bispo, e hum edital para hum Jubileu, que mandava fizesse tudo publicar nesta cidade, o que vendo eu disse ao dito Bispo, que elle não ignorava as ordens com que me achava para de nenhum modo permittir que o Patriarcha de Antiochia usasse de jurisdição alguma com offensa do Real Padroado de Sua Magestade nos limites deste governo, e que juntamente sabia que com outra similhante se achava elle; pelo que devia como fiel vassallo de Sua Magestade empenhar-se na mesma defensa naquella parte que estava a seu cargo o fazel-o, porque de outra sorte não só se perderia, segundo se entendia, irremediavelmente a Missão da China, mas tambem se offendia gravemente o jus do Real Padroado de Sua Magestade, e que quando para as diligencias necessarias para a tal defensa fosse necessario alguma despeza, não fosse a falta de não haver nesta cidade feitoria a causa de se não fazerem as ditas diligencias, porque tudo quanto eu possuia desde logo offerecia para se despender no serviço do dito senhor, e que já dali correria por minha conta o fazel-a; o que sendo ouvido pelo dito Bispo, disse que logo aggravava e appelava para a Santa Sede Apostolica, e promettia brevemente rateficar o seu aggravo com razões que para isso tinha, e pretendia mandar-lhe intimar na fórma do direito; como de tudo melhor consta da certidão (doc. n.° 10), e do auto do aggravo que com effeito fez o dito Bispo allegando as razões todas por onde não podia o dito Patriarcha usar de sua jurisdição sem que primeiro apresentasse as suas Bullas passadas pela chancellaria do Reino de Portugal, segundo a ordem de varios Breves Pontificios passados a favor das isenções e regalias do Real Padroado de Sua Magestade, e pelo que lhe amostrava tambem a conhecida aversão que tem ao nome portuguez pelo que obrava, e tinha obrado nestas terras da China, que tudo se vê do dito aggravo, e mais papeis concernentes a elle, que vae no doc. n.º 11, o qual sendo-lhe intimado, o não quiz acceitar, mas antes por hum decreto seu, que logo mandou ao dito Bispo em resposta do dito aggravo que se vê no doc. n.º 12, lhe mandou que revogasse o dito aggravo sob pena no dito decreto expressa, chamando-se nelle á posse da obediencia que lhe deu o dito Bispo em uma Bulleta que lhe mandou do Summo Pontifice logo que chegou a esta China, como adiante se verá, e alguns actos de jurisdição que fez em um Edital de jubileu que mandou publicar tanto que a estas terras chegou, estando governando esta cidade o General meu antecessor José da Gama Machado, que tudo permittiu o dito Bispo *pro bono pacis* debaixo de um protesto occulto que fez nas mãos do Bispo de Malaca, que se achava tambem naquelle tempo nesta cidade, que me fez presente o dito Bispo, ao qual lhe toca dar a Sua Magestade e a V. Ex.ª conta, como supponho faz com a clareza necessaria. 1707 Dezembro 1

A este decreto, que recebeu o dito Bispo, lhe respondeu com o seguinte aggravo, que lhe mandou intimar pelo seu Vigario foraneo da provincia de Cantão, Padre Domingos de Brito, o qual se vê no doc. n.º 13. Respondeu a este segundo aggravo com outro decreto, que vae no doc. n.º 14, pelo qual lhe manda que em termo de doze dias desista da dita appellação, sob pena nelle imposta, procurando em tudo mostrar a paixão com que obrava, porque até de se procurar o recurso se infurecia; pelo que respondeu o dito Bispo com huma carta requisitoria, que vae no doc. n.º 15, pela qual não só aggravou, e appellou de todas as suas censuras, mas tambem lhe requereu que apresentasse as originaes Bullas de sua Legacia, passadas pela chancellaria do Reino de Portugal, como da dita carta requisitoria melhor se vê, o que nunca quiz fazer o dito Patriarcha, pelo que arreceando-se justamente o dito Bispo do indigesto modo do seu obrar, e antevendo que com o dito aggravo se poderia infurecer de tal sorte, que negando todo assenso á razão, cuidaria só no modo com que contra elle e seus subditos procederia, se acautellou com

1707 Dezembro 1 hum protesto reclamatorio, que ante mim fez em 11 de Maio assignado por elle, o qual por meu despacho acceitei na melhor via e fórma que podia acceitar, e querendo no dito pôr para a conservação do jus do Real Padroado de Sua Magestade, me replicou o dito Bispo não ser necessario, para me não fazer parte nelle; pelo que se escusou a dita declaração. E porque me parecesse que já naquellas circumstancias convinha soubessem todos que o Arcebispo de Goa, Metropolitano deste Bispado, tinha enviado a elle huma carta Pastoral, pela qual annullava todos os autos jurisdicionaes, que o dito Patriarcha tivesse feito nos Bispados suffraganeos a elle, e ao diante fizesse, para que em caso que o dito Patriarcha quizesse usar de algum, ficasse o povo desta cidade no conhecimento do que nesta materia havia, e declarara o dito Arcebispo Metropolitano, nesta mesma occasião disse ao dito Bispo sahisse com a dita carta, que julgou não ser conveniente o publical-a sem que o dito Patriarcha entendesse primeiro com elle; e conhecendo eu que nisto o dito Bispo duvidava com algum temor das suas censuras, lhe animei com dizer que com a dita Pastoral se podia tambem impedir-lhe os caminhos todos de que podia usar para qualquer censura sua, porque se podia prohibir que nenhuma pessoa de nenhum estado acceitasse papel algum nem carta onde presumisse poder vir alguma ordem ou censura do dito Patriarcha para esta cidade, por este não poder usar a sua jurisdição sem primeiro apresentar as proprias bullas de sua Legacia passadas pela chancellaria do Reino de Portugal; e que eu tambem faria publicar hum bando, em que insinuasse o mesmo; porém, como nem com isso nesta occasião pude acabar que se publicasse a dita carta, tratei de obviar estes caminhos por outro que me pareceu mais conveniente que o bando por escusar estrondo, e foi o de mandar convocar novamente os Prelados todos, e lhes notifiquei o mesmo meio já referido, que arbitrou o dito Bispo, de se não abrirem as cartas senão em minha presença; e outrosim de novo lhes notifiquei advertissem a seus porteiros que quando abrissem das manhãs as portas de suas Igrejas, tivessem particular cuidado de verem se nellas estavam fixados alguns papeis do dito Patriarcha, ou do seu Vigario Apostolico, e achando, os tirassem, e me trouxessem sob pena declarada na certidão que disto consta (doc. n.º 16), por assim me ter concordado com o Ordinario desta cidade, que a mesma ordem expediu pelas freguezias della, como consta da certidão (doc. n.º 17); e não me confiando muito no cuidado dos porteiros, procurei que todas as manhãs se vissem as ditas portas, recommendando este negocio a quatro cabos de confiança, como me foi pedido pelo Vigario Geral deste Bispado, como consta do mesmo doc. E para que por via de algum secular não pudesse o dito Patriarcha introduzir nesta dita cidade alguma censura, ou excommunhão, mandei convocar tambem á camara della os cabos de guerra, e os homens mais principaes, e a todos noticiei a obrigação que tinhamos de defender a jurisdição do Padroado Real de Sua Magestade, que pretendia offender nesta cidade o Patriarcha de Antiochia; pelo que lhes ordenava que qualquer carta que recebessem do dito Patriarcha, ou do seu Vigario Apostolico, trouxessem á minha presença para nella se abrir, sob a pena declarada na certidão que disto consta (doc. n.º 18).

1707 Dezembro 1

Com este meio, Senhor, procurei e consegui se não offendesse a real jurisdição do Padroado de Sua Magestade emquanto o Patriarcha não passou a esta cidade, animando aos nossos Missionarios a soffrerem com paciencia as angustias que padeciam nas cousas das Missões, e a lembrar-lhe sempre a obrigação que tinham de defender como fieis vassallos o jus do Real Padroado do dito Senhor, como consta da carta que fiz ao Padre Visitador das provincias de Japão e China (doc. n.º 19), e de outra que fiz á côrte de Pekim ao Padre Phelippe Grimaldi (doc. n.º 20); mas vendo, porém, que com o aggravo do Bispo desta cidade nas circumstancias daquelle tempo se podiam os nossos Missionarios conservar nas suas Missões sem damno conhecido desta cidade, por ficar suspensa a execução do decreto, com que sahiu o dito Patriarcha, sem nunca querer apresentar o originario delle, para não ficar de todo desamparadas, me pareceu avisar logo o

1707 Dezembro 1 dito Padre Visitador que nas taes circumstancias julgava já por pouco conveniente a retirada dos ditos Missionarios, e que o mesmo julgavam os Padres experientes nas cousas da China, que assistiam no collegio desta cidade; porém, que o dito Padre com a prudencia, com que costumava, dispuzesse o que fosse mais conveniente, como da carta (doc. n.º 21) consta, e o mesmo aviso fiz ao Padre Provincial da Provincia da China (doc. n.º 22).

Pela resposta que tive do Padre Vice Provincial, que vae no mesmo doc. n.º 22, tive a noticia da vinda do Patriarcha para esta cidade, mandado pelo Imperador da China com alguns de seus companheiros e logo conheci as molestias que nella me havia de causar, como o fui experimentando, não satisfeito ainda daquellas que causou em toda a China, que hiam em tanto crescimento, que já chegavam a sentir as igrejas, como da mesma resposta consta; porém, como pela do Padre Visitador, que vae no doc. n.º 23, entendi julgava por mais conveniente a retirada dos Missionarios do que a ficada delles pelas razões que nella dá, attendendo a ellas lhe escrevi que deixava a disposição daquelle negocio á sua determinação, porque era certo devia de obrar com a ponderação que convinha, porque me achava perplexo com as encontradas considerações, em que me punha a primeira resposta do Padre Vice Provincial, que julgava seria maior damno para esta cidade a retirada dos Missionarios sem darem conta de si ao Imperador do que a ficada delles, que Sua Paternidade julgava por pouco conveniente, como consta da carta que lhe fiz (doc. n.º 24).

A este tempo sahiu o Bispo desta cidade com a carta Pastoral, que tinha do seu Metropolitano, porque lhe noticiei a carta que tive do seu Vigario Foraneo da Provincia de Cantão o Padre Domingos de Brito, que lhe escreveu tambem pedindo-lhe sahisse com huma Pastoral, como se vê do doc. n.º 25, e no doc. n.º 26 vae o treslado da dita carta pastoral, que se publicou pelas igrejas desta cidade, e se remetteu á dita provincia de Cantão ao dito Vigario Foraneo.

Dispostas estas cousas na fórma que tenho referido, conservando nesta cidade a jurisdição real do Padroado de Sua Magestade, sem o temor de poder ser por nenhuma via offendida; aos 30 de Junho chegou o dito Patriarcha a ella com alguns Missionarios mais, remettidos pelo Imperador da China com ordem que se entregasse á camara desta cidade, para nella ficar o dito Patriarcha com toda a segurança até a sua segunda ordem, cobrando do Procurador della huma cantidade de recibos, como consta do treslado da chapa, que he o mesmo que ordem, que vae no doc. n.º 27. Tanto que tive noticia de que se vinha já avisinhando a ella, ordenei logo se lhe preparassem humas casas para nellas se aposentar com os da sua comitiva. Adiantou-se o Abbade de S. Jorge, e vindo este a fallar-me, o recebi com toda a urbanidade. E porque se offereceu logo tratar-se em materias de jurisdições, lhe respondi que naquelle particular não havia que tratar, mas antes podia certificar ao dito Patriarcha que emquanto me não constasse serem as suas Bullas passadas pela chancellaria do Reino de Portugal, era para mim cousa impraticavel o haver elle de usar nesta cidade de jurisdição alguma que fosse em offensa do Real Padroado de Sua Magestade; e tudo o mais que com o dito passei, que o recebi em presença de hum tabellião, consta da sua certidão (doc. n.º 28). Pediu-me da parte do Patriarcha lhe permittisse que por emquanto se paramentavam as casas como era necessario, lhe permittisse poder recolher-se em hum convento desta cidade; procurei escusar esta permissão pela muita frouxidão que já sentia nos Regulares em ordem a lhe negar obediencia nesta cidade em cousas que consecutivamente offendiam a jurisdicção do dito Padroado, que não me enganei pelo que dahi a poucos dias fui experimentando, e hoje experimento nelles, como adiante se hirá vendo. Porém, como o dito Abbade persistisse tanto nesta permissão, ouve de lhe conceder que se recolhesse no convento de S. Francisco, por o Presidente *in capite* delle Fr. Francisco do Espirito Santo me vir tambem a fallar que o dito Patriarcha lhe tinha mandado dizer se queria recolher nelle por emquanto se preparassem as suas casas, e que lhe concedesse o podel-o fazer:

1707 Dezembro 1

1707 Dezembro 1 disse-lhe que o fizesse; porém, que lhe lembrava a condição e a pretenção do dito Patriarcha, e a obrigação delle por Prelado daquelle convento e por vassallo de Sua Magestade; e que esperava se ouvesse de sorte que pela fidelidade com que obrasse desvanecesse os maus juizos que nesta cidade já se faziam (que em espaço de poucos dias fui conhecendo serem com fundamento). Esta advertencia fiz a este Prelado em presença do mesmo tabellião, que ordenei me assistisse sempre para portar por fé tudo quanto na defensa do Padroado de Sua Magestade fui obrando, e certifica a sua certidão (dito doc. n.º 28).

Temendo, pois, Senhor, por muitas inferencias que tive que por via dos Regulares começasse o dito Patriarcha a offender a jurisdição de Sua Magestade, adquirindo com escrupulosas razões algumas vontades nesta cidade, que seguissem a contraria opinião deste negocio, procurei acautelar-me para este damno com o meio mais urbano e adequado que então me occorreu; e foi mandar-lhe logo tanto que chegou ao dito convento metter-lhe huma guarda com hum Capitão, que em companhia de outro, e em presença de hum tabellião o visitasse da minha parte, e lhe dissesse que supposto nos achavamos delle tão queixosos pelo que nos constava tinha obrado na China em offensa daquelle mesmo Monarcha e nação, de quem era esta cidade, e em a qual tinha elle com a experiencia alcançado a ordem que havia para o seu agasalho e tratamento quando por ella passou; comtudo que nem por isto me esquecia do que se devia a seu estado e dignidade, pelo que lhe mandava aquella guarda para lhe assistir o tempo que se dilatasse nesta cidade, e nella esperava eu se ouvesse de tal sorte que me escusasse a molestia que certamente me causaria em usar de algum modo de auto de jurisdição que fosse em offensa do Real Padroado de Sua Magestade, porque me achava com ordem para o não permittir emquanto me não constasse serem as suas Bullas passadas pela chancellaria do Reino de Portugal; e que por tão adiantada noticia poderia elle conhecer o muito que eu desejava evitar occasiões de que se poderiam seguir não só graves damnos, mas ainda escandalos a toda esta cidade, e a toda a China. Consta se lhe deu este recado do doc. n.º 29; e ao Capitão Antonio de Sousa Gayo, que lhe havia de assistir de guarda, lhe ordenei o tratasse com todo o devido respeito á sua pessoa e dignidade, e lhe assistisse e obedecesse como se fosse á minha nesta cidade. Esta a ordem geral que lhe dei; e accrescentei mais que ficasse entendendo que dois motivos me obrigavam a mandar metter aquella guarda ao Patriarcha; o primeiro por lhe não faltar com aquella cortezia devida a seu estado e dignidade; e outro para eu ter plena noticia de tudo quanto o dito Patriarcha obrava e pretendia obrar nesta cidade em offensa da jurisdição do Padroado de Sua Magestade tanto com os Regulares como os seculares de todo o estado; e que fazia escolha de sua pessoa, porque confiava do zêlo com que servia ao dito Senhor, que procuraria fazer tão continua assistencia, que não podesse o dito Patriarcha pretender cousa alguma em offensa da dita jurisdição, que não tivesse eu logo noticia para lhe acudir com o remedio; que satisfez o dito Capitão com tal astucia, como adiante se irá vendo; e estas ordens constam do dito doc. n.º 29, e do depoimento do dito capitão (doc. n.º 30). A resposta que tive do recado que se lhe deu foi que me agradecia muito o obsequio daquella guarda, e que fosse eu servido mandal-a retirar, porque o mesmo lhe fizeram os Governadores das mais cidades por onde passara; e que nesta se eu me achava com ordens de Sua Magestade e de V. Ex.ª para as obedecer, que elle tambem se via com as do Summo Pontifice, que tinha de observar. Esta resposta consta da mesma certidão (doc. n.º 29), pela qual fiquei entendendo o animo que trazia; e recommendei ao dito Capitão a ordem particular já referida. 1707 Dezembro 1

No mesmo dia pelas sete horas da noite, pouco mais ou menos, me mandou o dito Patriarcha por hum Clerigo seu visitar-me, que se julgou ser seu secretario; e juntamente pedir-me que lhe melhorasse das casas, porque as que estavam tomadas eram limitadas para a familia que tinha, e que desejava acommodar-se em humas que havia nesta cidade,

1707 Dezembro 1 que possuia Thomás Garcez do Couto; e que juntamente mandasse retirar aquella guarda, porque o mesmo obsequio tinham-lhe feito os Governadores das mais cidades por onde passára, e que a seu rogo as mandaram logo retirar. Respondi-lhe que emquanto ás casas as mandava logo despejar, porque desejava que o seu commodo nesta cidade fosse muito a seu gosto; mas que no que tocava á guarda, me permittisse que o meu tivesse a perfeição que eu desejava de que aquelle limitado obsequio que fazia se dilatasse mais tempo na sua acceitação; e que não fazia aqui exemplo a promptidão com que os outros Governadores nas outras cidades as retiraram; porque como nellas estivera elle sempre de passagem, seria essa a causa porque os taes obsequios fossem tambem de passagem; porém, que nesta, para onde elle vinha tanto de assento, era justo permittir-me fosse este meu obsequio de mais assento. Com estas rasões, que constam da certidão (doc. n.º 31), refutei as que elle me mandou para se retirar a guarda, de que muito se doia, porque o embaraço que teve para não conseguir a obediencia que logo começou a pretender nesta cidade, foi a dita guarda; e quanto mais elle instava na retirada della, tanto mais eu recommendava ao dito Capitão a vigilancia que lhe havia ordenado, que satisfez como delle confiava, porque logo por elle fui sabedor das juntas dos Regulares, que em sua casa se faziam; com que vendo o embaraço que a dita guarda lhe fazia, ou fosse porque os mesmos Regulares lhe advertissem que não podiam ser ali tão miudos a respeito da dita guarda, que os via entrar e sair, e me dava parte de tudo; ou porque de alguma falta que os ditos Regulares faziam conheceu seria por o receio que tivessem de que pela dita guarda eu soubesse a continuação, e a cautella com que praticavam, se resolveu a se declarar ao Padre Vigario do convento de S. Domingos, Frei Sebastião de Santo Antonio, parecendo-lhe o tinha já mais seguro á sua obediencia; e foi providencia divina declarar-se com este, porque só este, e o Padre Provincial da Companhia, Francisco Pinto, foram fidelissimos vassallos de Sua Magestade, pelo que se verá obraram em defensa da real jurisdição do dito Padroado. Pediu ao dito Padre Vigario com instancia me fallasse para que lhe tirasse aquella guarda, que já parecia custodia, por eu a querer conservar contra o seu gosto, e que juntamente me capacitasse com varias razões que para isso lhe deu para que lhe desse eu obediencia nesta cidade, porque conhecia que se o conseguisse de mim, tinha alhanado as difficuldades todas que pelo ecclesiastico se lhe podiam offerecer, talvez porque tivesse já conhecido que sem nenhuma lhe obedeceria, como publicamente o disse por varias vezes; e que confiava do dito Padre que me saberia persuadir de sorte que com effeito se seguisse o fim que pertendia, advertindo-me o damno que do contrario se poderia seguir assim a esta cidade como a minha pessoa. Este recado me trouxe o dito Vigario; recebi-o em presença do dito tabellião; e depois de o ouvir com toda a attenção, lhe respondi que pelo que tinha já dito ao Abbade de S. Jorge e ao Clerigo, que se julgou ser seu secretario, podia o dito Patriarcha ter entendido a resolução em que estava de defender a jurisdição do Real Padroado de Sua Magestade, de quem Deus me tinha feito fidelissimo vassallo; e que como tal me acharia sempre mui constante no que lhe tinha promettido de antes perder a vida do que consentir que se offendesse a jurisdição do dito Senhor sem que primeiro satisfizesse elle a clausula das ordens com que me achava de fazer me constasse serem as suas Bullas passadas pela chancellaria do Reino de Portugal; e emquanto o damno que promettia assim a minha pessoa como a esta cidade, que certamente eu considerava havia de ser mui grande, mas não como elle vaticinava, senão como eu conhecia, se obrasse o contrario do que a mim e a ella estava ordenado; porque então por infieis vassallos seriam todos com justissima causa punidos; e finalmente advertisse que o Summo Pontifice lhe tinha mandado a estas partes tão remotas para a edificação das christandades dellas, e não para mover alterações, de que não havia de tirar mais que os escandalos que se haviam de seguir, de que Deus e o mesmo Pontifice lhe pediria estreita conta. Que se deixasse

1707 Dezembro 1

1707 Dezembro 1 estar nesta cidade, donde fôra mandado pelo Imperador da China, e nella estava tratado com aquella urbanidade como se não fossemos os queixosos do que contra nós tinha obrado na China; que della se recorresse a Sua Magestade, que quando fosse servido ordenar o contrario das ordens que eu tinha, seria o primeiro que lhe obedecesse; porém que de outra sorte era impraticavel persuadir-se que me podia capacitar para o fim que pertendia; e que se para isso lhe parecia a dilação muita, advertisse que della se não seguia nenhum conhecido prejuizo, porque esta cidade havia annos que estava provida de Pastor, a cujo cargo estava o pasto espiritual das suas ovelhas, e que na mesma fórma podia estar até esta resolução, por evitar os escandalos, que do contrario certamente se podiam seguir; no que me parecia ser maior o damno; porém, se ainda a queria mais apressada, que se recorresse a Goa a V. Ex.ª com as razões todas que allegava, que quando fosse servido ordenar-me o contrario do que me havia ordenado, obraria com a mesma pontualidade, que lhe promettia obrar quando recebesse as de Sua Magestade, como devia. Esta, Senhor, he a resposta que dei, e assim della, como do recado que trouxe o dito Vigario trata a certidão, doc. n.º 32.

Ao outro dia tornou o dito Vigario mandado novamente para elle me persuadir que lhe desse obediencia, e que emquanto o recorrer-se a Portugal ou a Goa era cousa impraticavel, porque não conhecia superior nenhum mais que ao Summo Pontifice; pelo que lhe tirasse logo a guarda, que já avaliava por custodia, pois se conservava contra o seu gosto, advertindo-me que quando não obrasse como elle me advertia, se valeria das armas sinicas, assim para resistir e tirar aquella guarda, como para pôr tudo á sua obediencia, e finalmente hiria obrando de sorte que me obrigasse a hir pôr-me a seus pés e pedir-lhe de tudo perdão, e que me havia de tirar as excomunhões, que contra mim tinha de fulminar, publicamente. A este recado, que recebi em presença do mesmo tabellião, para que tudo constasse, respondi que de similhante recado se conhecia bem que nelle obrava mais a paixão que a prudencia; porém, que eu esperava que a minha fosse o meio mais efficaz para conseguir o termo que desejava puzesse elle aos excessos que já tinha obrado, e começando pela guarda lhe dizia que mal se podia chamar a esta custodia, quando publicamente se estava conhecendo obsequiosa pelas ordens com que se lhe assistia, pois bem via que sem o menor impedimento assim elle como todos os mais de sua casa, e os que a ella queriam hir, entravam e sahiam as vezes que queriam, o que não poderia fazer o sujeito a quem ella de custodia estivesse, porque neste caso este tal sujeito havia de estar á ordem da dita guarda, e não ella á ordem delle, como esta de presente estava; e que se aquillo era custodia, tambem eu estava nella, porque me achava com outra á porta; e que me admirava muito de que elle deitasse a tão mau fim hum obsequio tão urbano, que só se podia achar em sujeito que se conhecesse comprehendido em alguma cousa, porque nesse só se poderia dar alguma desculpa a este pensamento. E emquanto ao excesso que promettia obrar de se valer das armas sinicas para tirar a guarda, e pôr tudo á sua obediencia, lhe não respondia, porque podia certificar-me que livre da paixão, que o incitaria a essa promessa, seguiria o dictame que seu estado, dignidade e virtude lhe havia de insinuar; e no que tocava o hirme pôr a seus pés, que não duvidava, porque era homem, e como tal miseravel, e que occasião poderia haver que a isso me obrigasse para pedir perdão a Deus das minhas culpas, e a elle que por mim o rogasse; e que emquanto ás excommunhões, que tanto que me constasse a clausula que eu procurava para elle poder usar de sua jurisdição, faria todo o possivel para não incorrer em nenhuma que elle fulminasse, para me livrar da publicidade com que m'a promettia tirar; mas por emquanto esta lhe faltava, não só lhe pedia, mas tambem lhe protestava huma e muitas vezes que de nenhuma sorte sahisse com alguma, porque era certo que não serviria de outra cousa mais que de muito escandalo, que por tal caso se poderia seguir, e que estava eu tão empenhado em os evitar, que para que nesta cidade não ouvesse o menor, lhe

1707 Dezembro 1

1707 Dezembro 1 rogava esperasse com as suas determinações ao menos até a chegada da nau de Goa, que já se não podia dilatar muitos dias, por ser o tempo em que por ella se esperava, e que se nella me viessem algumas ordens contrarias a aquellas com que me achava, tinha elle sem alteração nem escandalo algum conseguido o fim que pertendia, porque de outra sorte lhe tinha já respondido que era cousa impraticavel. Desta segunda resposta dada ao segundo recado, que me trouxe o dito Vigario, consta da certidão do mesmo tabellião (doc. n.º 33), a quem mandava logo tomar por papel, para a todo o tempo constar o que neste negocio hia obrando em defensa do Real Padroado de El-Rey nosso senhor.

Não satisfeito ainda com esta resposta, me tornou ao outro dia o mesmo Vigario com outro recado delle, pelo qual me dizia que estava na resolução de usar de sua jurisdição, e que absolutamente havia de usar della, pezasse a quem pezasse, porque elle não conhecia mais superiores que ao Summo Pontifice, como já tinha dito; e que emquanto a esperar pela nau de Goa, que o não podia fazer, porque de Goa não podia vir cousa boa para elle; o que supposto, lhe mandasse tirar aquella guarda, como já me tinha advertido por varias vezes; e que do contrario usaria elle do meio que tinha já apontado para uma e outra cousa. A este recado respondi que emquanto á guarda lhe tinha já satisfeito com lhe dizer que era obsequio, e não custodia pelas razões já referidas; e que emquanto ao mais procurasse obrar com outra consideração, e acharia que do contrario seria despresar os meios mais adequados para materia de tanta importancia, e abraçar aquelles que conhecidamente haviam de conduzir perjudiciaes consequencias, e escandalosas molestias, que elle tanto pela obrigação do seu estado, como de sua dignidade devia evitar; e que advertisse mais que não eram as armas sinicas sufficiente meio para o que elle pertendia, porque alem de que não conseguiria com ellas cousa alguma nesta cidade, como lhe certificava emquanto eu mandasse as que Sua Magestade em defensa della, e das regalias do seu Real Padroado tinha, se impossibilitava mais a sua pertenção por querer usar de um termo tão alheio do seu estado, e não querer aproveitar-se daquelle mais acertado, como era o de recorrer-se ao dito Senhor, ou a V. Ex.ª pelo que já dali não só lhe requeria, mas tambem segunda vez lhe protestava huma e muitas vezes, e quantas em direito fossem necessarias, de correr por sua conta com o dal-a a quem tocasse de todos os damnos, molestias e escandalos que se seguissem de elle usar de qualquer auto de jurisdição que fosse em offensa das regalias do Padroado de Sua Magestade, porque me achava com ordens para de nenhum modo consentir, as quaes de nenhuma sorte podia eu tal fazer, pela qual razão estava disposto a defender as ditas regalias até dar por ellas a propria vida; e requeri ao dito tabellião que presente estava, portasse tudo por fé, e me desse instrumento autentico para que a todo o tempo constasse este meu requerimento e protesto, o qual se vê no doc. n.º 34. 1707 Dezembro 1

Na tarde já quasi noite do dia seguinte me tornou o mesmo Vigario a dizer-me que não só lhe tinha dito tudo quanto eu por resposta lhe dissera, mas que tambem lhe rogara com as lagrimas nos olhos, porém, que não havia remedio, porque estava teimoso naquella materia de usar de sua jurisdicção, e que lhe avisára para naquelle dia pelas duas horas da tarde se achar em sua casa, para donde fôra e donde naquella hora vinha, e achara com o dito Patriarcha os Prelados todos dos Regulares desta cidade, e ao Padre Commissario das Religiosas do Convento de Santa Clara, e que só faltára o Padre Provincial da Companhia, porque sendo este avisado por huma carta não fôra até aquelle tempo, que por ser já tarde despedira o dito Patriarcha a todos recommendando-lhes não faltassem ao outro dia pelas mesmas horas; porém, antes de se despedir delle perguntára a todos o dito Patriarcha como permittiram que em seus conventos se lêsse a carta Pastoral atraz citada, e que reparára que todos os mais Prelados começaram a satisfazer-lhe como se fosse huma culpa grave, especialmente o Padre Frei Constantino do Spirito Santo, Prior do convento de Santo Agostinho desta

1707. Dezembro 1 cidade, que lhe respondera com toda a submissão que quando a dita carta fôra ao seu convento estava elle enfermo em huma cama, e ao depois de se ter publicado em todos os mais conventos, porém, que quando no seu se lera, não estava gente na igreja, que era o mesmo que se não lesse; e que se nisso tinha obrado mal, lhe pedia perdão; e que perguntando a elle dito Vigario, lhe respondera que o fizera porque entendera que assim o devia fazer, porque assim tambem mandava expressamente o Concilio Tridentino no Capitulo ou Sessão 25, que os Regulares acceitassem e publicassem em seus conventos Pastoraes, interdictos e excommunhões que os Bispos lhes mandassem; pelo que se devia elle conformar com o dito mandamento, de que o dito Patriarcha se mostrára algum tanto offendido; e que sahindo para fóra com os mais elle dito Vigario lhe tomaram os ditos Prelados á porta do dito Patriarcha, e o começaram a persuadir que se declarasse com elles pelo dito Patriarcha porque de assim o não fazer não obraria bem; e que quem mais empenhadamente entre todos o persuadia, era o dito Prior do Convento de Santo Agostinho, assegurando-lhe todos que com a sua resolução se declarariam logo, porque estando todos unidos não havia de que arreceiar pelo sequito que teriam, pela qual razão não poderia obrar eu cousa alguma na defensa das regalias de Sua Magestade, ao que respondera elle dito Vigario que estava de outro accordo mui differente, porque se conhecia mui fiel vassallo, e como tal com obrigação de guardar mui inteiramente as ordens que da parte de Sua Magestade lhe fossem intimadas; e que quando V. Ex.ª mandára aquellas com que eu me achava, foram primeiro consideradas em junta de homens doutos, e em virtude das que tivera de Sua Magestade, que como christianissimo monarcha havia de ter visto o que ordenava, pela qual razão se admirava muito de que elles ditos Prelados, e especialmente elle dito Prior lhe persuadisse a tal desatino sem ver que o não podia fazer sem nota de traidor; e despedindo-se delles me viera logo dar parte do que nesta materia tinha havido. Mandei logo chamar hum tabellião, e depois de o ter presente, disse ao dito Vigario que tornasse a repetir a noticia que me havia dado em presença daquelle official, o que feito, mandei ao tabellião que tudo portasse por fé, e a elle dito Vigario o despedi louvando-lhe a fidelidade com que se portara, de que faria presente a Sua Magestade e a V. Ex.ª e lhe recommendei muito, que nas praticas que tivesse com os outros Prelados lhe alembrasse sempre a obrigação que tinham de observarem as ordens que lhe foram intimadas, se não queriam incorrer na nota de ingratos e infieis a seu Rey; o que tudo consta da certidão (doc. n.º 35). 1707 Dezembro 4

No dia seguinte pelas dez horas do dia se veio ter commigo o Padre Provincial da Companhia, e me disse que no dia antecedente a aquelle lhe deram huma carta do dito Patriarcha, ou de seu secretario, pela qual lhe dizia que na tarde do dito dia se achasse em sua casa, o que não fizera por causa que para isso teve, e que se resolvia a hir naquella hora, e que a mór cautella levava tambem huma carta de V. Ex.ª pela qual lhe ordenava se empenhasse em tudo que lhe fosse possivel na defensa do Real Padroado de El-Rey Nosso Senhor, como era obrigado. Respondi lhe que fosse, e do que ouvesse me avisasse. Dahi a poucas horas me tornou o dito Padre todo molesto, e perguntando-lhe a causa, me disse que colhendo-o o dito Patriarcha de suas portas para dentro, lhe obrigara com preceito de excommunhão que lhe desse obediencia, e que replicando elle que o não podia fazer, porque alem de ser mui fiel vassallo de Sua Magestade, se achava com aquella ordem de V. Ex.ª para lhe não obedecer emquanto lhe não constasse serem as suas Bullas passadas pela chancellaria do Reino de Portugal; o dito Patriarcha lhe pedira a dita carta para a ver, e depois de a ter na mão, não só lha não quizera tornar, mas tambem entrara em tal furor, que se descompozera com elle furiosamente puxandolhe pela capa, e gritando a vozes que o excommungava, e que nesta fórma viera atraz delle dito Padre e de seu companheiro até á ultima porta mais chegada ás escadas das suas casas; de que me fazia sabedor. Consolei-o, e lhe disse que se animasse a soffrer com paciencia aquella descomposi-

1707 Dezembro 1 ção na defensa das regalias do Padroado de El-Rey nosso Senhor, porque assim realçava mais o nome de fiel vassallo, de que tanto elle se presava. Consta este successo da certidão (doc. n.º 36).

Despedido o dito Padre Provincial entrei a considerar os meios mais suaves por onde podesse defender as isenções do Real Padroado de Sua Magestade; e vim a determinar-me em mandar logo para aquella tarde convocar os Prelados todos dos Regulares desta cidade, para novamente lhes intimar as ordens, com que me achava, o que fiz pela proposta (doc. n.º 37). Resultou desta diligencia o dizer-me, presentes todos os mais Prelados, o dito Padre Prior do convento de Santo Agostinho Frei Constantino do Spirito Santo, que elle nunca deixára de obedecer ao dito Patriarcha, e que obedecia, e havia de obedecer, porque entendia que assim o devia fazer; pelo que lhe respondi que havia de proceder contra elle como traidor, e infiel a El-Rey Nosso Senhor, por não obedecer ás suas reaes ordens; respondeu-me que de Sua Magestade não eram aquellas ordens, que eu lhe havia intimado, porque eram de V. Ex.ª as quaes neste presente caso não estava obrigado a obedecer; e que quando eu quizesse proceder contra elle, sahiria com seus privilegios, e que juntamente advertisse eu que ainda até aquelle tempo não tinha o dito Patriarcha usado por elle de auto algum de jurisdição, e nem o tinha feito no convento, de que era Prelado. Continuei com lhe dizer que procurasse considerar no que tinha dito, e que advertisse que as ordens expedidas por V. Ex.ª se lhe devia a mesma obediencia como se fossem as de Sua Magestade; disse-me que bem podia eu, se quizesse, usar de algumas epiqueias nellas; respondi-lhe que nas ordens que eu recebia tão claras como aquellas no real serviço de Sua Magestade, não soubera nunca usar de epiqueia alguma, e que nem a materia era de tão pouca importancia, que podesse nenhum vassallo fiel ao seu Rey dissimular com ellas; e quanto mais que eu não sabia mais que obedecer, no que era certo consistia o saber fielmente servir; pelo que lhe advertia procedesse como devia á fidelidade, a que estava obrigado, com não admittir do dito Patriarcha jurisdição alguma para usar nos limites deste governo, nem permittir que no seu convento usasse elle della; e que não procedia já contra elle pelo que me tinha dito, por querer dar tempo a que melhor considerasse huma materia que envolvia em si tão danosas consequencias, e juntamente para evitar os escandalos que do contrario se poderia seguir. Ao Presidente *in capite* do convento de S. Francisco, Frei Francisco do Spirito Santo, e ao Commissario das Religiosas do convento de Santa Clara, quasi que os achei igualmente conformes ao dito Prior de Santo Agostinho; e só se não resolveram a dizer-me o mesmo que o dito Prior tinha dito, de que sempre obedecera, obedecia e havia de obedecer ao dito Patriarcha, porque sómente disseram que elles tinham pela regra que professavam promettido obediencia ao Summo Pontifice, pela qual razão lhe não podiam faltar com ella; porém, que nas cousas tocantes ao Real Padroado de Sua Magestade não tinham até aquelle tempo obedecido em cousa alguma; ao que lhes respondi que eu não pretendia outra cousa senão que o não obedecessem em materias que de algum modo se offendessem as regalias do dito Padroado, e que salvas estas, me não mettia em mais cousa alguma. Ao Padre Provincial da Companhia Francisco Pinto, e ao Padre Vigario do convento de S. Domingos, Frei Sebastião de Santo Antonio, os achei tão fidelissimos vassallos de Sua Magestade, e tão obedientes ás ordens que lhes intimei, que sem repugnancia alguma disserão que o que as ditas ordens requeriam não era em nada contra a obediencia que deviam ao Summo Pontifice pela regra que professavam, porque os obrigava tão sómente a não obedecerem ao dito Patriarcha em cousas que se offendessem de algum modo as isenções do Real Padroado concedidas por muitos Breves Pontificios, e que elles como fieis vassallos de Sua Magestade promettiam observal-as mui inteiramente, porque entendiam que assim o deviam fazer; e que não importava não serem ellas passadas pelo dito Senhor, porque bastava serem expedidas por V. Ex.ª que com vezes de Sua Magestade o reconhecem todos por superior

1707 Dezembro 1

1707 Dezembro 1 neste Estado da India, para se lhe dar inteira obediencia; o que tudo consta da certidão (doc. n.º 37).

Neste mesmo tempo chegou o Capitão Antonio de Sousa Gayo, que assistia de guarda ao dito Patriarcha, e pedindo-me huma palavra á parte me fez entrega de duas excommunhões, que o dito Patriarcha mandára naquella hora fixar nas portas das suas casas (ambas do mesmo teor) contra o dito Provincial da Companhia Francisco Pinto, cuja copia authentica se vê no (doc. n.º 38), as quaes excommunhões tirou-as logo o dito Capitão pela ordem que já lhe era dada pelo Ordinario desta cidade, o qual me havia requerido ordenasse a todos os cabos e officiaes que qualquer papel que vissem do dito Patriarcha em qualquer parede ou porta, assim das igrejas como suas, o tirassem logo, e mo entregassem para se reconhecer, como consta do (doc. n.º 17).

Vendo pois, Senhor, o modo com que pretendia o dito Patriarcha usar da sua jurisdição, despresando os mais acertados meios, que lhe tinha apontado, procurei, para evitar os graves escandalos que se haviam de ir seguindo, desvanecer por outro caminho os que elle procurava por via dos Regulares, tirando-lhe a communicação delles; pelo que ordenei então ao dito Capitão que a nenhuma pessoa de nenhum estado e condição permittisse, sem que apresentasse licença minha, para poder hir fallar ao dito Patriarcha, excepto os seus criados e os de sua comitiva, para assim se escusar a aquelles que defendiam a jurisdição do dito Padroado da mesma violencia que experimentou o Padre Provincial da Companhia, porque poderia dar com sujeito que menos que elle resistisse, e por evitar tambem aos outros a occasião de poderem a sua persuasão declararem-se de tal sorte, que sem gravissimo escandalo lhe não podesse eu pôr o remedio; pelo que adverti tambem ao dito Capitão Antonio de Sousa Gayo que aos Missionarios, que assistiam com o dito Patriarcha, lhes dissesse de minha parte, quando sahissem para fóra, me fizessem a graça de me darem huma palavra, porque importava assim ao serviço de Sua Magestade; e era para lhes pedir, e juntamente notificar-lhes que de nenhum modo administrassem, nem acceitassem do dito Patriarcha jurisdição alguma em offensa da do Padroado Real, se queriam nesta cidade não ser molestados em cousa alguma, porque me achava com ordens para o não consentir; e desta advertencia, que fiz ao dito Capitão, trata a certidão (doc. n.º 39). 1707 Dezembro 1

No dia seguinte veio ter commigo o Vigario Geral deste bispado Lourenço Gomes, que se achava nesta cidade com os poderes do Bispo della, por este se ter retirado para huma quinta dos Padres da Companhia; para se alliviar dos achaques que padece, ou tambem por se livrar das molestias que se entendeu lhe causaria logo o dito Patriarcha, e me disse que nenhum dos Missionarios que tinham vindo com o dito Patriarcha se lhe tinha apresentado, e lhe constava que todos nesta cidade missavam, e administravam nas igrejas os sacramentos, que não podiam fazer sem permissão do Ordinario, no que se offendia gravemente a sua jurisdição; pelo que me requeria ordenasse ao Capitão, que assistia de guarda ao dito Patriarcha, que tanto que sahisse para fóra algum Missionario, lhe fizesse logo aviso, para poder proceder contra elle como lhe parecesse justo, e que sendo-lhe necessario em qualquer occasião ajuda e favor para defender a real jurisdição do Padroado de Sua Magestade, me requeria ordenasse a todos os officiaes de guerra lha dessem para o poder fazer, o que lhe concedi expedindo logo as ordens necessarias para isso, como consta da certidão (doc. n.º 40).

Achava-se o Bispo desta cidade ausente, como já referi, e poude esta sua ausencia motivar em muitos sujeitos seculares desta cidade, e ainda em alguns ecclesiasticos escrupulos neste particular; pelo que lhe avisei logo o estado, em que hiam as cousas, e o reparo que havia na sua ausencia, com o qual aviso se recolheu logo o dito Bispo, e ficou esta alteração de algum modo por então socegada.

Estando as cousas assim dispostas ameaçando já os graves damnos que se haviam de ir seguindo pela aspera condição deste Prelado, succedeu que hindo o dito Capitão Antonio de Sousa Gayo para a sua guarda huma manhã bem

1707 Dezembro 1 cedo encontrou a hum clerigo Missionario que assistia com o dito Patriarcha, por nome D. Pedro Hervé, ao qual deu com toda a cortezia o recado que eu lhe havia encommendado, e vindo com elle até á minha porta, ao entrar para dentro lhe disse o dito clerigo que não tinha de fallar-me sem licença do dito Patriarcha, porque não obedecia a mais ninguem, e que por ser ecclesiastico não tinha nada com ministros seculares; respondeu-lhe o dito Capitão que elle o não chamava a juizo, porque só lhe pedia de minha parte me fizesse a graça de me fallar, e que advertisse que eu governava esta praça, e que teria negocio com elle de importancia, pois lhe acrescentava importar assim ao serviço de Sua Magestade. Começou o tal clerigo a resistir de tal sorte com algumas palavras tão pouco cortezes quanto indecorosas, que houve o dito Capitão de o metter para dentro sem mais descomposição que de lhe pegar por huma mão. Neste tempo despediu o dito clerigo a hum China com aviso ao dito Patriarcha, e sendo-me dado o recado de que estava aquelle clerigo para me fallar, e eu me achasse ainda descomposto, lhe mandei dizer pelo meu capellão que me fizesse a graça de esperar huma migalha que logo lhe fallava; e porque nesta pouca dilação que houve lhe chegasse a resposta do dito Patriarcha, que se lhe deu em lingua sinica, se entendeu pelo que logo obrou lhe ordenava não viesse á minha presença, nem obedecesse ao meu chamado, porque tanto que recebeu o dito recado, partiu apressadamente pela escada abaixo para se hir embora; succedeu encontrar á porta ao Capitão João da Cunha Lobo, que lhe perguntou se me tinha já fallado, ao que respondeu o dito clerigo que não, e que se não podia deter por hir dizer a sua missa; respondeu-lhe o dito Capitão que a dilação não tinha sido tal que lhe enfadasse, e que nem poderia ser já muita que não tivesse elle tempo para tudo. Isto passava quando hum criado meu já o estava chamando avisando-lhe de que o esperava eu para lhe fallar; não foi possivel, por mais que o rogaram assim os Capitães como os mais officiaes que ahi se achavam, acabarem com elle que viesse a fallar-me, dizendo que ainda que o fizessem em postas não havia de hir á minha presença, porque era assim a ordem que tinha. Deram-me disso parte; não quiz que se lhe fizesse força alguma, de que se seguisse a menor descomposição, por evitar occasiões de escandalos; e só determinei se avisasse o Bispo desta cidade, e ao Vigario geral della; e porque já a este tempo tinha tido o dito Vigario geral aviso, que lhe fez o dito Capitão Antonio de Sousa Gayo em virtude da ordem referida, havia despedido hum clerigo, escrivão da camara ecclesiastica, com os mais officiaes do ecclesiastico em busca do dito clerigo para o prenderem; e porque achassem a noticia de que ali estava, vieram ter commigo, e representaram a ordem que traziam para o prenderem, que já a este tempo se achava o dito clerigo da minha porta para fóra; disse-lhes que eu não tinha nada com isso; que observassem o que a ordem lhes permittisse; responderam-me que me davam aquella parte, por não faltarem ao decoro que deviam a minha casa; foram a prendel-o, e porque se não quiz dar á prisão, e procurou resistir fazendo aviso ao Patriarcha, que lhe mandou dizer que perdesse antes a vida; tornou a vir o dito escrivão da camara ecclesiastica a fallar-me, e me requereu da parte do Ordinario desta cidade lhe desse ajuda e favor para o poder prender, porque arreceavam que em sua defensa viessem os mais clerigos da casa do dito Patriarcha; pelo que ordenei aos ditos Capitães, que ahi se achavam, dessem o favor e ajuda que por aquelles officiaes lhe fossem pedidos de tal sorte que não houvessem por elles a minima descompostura. Mandou-me o dito Vigario geral pedir a fortaleza da barra desta cidade para nella ter o dito clerigo, e lha concedi ordenando ao Capitão della João da Cunha Lobo recebesse na dita fortaleza ao dito clerigo, e nella o tratasse com todo o respeito devido a seu estado, e guardasse sobre elle as ordens que pelo dito Vigario geral lhe fossem dadas; e porque dahi a tres dias me constou que da casa do dito Patriarcha lhe não assistiam com cousa alguma, e nem o Vigario geral procurava recurso para o seu sustento, compadecendo-me delle mandei que todos os mezes lhe dessem de minha fazenda o dinheiro necessario

1707 Dezembro 1

1707 Dezembro 1 para o seu prato, como se lhe deu até o tirarem da dita fortaleza. Deste caso trata a certidão n.º 41 do tabellião que presente esteve.

Tendo pois noticia o dito Patriarcha da prisão do dito clerigo na fortaleza da barra, se resolveu ao primeiro excesso, hum dos maiores que obrou nesta cidade; foi que na tarde do mesmo dia acompanhado de huns poucos de Missionarios e Chinas se determinou a hir pessoalmente á dita fortaleza para della tirar ao dito clerigo violentamente, como constou ao mesmo tabellião Miguel Vas Pacheco, sem reparar que da tal resolução se haviam de seguir mui graves e escandalosos damnos, porque para se defender esta violencia necessariamente se havia de perder o respeito que se devia tanto á sua pessoa e dignidade, como aos mais clerigos que o acompanhavam; que não teve effeito por se acautellar prudentemente o Capitão della com lhe fechar a porta, a qual sendo reconhecida por elle e pelos mais, voltaram e se foram para o convento de Santo Agostinho, adonde o recebeu o Prior do dito convento com signaes externos de que o obedecia pelos repiques que deu no dito convento tanto na entrada delle como na sahida. Conheço não ser no dito Prior crime este signal externo, se o fizesse em outra occasião, mas naquella causou seu alvoroço nesta cidade, porque ficaram muitos animos perplexos e duvidosos por acabarem de crer que o dito Prior obedecia ao dito Patriarcha, e começaram a escrupulisar da justiça com que defendiamos a real jurisdição do Padroado de Sua Magestade. Deste successo todo trata a certidão (doc. n.º 42).

Ao dia seguinte em que houve nesta cidade hum tufão, ainda no ultimo rigor delle, me deram huma carta fechada, a qual abrindo achei huma monitoria, cuja copia authentica vae no (doc. n.º 43), pela qual me monia o dito Patriarcha para que em termo de tres horas, que me assignava por tres admoestações canonicas, mandasse pôr ao dito clerigo, preso pelo dito Vigario geral, em liberdade, lhe tirasse a guarda já referida, e lhe desse todas as mais satisfações que nella pede, e lhe não impedisse a sua jurisdição, sob pena de me declarar por incurso nas excommunhões da Bulla da Ceia; e finalmente que no dito termo poderia apparecer no seu tribunal, sem advertir que ainda quando elle tivesse o consenso real de Sua Magestade para usar nesta cidade de sua jurisdição, devia attender que era eu o Governador della posto por V. Ex.ª em nome de Sua Magestade, e que se daria sempre por muito aggravado de que se não guardasse á minha pessoa pela razão do meu posto o respeito que o dito Senhor he servido que se guarde; quanto mais faltando-lhe a circumstancia de não querer nunca apresentar as proprias Bullas de sua commissão, e nem estas trazerem a clausula precisamente necessaria de serem passadas pela chancellaria do Reino de Portugal; e supposto, Senhor, que só por este excesso se julgou entre muitas pessoas doutas nesta cidade podia eu proceder contra o dito Patriarcha em defensa da real jurisdição de Sua Magestade, que pertendia tão empenhadamente offender querendo usar da sua contra a minha mesma pessoa, que em nome do dito Senhor me estava encarregado por V. Ex.ª este governo; comtudo dispondo-me a receber o castigo, que o dito Senhor, ou V. Ex.ª fossem servidos dar-me, quando me julgassem por floxo nesta resolução, a não quiz tomar só, para que em parte nenhuma se dissesse que neste caso obrei mais apaixonado do que prudente e zeloso, cômo procuro acertar no real serviço, e foi não querer por mim só determinar cousa alguma neste caso, sem primeiro tomar maduro conselho, para o que mandei convocar para a tarde do dia seguinte a junta dos tres Estados, e mandei que se achassem nella os mestres e theologos de todas as Religiões desta cidade, excepto os de Santo Agostinho, porque estes os julguei conformes ao seu Prior, que já se conhecia obediente ao dito Patriarcha; e sendo todos juntos na minha sala, lhes mandei ler a proposta, que se vê no (doc. n.º 44) pela qual lhe narrei como a brevidade do tempo me deu logar tudo quanto tinha passado com o dito Patriarcha depois da sua chegada a esta cidade até aquella hora; e para que lhes não faltasse circumstancia nenhuma concernente a aquella materia, lhes mandei ler as

1707 Dezembro 1

1707 Dezembro 1 ordens todas com que me achava, e se leram tambem as que tinha o Bispo desta cidade, e o aggravo interposto por elle, e a carta do Arcebispo de Goa, seu metropolitano; e depois de tudo lido, não só requeri ao dito Bispo e aos mais Prelados, mestres e theologos de todas as Religiões, que se achavam presentes, que dissessem o que entendiam assim sobre o que eu tinha obrado naquella materia, e o que entendiam se devia obrar depois deste caso, mas tambem lhes protestei huma e muitas vezes, para que aquelle povo todo, que se achava presente, ficasse no inteiro conhecimento do que havia neste negocio, declarassem se de algum modo podiam ligar as excommunhões, que o dito Patriarcha tinha fulminado, e ao diante fulminasse nesta cidade, porque eu não era theologo; e que juntamente arbitrassem o meio que devia tomar para se defender a real jurisdição do Padroado de Sua Magestade, como me era por aquellas ordens por V. Ex.ª ordenado, quando o dito Patriarcha não quizesse ceder da sua, que pertendia usar; que tudo propuz, e protestei com a clareza contheuda na proposta citada (dito doc. n.º 44).

Disse o dito Bispo que elle como pastor de todos assegurava que assim a minha consciencia como dos mais estava muito limpa, e sã pelo que tinha obrado na defensa do Real Padroado; e todos os mais Prelados, Mestres, e Theologos com elle dito Bispo continuaram que em virtude das ditas ordens devia eu defender a dita jurisdição ou regalias até pôr o dito Patriarcha em huma estreita custodia, porque as excommunhões que elle tinha fulminado, e ao diante fulminasse, eram todas nullas, e de nenhum vigor pelas rasões referidas no termo do assento tomado na dita junta ao pé da proposta citada (dito doc. n.º 44), porém, que para que se conhecesse sempre que primeiro procuravamos por todos os meios mais suaves trazello á razão, arbitraram que se lhe escrevesse hum papel em nome de todos os tres Estados, pelo qual se lhe pedisse cedesse da sua pretenção ao menos até á chegada da nau de Goa com palavras mui urbanas e cortezes, e que este tal papel se entregasse ao Padre Frei João Bautista, Religioso observante, e Missionario da Propaganda, seu familiar, que veio de Betavia, e se achava no convento de S. Francisco por ordem minha até se chegar a monção entregue ao Presidente do dito convento, para nella se tornar a hir embora, visto lhe não poder eu permittir a entrada que pertendia na China, por não vir por via de Portugal na fórma das ordens que achei neste governo; e que a este dito Padre se pedisse levasse o dito papel em companhia das pessoas que me parecesse, para que tambem rogassem ao dito Patriarcha não quizesse motivar maiores molestias; e que quando por este meio tão cortez não cedesse, que neste caso em nome de todos os tres Estados o mandasse pôr em custodia com boa guarda, e desse conta a Sua Magestade, e pelas vias mais breves que ouvessem, e a V. Ex.ª para então eu obrar segundo as ordens que recebesse. 1707 Dezembro 1

Assentado isto nesta fórma, se mandou logo fazer o papel tão urbano, como da copia authentica delle, que vae no (doc. n.º 45), se vê, e se mandou chamar ao dito Padre observante Frei João Bautista, o qual sendo presente, ordenei que o Ouvidor desta cidade e auditor da gente de guerra Luiz Lobo da Gama com o Capitão Antonio de Sousa Gayo, e dois tabelliães fossem com o dito papel em companhia do dito Padre, aos quaes mandou o Senado da camara acompanhasse tambem hum official della, e o Ordinario o seu escrivão; e ao entregar o dito papel disse eu ao dito Ouvidor que de minha parte, e de todo aquelle congresso rogasse muito ao dito Patriarcha quizesse evitar as molestias, e os escandalos, que do contrario precisamente se haviam de seguir, e ao Padre Frei João Bautista lhe disse tudo aquillo que consta do dito termo citado (doc. n.º 44) em ordem a persuadir ao dito Patriarcha quizesse pôr termo a tantas desordens com cessar a sua pretenção, alembrando-lhe que as regalias que offendia, e pertendia offender, eram de Sua Magestade Serenissima de Portugal, que com tanto zêlo do serviço de Deus tinha trazido a santa lei a partes tão remotas, o que feito os despedi; e dahi a poucas horas voltaram, e me deram por resposta que se entregara o dito papel ao dito Patriarcha,

1707 Dezembro 1 que o recebeu, e depois de varias razões que deu, que foram todas refutadas com outras pelo dito Ouvidor, respondera que na resposta daquelle papel havia muito que ver, porém, que faria o que lhe fosse possivel para o responder o mais breve que podesse, que seria até o outro dia. Ficou isto assim nesta fórma, e vendo eu que se tinha passado o tal dia sem me vir a resposta, mandei chamar ao dito Padre Frei João Bautista, e lhe roguei tornasse a casa do dito Patriarcha pela dita resposta, e novamente lhe pedi o persuadisse a não despresar hum meio tão urbano, pelo qual se procurava evitar aquellas molestias, que do contrario precisamente se haviam de seguir. Finalmente dilatou-me a resposta dois dias; e estando no outro para despedir o mesmo Ouvidor em busca della, entrou-me a fallar o dito Padre com a resposta do dito Patriarcha, cuja copia authentica he a que se vê no (doc. n.° 46). Ajuntou a ella o treslado de huma carta que Sua Magestade foi servido escrever-lhe em 27 de Março de 1702, e o treslado da Bulleta já referida do Summo Pontifice, que apresentou ao Bispo desta cidade, com obediencia que do dito Bispo ouve ao pé della. Achava-se commigo o Vigario geral deste bispado com os poderes do dito Bispo para determinar naquella materia, segundo o que pelo termo do assento que se tomou na junta referida estava disposto; e sendo vista por mim e por elle a dita resposta, carta e Bulleta, achamos que em nada queria vir no que tão urbanamente se lhe pediu; porque a resposta tanto parecia de superior que mandava no que pretendia em aquellas mesmas cousas, especialmente na guarda, que por tantas razões quantas lhe tinha eu dado, mostrava que em nada lhe offendia, quanto no que tocava á prisão do clerigo, porque este emquanto nesta cidade julgou o Ordinario della ser sujeito a sua jurisdição; e sendo assim o podia prender sem carecer de licença sua, porque seria então conhecer nelle algum modo de mando, que he o que se entendeu pertendia pela satisfação, que pela dita resposta como por condição pedia.

E nem a carta que apresentava de Sua Magestade lhe adquiria jus algum para a jurisdição, que pretendia nesta

cidade, porque o que na dita carta foi Sua Magestade servido 1707
prometter-lhe estava em tudo satisfeito na fórma seguinte. Dezembro 1
Na dita carta se vê dizer Sua Magestade que tanto que o Summo Pontifice deferisse ás justas representações do dito Senhor, ordenaria a V. Ex.ª e a seus Governadores, Generaes, Cabos e vassallos o admittissem neste Estado, e tratassem com estimação, sem o que lhe seria mais que difficil o conseguir a entrada que pretendia nas vastas provincias da China, o que foi o dito Senhor servido ordenar que se cumprisse, pois por duas ordens que teve meu antecessor de V. Ex.ª e eu achei neste governo, que vão no (doc. n.º 47), se vê ordenar V. Ex.ª que o dito Patriarcha fosse isento do que nellas manda sobre os ecclesiasticos da Propaganda, que portarem a esta cidade, por assim ter resolvido Sua Magestade, pela qual razão fosse nella o dito Patriarcha admittido, e o tratasse com toda a estimação, e se lhe desse franca passagem para as terras da China, como se executou com elle no anno de 1704, que a ella chegou. He certo que esta ordem se conforma com o que o dito Senhor pela sua carta lhe diz; porém, he certo tambem que as ditas ordens estão já revogadas pela outra que V. Ex.ª foi servido dar-me no Cap. 5.º do meu Regimento, pela qual razão a dita carta não tem vigor nenhum, por conter nella o mesmo que nas ditas ordens revogadas; e menos lhe adquiria jus a obediencia, que lhe deu o Bispo desta cidade, porque alem de que o fez debaixo de hum protesto, que já referi a V. Ex.ª, foi em occasião que tinham chegado as ditas ordens referidas a meu antecessor, e achando-se o dito Bispo com a noticia dellas perplexo no que devia obrar, então *pro bono pacis* lhe deu aquella obediencia, que elle sagazmente procurou; porém, como depois disto escrevesse a V. Ex.ª procurando a clareza daquellas ordens e esta lhe viesse; ficou conhecendo que tinha obrado mal, e procurou emendar o seu erro tratando de defender a sua jurisdição pelo que obrou, como dá conta a Sua Magestade por hum manifesto que lhe fez, a copia do qual mandei eu tirar para ser presente a V. Ex.ª, como fiz com a primeira via deste Relatorio na fragata *Nossa Senhora*

1707 Dezembro 1 *das Neves;* pelo que com o parecer do dito Vigario geral determinei que o dito Ouvidor acompanhado dos mesmos officiaes de todos os tres Estados fossem a casa do dito Patriarcha, e lhe dissessem que visto não querer ceder, como se lhe tinha pedido por tão repetidas vezes, e ultimamente por aquelle papel tão urbano, que para evitar maiores escandalos, que se haviam de seguir com a sua pretenção contra a disposição das ordens, com que nos achavamos, ficasse nas mesmas casas em custodia, por assim estar determinado. Recommendei ao dito Ouvidor que antes de lhe intimar esta resolução, lhe rogasse primeiro huma e muitas vezes, viesse no que tão encarecidamente se lhe tinha pedido e rogado por tantas vezes, e que quando ainda este ultimo rogo desprezasse, que então lhe declarasse a ordem que levava, e reformasse a guarda, que até então obsequiosamente lhe assistia, e ordenasse ao Capitão della Antonio de Sousa Gayo o tratasse sempre com todo o devido respeito a sua pessoa e dignidade, e não impedisse que os seus criados entrassem ou sahissem a buscarem tudo quanto necessitasse.

Succedeu pois que hindo o dito Ouvidor, e com elle os officiaes referidos, se persuadiu o dito Patriarcha que o hiam buscar para o levarem para alguma das fortalezas desta cidade: revestiu-se de pontifical, e recolhendo-se á sua capella com os mais Missionarios, que com elle estavam, expuzeram nella o Divinissimo, e mandaram que entrasse o dito Ouvidor, o qual vendo o Santissimo Sacramento exposto, se poz de joelhos com os mais, e depois de o adorarem se retiraram para fóra, ficando o dito Patriarcha assentado fazendo huma pratica aos ditos Missionarios que lhe assistiam. Mandou-me o dito Ouvidor por hum tabellião dar parte do que havia; respondi, presente o mesmo Vigario geral e dois Religiosos mais da Companhia, que naquella hora tinham chegado a visitar-me, que dissesse ao dito Ouvidor que emquanto o dito Patriarcha estivesse naquella forma, se não obrasse cousa alguma, mas que esperasse, porque despersuadido de que o não hiam prender, que he o que devia de suppor, lhe fallaria de outro modo; porque não era possivel que sempre assim

estivesse, e que então obrasse o que se lhe havia ordenado; 1707 Dezembro 1
e que em caso que o dito Patriarcha quizesse obrar o excesso de sahir com o Divinissimo fóra, que neste caso me fizesse logo aviso para o hir logo acompanhar com aquella decencia devida ao Santissimo Sacramento. Com esta ordem voltou o dito tabellião, e achou que já o dito Patriarcha tinha encerrado o Divinissimo, e tirado as vestiduras pontificaes, e sahia para a sua salla a fallar ao dito Ouvidor, a quem só mandou entrar com hum tabellião; e sendo pelo dito Ouvidor rogado que cedesse como se lhe pedia, para que se escusassem tambem as molestias que se hiam seguindo, respondeu que o não podia fazer, e nem o faria, ainda que perdesse a vida; pelo que lhe declarou o dito Ouvidor a ordem que levava, e por ella a custodia, em que ficava, ao que protestou o secretario do dito Patriarcha; e sem embargo disso se poz a dita custodia na fórma disposta pela junta referida; e de tudo isso que succedeu consta da certidão (doc. n.º 45).

Já a este tempo tinha o dito Patriarcha procurado empenhadamente satisfazer a promessa das armas sinicas, com que queria expulsar a guarda, e sujeitar-me á sua obediencia, porque se foi valer pessoalmente de dois Tagens Chinas, que se achavam nesta cidade mandados pelo Imperador, aos quaes deu huma accusação contra mim de que o avexava, e o tinha com aquella guarda como preso, negando-lhe a obediencia que lhe era devida, pelo que lhes pedia ajuda e favor para expulsar a dita guarda, e obrar o mais que lhe convinha, e que elles lho podiam dar sem muito estrondo, porque só com ordenar como Tagens do grande Imperador, lhes obedeceria eu promptamente. Responderam-lhe os ditos Tagens que no governo dos Portuguezes não tinham elles ordem para se entremetterem, porque esta cidade nos estava entregue pelo dito Imperador, e que sem ordem sua se não podia obrar nada, e quanto mais que por seus mesmos olhos se estavam informando ser tudo pelo contrario do que o dito Patriarcha lhes dizia, porque como podia ser estar elle como preso, se o viam em sua casa, no que parece que fallava apaixonado, ou que os soldados que o guardavam não proce-

1707 Dezembro 1 diam bem, pois o deixavam saír fóra, e finalmente com estas e outras razões o despediram descontente; e mandaram logo chamar ao Procurador da camara desta cidade, a quem revelaram o que tinham passado com o dito Patriarcha em presença do lingua da mesma camara; e disseram mais que a elles o Imperador lhes tinha mandado para conduzir ao dito Patriarcha, e fazer delle entrega á camara desta cidade, como tinham feito, e cobrado os recibos necessarios, assim para a sua guarda, como de todos os mais Mandarins, que se entregaram do dito Patriarcha; pelo que advertiam ao dito Procurador tivesse toda a cautella nelle, porque bem sabia que se por algum acontecimento faltasse desta cidade, seria mui grande o mal que por tal caso lhe viria, e por isso se admiravam da pouca cautella com que o tinham. Da casa dos ditos Tagens veio logo o dito Procurador a dar-me parte, que lhe ouvi em presença de hum tabellião, ao qual ordenei que do que tinha ouvido ao dito Procurador me passasse certidão, que se vê no (doc. n.º 48).

Já havia dias que o Senado da camara me tinha feito a carta, que se vê no (doc. n.º 49), dando-me a noticia da obrigação que passára o Procurador della aos Chinas da entrega do dito Patriarcha; pelo que procurei acautellar o damno que de sua falta precisamente se havia de seguir a esta cidade, dispondo que as sentinellas procurassem toda a vigilancia conveniente, depois que se lhe poz a custodia, a qual ordenei fosse de suas portas para fóra sem intervenção nenhuma no abrir e fechar dellas, e mandei que pela beira do rio, que se avisinha muito ás ditas casas, se puzessem as sentinellas que fossem necessarias, na qual fórma fica até hoje; o que consta da certidão (doc. n.º 50).

Estando isto assim disposto, succedeu querer em huma manhã tornar o dito Patriarcha a casa dos Tagens, e mandando vir huns Chinas a titulo de que os necessitava para andarem com hum pouco de fato, se metteu na sua sala em huma cadeira de mãos, e veio saindo pela porta fóra; accudiram os officiaes e soldados a pedir-lhe que se recolhesse, porque não podiam permittir a tal saida, porque della lhes

poderia seguir a molestia de algum castigo; a nada attendeu. 1707 Dezembro 1
e rompendo pelos soldados, saiu com effeito procurando por esta via os meios mais certos de se lhe perder o respeito, e finalmente causar huma grande molestia, se para se defender a sua saida, se molestasse ou ferisse de algum modo a qualquer daquelles Chinas, que levavam a cadeira. Deu-se-me parte do caso; reprehendi, e ainda quiz castigar aos soldados, por permittirem a entrada que deram aos Chinas, e lhes ordenei não deixassem entrar mais algum que fosse para aquelle ministerio, e isto por muitas razões, a primeira porque se achava este Prelado tão empenhado em querer usar da sua jurisdição, e os regulares desta terra já apontados tão inclinados a lhe obedecerem, que lhe seria muito facil com qualquer persuasão fazer em algum daquelles conventos qualquer auto della em huma daquellas sahidas; e a segunda que como já tinha eu noticia do que tinha elle passado com os Tagens, e naquella occasião se achavam tambem nesta cidade o Mandarim de Ansão e o da Casa Branca, devia prever de que estes Chinas são tão amigos de prata, que por ella dão a propria vida, razão por que tambem me devia acautellar com lhe tirar os caminhos por onde podesse elle quebrar a custodia, para nisso tirar juntamente a communicação destes Mandarins, como me advertiu o mesmo Procurador, para que por elles não obrasse algum excesso a força da prata, de que se seguisse muito grave damno, não só ás regalias do Real Padroado de Sua Magestade, mas tambem a esta cidade tão dependente destes Chinas, para o que me requereu o dito Procurador ordenasse eu á guarda que não consentisse entrar em càsa do dito Patriarcha China de nenhuma qualidade, que não fosse com o jurubaça, ou lingua, que he o mesmo da dita cidade, como tudo consta da certidão (doc. n.º 51).

Mas hum descuido, que teve huma sentinella na observancia desta ordem causou o ultimo excesso, que elle obrou da segunda vez por romper a custodia; e foi o caso que por via dos seus clerigos pôde enganar a dita sentinella de sorte que conseguiu a entrada dos Chinas para a cadeia, e sendo

1707 Dezembro 1 estes já da porta da rua para dentro, succedeu vel-os o sargento da guarda, que accudindo para os tirar para fóra, accudiram tambem os clerigos e ainda, dizem, que o mesmo Patriarcha para lho impedir, com que foi o dito sargento para atemorisar os Chinas puxar pela espada; porém, vendo que já os ditos clerigos os tinham das mãos, tornou a embainhar, e se retirou para fóra a dar parte ao seu Capitão, tempo de que o dito Patriarcha se valeu para se metter na cadeira, e tornar a sair pela porta fóra; accudiram os soldados, e de joelhos com as mãos erguidas lhe pediram se recolhesse, porque do contrario era querel-os ver rigorosamente castigados, de que devia fazer grande escrupulo; respondeu-lhes, que não tinha nenhum, com palavras tão indecentes quanto alheias do seu estado, com que vendo os soldados que os seus rogos lhes não valiam, quizeram ter mão na cadeira, porém, todos estes meios ultrajou e estragou a imprudente condição deste Prelado, porque mandando aos Chinas que puxassem pela cadeira, levou atraz de si alguns soldados até que despersuadidos de que já o não podiam deter sem grave escandalo, o deixaram hir, e se foi para casa dos ditos Mandarins, e porque lhes não pôde fallar, se voltou logo para casa. Dando-se-me pois parte deste successo, mandei logo por hum tabellião tirar o depoimento daquelles que ahi se achavam de todo o succedido com verdade, e porque por elle me contasse o descuido da dita sentinella, a mandei castigar rigorosamente, e desarmar logo o sargento, que tirou pela espada, porque conheci o não fizera em tempo conveniente a defender a entrada dos Chinas, senão naquelle em que já tinha acudido o dito Patriarcha e seus clerigos, e parecia acção mais em ordem a atemorisar os ditos clerigos do que aos mesmos Chinas. Deste caso trata a certidão (doc. n.º 52).

Vendo pois, Senhor, que nesta fórma era quasi impossivel sujeitar ao dito Patriarcha a aquella custodia, me vali do meio que me arbitrarão na mesma junta dos Tres Estados, que no termo do assento della se não declarou, por parecer por então escusado, e não se advertir na condição do dito Patriarcha, e foi que em caso que pertendesse romper a custodia, se procurasse por todos os meios suaves de defender-lhe a saida, porém, que achando não ser nenhum sufficiente, se lhe mandasse pôr na porta da rua pela parte de fóra hum ferrolho, para que tanto que a sentinella persentisse a sua sahida, lhe fechasse a dita porta, com o que se lhe impedia sem a menor descomposição ou escandalo, como consta da certidão (doc. n.º 53), e com este meio de que me vali, obviei os inconvenientes todos referidos, e que se podiam considerar do indigesto modo de obrar do dito Patriarcha, e para se lhe impedir as sahidas que tão violentamente procurava, como tem succedido até aqui. 1707 Dezembro 1

Neste mesmo dia sahiu o dito Patriarcha com tres declaratorias, que mandou fixar nas suas portas, e as copias dellas são as do (doc. n.º 54), pelas quaes declarou por excommungados a mim, ao Ouvidor, ao Capitão Antonio de Sousa Gayo, que se tiraram logo todas pela ordem referida. Tendo pois noticia o Bispo desta cidade das ditas declaratorias, sahiu com huma excommunhão, pela qual admittia a todos os seus declarados, e monia a elle para que cedesse da jurisdição que pretendia em termo nella declarado, e que do contrario o havia por incurso nella, como melhor se vê do seu treslado, que vae no (doc. n.º 55). Publicou-se esta excommunhão e se fixou na porta do dito Patriarcha, e nas freguezias desta cidade, á qual respondeu elle com outra, pela qual declarou tambem o dito Bispo por excommungado, que se tirou logo pela mesma ordem que havia, e vae o treslado delle no (doc. n.º 56). Não se resolveu a declaral-o tambem o dito Bispo, e a elle toca-lhe dar a razão que teve para isso.

Como nesta junta que fiz se praticasse tudo com muita clareza, e pelo dito Bispo e mestres theologos fosse mostrada a justiça com que defendiamos a jurisdição de Sua Magestade, se animaram de tal modo os que se acharam presentes nella, que se foi aclarando a noticia que já havia de que o Padre Prior de Santo Agostinho, Frei Constantino do Spirito Santo tinha persuadido e persuadia a algumas pessoaes que as excommunhões do dito Patriarcha eram mui certas, que

1707 Dezembro 1 ligavam, e que todos o deviam obedecer, visto ter-lhe já dado obediencia o Bispo desta cidade, pelo que se achavam estas mui perplexas no que haviam de obrar; pela qual razão o Vigario Geral desta cidade para cortar o damno que de tal persuasão se podia seguir, mandou publicar huma excommunhão que nenhuma das suas ovelhas tivesse communicação com o dito Prior e seus subditos, nem fosse ao dito convento, nem assistisse nelle aos officios divinos. Antes da dita excommunhão estive determinado a pôr o dito Prior em custodia para evitar o mesmo damno, e dar parte a V. Ex.ª; porém, como vi que com a dita excommunhão se tinha evitado, suspendi esta resolução per escusar maior escandalo; e porque os successos todos referidos tinham passado nesta cidade em occasião que se achavam fóra della os barcos todos deste porto, e com a chegada delles não só se achava restituido dos seus moradores que andavam embarcados, mas tambem com Prelados novos os conventos de S. Francisco e S. Domingos, me pareceu conveniente convocar novamente a mesma junta dos Tres Estados com a assistencia de Mestres Theologos e Prelados, em que se achou o novo de S. Domingos, Frei Pedro de Amaral, de quem já se suspeitava inclinado a obedecer ao dito Patriarcha, e he huma das razões porque convoquei a dita junta, na qual se não achou o de S. Francisco, que mandou em seu logar o mesmo Presidente a quem tinha succedido; e sendo todos juntos, e os Capitães de mar e guerra, e mais cabos militares com os officiaes da camara e justiça, lhes fiz a proposta que se vê no (doc. n.º 57), pela qual lhes narrei novamente tudo o que tinha obrado, mandando-lhes ler assim a proposta que tinha feito na junta passada, e as ordens, assim as que achei remettidas a meu antecessor, como a que eu trouxe, e juntamente o papel que se fez ao Patriarcha, o assento tomado para elle na dita junta, a carta de Sua Magestade escripta ao dito Patriarcha, e finalmente a bulleta, em que deu obediencia o dito Bispo, e todas as mais ordens e cartas concernentes a estes negocios; e sendo tudo feito lhes requeri me dissessem se de algum modo tinha eu excedido as ditas ordens pelo que tinha obrado, ou se tinha andado em tudo mui conforme a ellas, e se era aquillo que eu devia obrar em defensa das regalias do Padroado de El-Rey nosso Senhor; e todos uniformemente disseram ser o que eu tinha obrado o que se devia obrar, e que o dito Patriarcha devia estar naquella custodia emquanto por Sua Magestade, ou por V. Ex.ª não fosse mandado o contrario, como melhor se vê do termo que se fez, em que todos se assignaram, promettendo juntamente de observarem como fieis vassallos as ditas ordens (dito doc. n.º 57). 1767 Dezembro 1

Neste mesmo dia propuz em conselho o que tinha obrado o Prior de Santo Agostinho, Frei Constantino do Spirito Santo, e o estado em que estava pela excommunhão do Vigario Geral, e se era mais conveniente remetel-o a Goa para dar razão a V. Ex.ª da causa que teve para obedecer ao dito Patriarcha, e não observar as ordens que por mim lhe foram intimadas, ou deixal-o ficar na mesma fórma em que estava, e dar sómente conta a V. Ex.ª para que me ordenasse naquelle particular o que fosse servido. Foram differentes os pareceres, e nenhum quiz dar naquelle particular os Prelados Capuchos, que então não estranhei, porque os julgava, e não me enganava, mui conformes no interior ao dito Prior; finalmente concordaram os outros todos que visto não haver ordem clara do que se devia obrar em similhante caso, era mais conveniente que se lhe não violentasse em o mandar para Goa, mas sim que se elle quizesse hir a dar conta de si, que se lhe não impedisse, para o que se lhe fizesse aviso; e que em caso que o não quizesse fazer, ficasse na mesma fórma em que estava. Mandei ao Ouvidor de Sua Magestade lhe fizesse o tal aviso, ao qual respondeu o que se vê da sua resposta (doc. n.º 58), pela qual não só lhe diz que segue viagem para Goa, mas tambem dá as causas porque obedece ao dito Patriarcha, sendo todas de nenhum vigor. Elle vae nesta fragata; o que obrou nesta cidade consta dos papeis apontados deste Relatorio. V. Ex.ª determinará como for servido; e no doc. n.º 59 vae o termo do assento que se tomou neste conselho.

1707 Dezembro 1 Estes, Senhor, são os meios, de que se valeu este Prelado para nesta cidade usar de sua jurisdição, e estes tambem os termos por onde procurou empenhadamente offender as regalias do Padroado Real, que procurei defender por todos aquelles caminhos, que por este Relatorio tenho referido até o chegar a pôr na custodia em que fica; termo, de que me vali por elle despresar os outros mais urbanos, que appliquei, e tenho dado conta. Estimarei ter obrado de sorte que tenha satisfeito inteiramente a minha obrigação no real serviço. V. Ex.ª me ordenará nesta materia o que for servido. Sobre a mesma dou conta a El-Rey nosso Senhor na fragata *Bom Jesus de Mazagam* com toda a clareza por outro Relatorio, que faço ao dito Senhor, a quem não só dou parte pela dita fragata, mas tambem por todas as vias, para que nenhum accidente, o que Deus não permitta, seja a causa de que não tenha Sua Magestade de todos estes successos de tanta importancia inteira noticia. A Excellentissima pessoa de V. Ex.ª guarde Deus por muitos annos para o augmento deste Estado. Macau 1.º de Dezembro de 1707. — Diogo de Pinho Teixeira.

---

## Carta do Vice Rey da India D. Rodrigo da Costa a ElRey, enviando o relatorio antecedente

(Chronista de Tissuary.)

1708 Dezembro 12 Senhor. — Pela relação junta faço presente a Vossa Magestade a conta, que na monção passada me deu Diogo de Pinho Teixeira, General de Macau, dos excessos commettidos pelo Patriarcha de Antiochia, D. Carlos Thomás, contra os privilegios, isenções e liberdades concedidas a Vossa Magestade pelo Summo Pontifice, e Bullas Apostolicas a favor do Padroado Real, offendendo-o em tudo quanto quiz, sem attenção aos respeitos devidos á Corôa de Vossa Magestade, intentando por todos os caminhos destruir as missões do imperio da China, e introduzir nellas os Missionarios da Propaganda, por ser este o seu unico fim, impondo á nação portugueza as falsas accusações, que pelo mesmo relatorio constaram a Vossa Magestade, diante do Imperador da China, que vindo no conhecimento de suas astucias, o degradou, ou exterminou para Macau, quiçá a este respeito, ou o de querer investigar o como nos haviamos com elle, formando no seu conceito as altas politicas, que em si contém este negocio, que todos hão de ceder em abono, ou desabono da nação portugueza, ruina, ou estabilidade das ditas Missões, que com tão excessivos trabalhos plantaram os filhos da Companhia de Jesus, e com os mesmos os defendem, e privilegios de Vossa Magestade, a que tem sido attentissimos, não só neste particular, mas em todos os da honra e credito de Deus, de Vossa Magestade, e da nação portugueza. Tudo o referido, e mencionado no dito relatorio deve Vossa Magestade mandar ponderar com a summa attenção que costuma; ordenando a este fim o que for servido, para que de todo se não perca o que temos, e conservamos ainda no imperio da China, livrando aquelles pobres vassallos das vexações que padecem com o dito Patriarcha Antioqueno, e com os muitos Bispos e Missionarios Francezes e Castelhanos, de que está cheia a cidade de Macau.

1708 Dezembro 12

O dito General Diogo de Pinho Teixeira me pediu resolvesse a fórma em que se havia de haver com o Patriarcha; e como este negocio de si he arduo e trabalhoso, me pareceu conveniente ao serviço de Vossa Magestade chamar o conselho do Estado para lhe propor esta materia, e se determinar nella o que fosse justo, não tomando sómente sobre mim a dita resolução; o que no mesmo conselho se assentou faço presente a Vossa Magestade pela copia inclusa do dito assento, em que todos foram conformes; pelo que ordenei ao General de Macau, em carta de 7 de Maio deste anno, continuasse o que tinha obrado até o presente impedindo por todo o meio que fosse possivel o intento do dito Patriarcha em execução das ordens do Vice-Rey, meu antecessor, até com effeito ordenar Vossa Magestade o que for servido neste Estado em defensa do mesmo Padroado, ou dispor que o

1708 Dezembro 12 dito Patriarcha exercite a jurisdição que tiver sem impedimento algum; mas quando succedesse querer o dito Patriarcha contra o disposto exercer a sua jurisdição, mandasse lançar hum bando em seu nome, para que nenhuma pessoa de qualquer qualidade ou condição que seja obedecesse ao dito Patriarcha, com as penas que lhe parecesse, a fim de evitar este damno; procedendo contra os seculares, que pontualmente não cumprirem, e ainda contra os regulares até os exterminar para esta cidade, o que tambem faria o Bispo de Macau, obrigando a todos geralmente do seu bispado a cumprirem a Pastoral do Arcebispo Primaz deste Estado, que mandou publicar, procedendo tambem contra os regulares na mesma fórma que ao dito General ordenei; e pelo que respeitava á custodia, em que tinha recluso o dito Patriarcha, se me fazia durissimo este procedimento sem embargo da junta que fizera a esse fim, ordenando-lhe o puzesse em sua liberdade no caso que entendesse que o Patriarcha não poderia causar maiores perturbações áquella cidade, ou contra a paz publica, e que por sua via pudesse vir algum evidente perigo; porque sendo assim, o deixasse estar na dita custodia, evitando nesta fórma todos os damnos, que do contrario haviam de resultar.

Aos Prelados dos conventos de S. Domingos, e de Santo Agostinho desta cidade ordenei castigassem ao Padre Frei Pedro de Amaral, da ordem de S. Domingos, que tinha hido por Prior do convento de Macau, e o remetteu o General para esta cidade em companhia do Padre Frei Constantino do Spirito Santo[1], por serem parciaes do Patriarcha e declararem publicamente que lhe haviam de obedecer em tudo o que lhes mandasse; e não consentissem que os ditos Religiosos tornassem para a China, e que aos novos prelados

[1] Bem se deixa ver neste periodo uma certa incorrecção na redacção; porque o Vice-Rey só podia ordenar aos prelados que castigassem cada um o seu subdito respectivo; o de S. Domingos ao Padre Fr. Pedro de Amaral, e o de Santo Agostinho ao Padre Fr. Constantino do Spirito Santo.

que mandassem para os conventos de Macau os advertissem 1708 Dezembro 12
sigam e obedeçam á Pastoral do Arcebispo Primaz, e ás que publicasse o Bispo daquella cidade; e ainda que executaram o que lhes ordenei, foi de sorte o castigo que lhe deram, que o não sentiram até o presente; tanto assim que o Padre Frei Constantino do Spirito Santo se acha hoje Provincial de Santo Agostinho desta cidade, de que dou conta a Vossa Magestade, para que lhe seja presente o procedimento destes Religiosos. Isto he o que tenho obrado nesta materia; estimarei seja com os acertos que desejo ter no serviço de Vossa Magestade, a que applico todo o meu cuidado com o desvelo que devo. Deus guarde e prospere a Real Pessoa de Vossa Magestade os felizes e ditosos annos, que todos os seus vassallos desejamos. Goa, 12 de Dezembro de 1708.—Dom Rodrigo da Costa.

### Assento do Conselho do Estado referido na carta antecedente

(Livro do Conselho do Estado.)

No Conselho do Estado aos 29 de Abril de 1708, depois 1708 Abril 29
de o Vice-Rey D. Rodrigo da Costa haver proposto a materia, como consta do Relatorio do Capitão geral de Macau Diogo de Pinho Teixeira, concluiu perguntando:

«Se se deve permittir que o dito Patriarcha (sem embargo de não ter vindo pelo Reino de Portugal, nem nos seus barcos, nem se ter apresentado neste Estado ao Ill.mo Sr. Arcebispo Primaz, nem ter dado juramento de obediencia a Sua Magestade, que Deus guarde) possa executar a sua jurisdição; e se no caso que o não possa fazer, por ser contra as ordens do dito Senhor, ou contra as regalias do seu Real Padroado, se o General de Macau podia proceder contra elle do modo que fica relatado, até o pôr em custodia, como o fez, ou o modo com que lhe havia de impedir o exercicio da sua jurisdição; e se se devia tambem proceder contra os regulares e seculares, que lhe dessem obediencia, sem embargo de

1708 Abril 29 lhe estarem notificadas as ordens do Sr. Vice-Rey em contrario, e o modo com que contra huns e outros se devia proceder no caso que pela obediencia o merecessem.»

Votou D. Manuel Sotto Mayor, Capitão da cidade, que como a materia de jurisdição, assim do Patriarcha, como das regalias do Padroado Real, entendia se necessitava para ellas de Mestres theologos; e que como o Ill.mo Sr. Primaz (que estava presente) era o melhor que havia nesta cidade, e o que com maior zêlo se empenhava no serviço de Sua Magestade, que Deus guarde, que se comprometlia no seu parecer.

Votou o Doutor José de Carvalho e Abreu, Chanceller do Estado, que no que respeitava á jurisdição, que o dito Patriarcha pretendia exercer, se lhe não havia permittir, por assim se ter já determinado em outro conselho, que o anno passado se fizera sobre a mesma materia, e por ser determinado, por direito que sem apresentar as suas Bullas não possa nenhum delegado, nem outro qualquer ministro exercer jurisdição alguma; como tambem a respeito do Padroado Real, porque sem permissão de Sua Magestade, que Deus guarde, a não podia exercer o dito Patriarcha, visto a Bulla de Leão X, em que exprime as regalias do dito Padroado, e que no caso que sem embargo das diligencias que se tem feito, queira o dito Patriarcha exercer a sua jurisdição contra o direito do Padroado, mande o Ex.mo Sr. Vice-Rey ao General de Macau que lance hum bando em nome do dito Senhor para que nenhuma pessoa de qualquer qualidade e condição que seja obedeça ao dito Patriarcha, e que o Bispo de Macau faça cumprir a Pastoral do Ill.mo Sr. Primaz, que mandou publicar, procedendo contra os Regulares que assim o não cumprirem, até os exterminar para esta cidade; livrando-o da custodia, em que se acha, por querer exercer a sua jurisdição; e que sómente no caso que o dito Patriarcha poderá causar alguma perturbação áquella cidade, ou contra a paz publica, ou que por sua via poderá vir-lhe algum evidente perigo, deixará estar o dito Patriarcha na custodia, em que se acha, e ainda em reclusão mais apertada; e que o

Sr. Vice-Rey mande advertir aos Prelados dos Regulares, 1708
que obedeceram ao dito Patriarcha, os castiguem conforme Abril
a culpa que commetteram; e que aos novos Prelados, que 29
mandarem para a China, os advirtam, sigam e obedeçam á Pastoral do Ill.$^{mo}$ Sr. Arcebispo Primaz, e ás que publicar o Bispo daquella cidade.

O Inquisidor Manuel dos Santos, e D. Christovão de Mello, Vedor da Fazenda, e Francisco Pereira da Silva, General do Estreito, foram do mesmo parecer; e o Ill.$^{mo}$ Sr. Arcebispo Primaz foi tambem do mesmo parecer.

O Ex.$^{mo}$ Sr. Vice-Rey se conformou com o mesmo parecer, e que o bando, que se votara lançasse o General de Macau, havia de ser em nome do dito General, por ordens que para isso tivera do dito Senhor.

### Assento do Conselho do Estado referido no voto do Chanceller, atraz transcripto

Aos 7 de Maio de 1706 nos paços da casa da Polvora, 1706
sendo convocados os Conselheiros do Estado por ordem do Maio
Ex.$^{mo}$ Sr. Caetano de Mello de Castro, do conselho de Estado 7
de Sua Magestade, Vice-Rey e Capitão geral da India, foi proposto pelo dito Senhor que o Padre Sebastião de Magalhães, confessor de Sua Magestade, em hum dos capitulos da carta que escrevia ao dito Ex.$^{mo}$ Sr. lhe insinuava que o Pontifice remettia pessoa sua com carater de Patriarcha de Antiochia determinadamente ao imperio da China a particulares exames e diligencias, que pretendia averiguar o dito Pontifice, do que Sua Magestade se havia queixado, por se lhe não haver dado parte desta disposição, ao que o mesmo Pontifice respondeu em fórma que Sua Magestade se dera por satisfeito; e assim por esta razão, como para se grangear o animo do dito Patriarcha, lhe mandára offerecer nau para seguir sua viagem, o que não teve effeito pelas guerras impedirem chegar a Lisboa, e se embarcara em huma nau franceza, e dava esta noticia ao dito Ex.$^{mo}$ Sr. para que chegando o Patriarcha a este Estado, lhe fizesse boa passagem, adquirindo com estas demostrações tel-o grato, e obrigado aos Portugue-

1706 Maio 7 zes, para que seus informes nos fossem favoraveis; e que sem embargo que este aviso não fosse por expressa ordem de Sua Magestade, lhe pareceu acertado executar o apontado pelo dito Padre Confessor, e logo escreveu á costa de Choromandel, donde soube haver chegado o tal Patriarcha, para que fosse tratado com estimação; e se lhe desse toda a boa passagem, e que o mesmo escreveu ao General de Macau; porém, que hoje consta que o sobredito Patriarcha na dita costa de Choromandel foi obrando absoluto e independente, intromettendo-se em tudo, e especialmente na regalia do Padroado Real, e o Bispo de Meliapor o reconheceu por Prelado maior, e lhe deu inteira obediencia; e agora com a chegada da fragata *Nossa Senhora das Neves* recebeu varias cartas da China e Macau, nas quaes se lhe manifesta que o sobredito Patriarcha passara da costa a Manilla, donde viera a Macau com mais de quarenta mil patacas, e huma grande baixella de prata, com muita ostentação, e largas despezas e datas; e não entrando na cidade, desembarcara em hum sitio chamado Ilha Verde, que serve como de quinta de recreação aos Religiosos da Companhia, e do dito sitio, em que teve breve demora, havia passado a Cantão, e seguira seu caminho para a côrte de Pekim; e tanto de Cantão, como do mesmo caminho passara varias ordens, que claramente mostravam ser seu intento introduzir-se na regalia de todo governo ecclesiastico, sem exceptuar nem os bispados, cuja apresentação pertence a Sua Magestade, porque até nos taes bispados intentava pôr Visitadores e Governadores, e no de Nanquim, por ser fallecido o Bispo D. Alexandre Cicero, pelo qual motivo o Bispo de Macau com permissão do Ill.$^{mo}$ Arcebispo Primaz havia nomeado por Vigario do dito bispado ao Padre Antonio da Silva, da Companhia de Jesus, que em virtude da tal nomeação estava exercendo aquelle cargo; e tambem insinuava o Patriarcha que brevemente voltaria de Pekim para Macau, o que obrigou ao General e ao Bispo daquella cidade, e ao Bispo de Malaca pedirem resolução o como se haviam de haver com o Patriarcha, e para lhes mandar esta resolução quer saber dos Conselheiros o que nesta materia lhes parece, para conforme o que votarem responder ao dito General, e aos ditos Bispos; mas que conforme o expressado nas ditas cartas vindas de Macau e da China, se reconhece que o Patriarcha he todo francez, e inclinado ás cousas de El-Rey de França. 1706 Maio 7.

Pedro Vaz Soares Bacellar, General do Estreito, Bartholomeu de Mello de Sampaio, vedor da fazenda, João de Lemos do Valle, o Doutor Chanceller do Estado, José de Carvalho de Abreu, e D. Christovão Severim Manuel, Capitão da cidade, todos Conselheiros do Estado, foram de parecer que vistas as ordens que ha neste Estado para se não admittir nelle ministro nenhum da Propaganda, nem ainda Missionarios ou qualquer outro prelado ecclesiastico sem que venham por Portugal, e que conste haver jurado fidelidade naquelle Reino, e que na chancellaria delle foram registadas as suas bullas, e se fundarem estas disposições e resoluções em muitos breves pontificios passados a favor da regalia do Padroado Real, e não haver ordem em contrario de Sua Magestade para que isto se altere com este novo Patriarcha, o qual consta que não apresentou suas bullas, nem ainda deu parte da sua vinda, e do a que era mandado pelo Pontifice ao Ex.^mo^ Sr. Vice-Rey, nem tão pouco ao Ill.^mo^ Arcebispo Primaz, e que absolutamente vae obrando em tudo, e sem attender á isenção do que pertence ao Padroado Real; e assim lhes parece, attendendo a tudo o referido, que o dito Ex.^mo^ Sr. Vice-Rey deve ordenar e avisar ao General de Macau, e aos Bispos de Macau e Malaca, e aos mais cuja apresentação toca a Sua Magestade que nenhum delles obedeça ao novo Patriarcha de Antiochia Carlos Thomás, nem consinta se entremetta em nada que prejudique a regalia do Padroado Real, e que só no que respeita á passagem se lhe póde dar esta livremente, sendo tratado com cortezia de modo que se lhe facilite o recolher-se a Roma a dar conta a Sua Santidade dos particulares negocios e exames a que tiver sido enviado; e do mesmo parecer foi o Ill.^mo^ Arcebispo Primaz. O Inquisidor Manuel dos Santos se conformou com os mais Conselheiros, e se assignou com os ditos.

1706 Maio 7 O Ex.^mo Sr. Vice-Rey concluiu com o mesmo parecer; e eu Francisco de Azevedo de Sande, Secretario do Estado, que os ditos votos tomei, fiz este assento, em que se assignou o dito Ex.^mo Sr. Arcebispo Primaz, e os Conselheiros acima nomeados no mesmo dia, mez e era *ut supra*. (Seguem-se as assignaturas).

---

## Capitulos com que se deferiu a Ramaya Navara, Sar Subedar das terras de Pondá, Embaixador do Rey de Sunda, na proposta que fez a D. Rodrigo da Costa, Vice Rey e Capitão Geral da India

(Arch. da India, livro 1.º de Pazes, fol. 280-A.)

(SÈLLO DO REY DE SUNDA)

1707-1709 1. Que ha por bem o Ex.^mo Senhor Vice Rey de rectificar a amizade, com que o Estado se corresponde com o Rey de Sunda, e conservar a paz, que de presente, e já ha muito antecedentemente está estabelecida entre hum e outro Estado, e todas as suas terras.

2. Que por o Senhor Vice Rey fazer graça e mercê ao dito Rey de Sunda como amigo do Estado, lhe concede poder o dito Rey dominar, e senhorear-se das terras de Bicholim e Sanquelim, que o Estado tomou a Qhema Saunto, que as senhoreava, demolindo-lhe, e pondo por terra as fortalezas, que o dito Qhema Saunto tinha nas ditas terras, e que nas de Bicholim poderá o dito Rey de Sunda fazer huma fortificação para se defender.

3. Que mandando o Rey de Sunda exercito capaz para acabar de conquistar as ditas terras, o ajudará o Senhor Vice Rey com a gente de milicia que puder, não por pacto nem condição inviolavel, porque a esta se não obriga, mas sómente por obsequio e amizade; no caso que tenha a gente de milicia desoccupada das armadas, e das mais expedições militares em defensa do Estado, e se não ache occupada com quaesquer inimigos delle.

4. Que quando o Senhor Vice Rey mandar gente de mili-

cia em ajuda do dito Rey de Sunda para este se apoderar 1707-1709 das terras de Bicholim, e fazer nellas a fortificação, mandará o Senhor Vice Rey com a tal gente hum cabo de supposição, que assistirá em companhia do exercito do dito Rey, por espaço de vinte ou trinta dias, tempo que o dito Embaixador declara ser necessario para se fazer a tal fortificação, e que para esta se fazer permittirá o dito Senhor Vice Rey que os officiaes pedreiros das terras do Estado possam trabalhar nellas, sendo pagos pelo dito Rey conforme com elles se ajustar.

5. Que em remuneração deste obsequio aceita o Senhor Vice Rey o offerecimento, que o dito Rey de Sunda faz de ficar tributario ao Serenissimo Rey de Portugal, pagando em cada anno ao Estado quinze mil xerafins, ou em dinheiro, ou em cavallos, ou em pimenta.

6. Que este tributo começará a correr desde o tempo que a gente do Estado for mandada em ajuda do exercito do dito Rey de Sunda.

7. Que oito dias antes de se fazer a expedição desta gente será obrigado o dito Rey a fazer contribuir os tres annos adiantados, sem o que o Estado...

8. Que a despeza que o Estado fizer nesta primeira expedição, correrá por conta do Estado até á quantia do tributo de hum anno, e no que exceder na dita quantia, será a despeza por conta do dito Rey de Sunda.

9. Que feita a fortificação de Bicholim, e guarnecida, e tendo-se já a nossa gente recolhido para as terras do Estado, e sendo a gente do Rey de Sunda inquietada pela gente de Qhema Saunto, e pedindo outra vez o Rey de Sunda adjutorio de gente armada, não será o Senhor Vice Rey obrigado a mandal-a, porém que tendo a sua gente de milicia desoccupada das armadas, e das mais expedições militares em defensa, ou conservação do Estado, poderá por obsequio e amizade ajudar ao dito Rey, pagando este a despeza que fizer a gente que mandar em sua ajuda, e não a podendo mandar, nem por isso se quebrará o contrato, nem ficará o dito Rey desobrigado do tributo.

1707-1709 10. Que concorrendo o Rey de Sunda com salitre para a fabrica da polvora, se lhe dará esta na quantidade que for possivel, ajustando-se assim o preço do salitre, como o da polvora no que for justo e conveniente, e tambem se darão ao dito Rey algumas peças de artilharia para guarnição da fortificação de Bicholim, pagando-se o seu justo preço, como o dito Rey offerece.

11. Que o adjutorio que o Senhor Vice Rey der ao dito Rey, será sómente contra Qhema Saunto, e não contra o Sivagi, nem contra os vassallos do Rey Mogor.

12. Que todas as vezes que o Estado necessitar de gente, assim de pé, como de cavallos do dito Rey de Sunda, será este obrigado a mandal-a em soccorro das terras de Salcete, Bardez, e Ilha de Goa, sem que o Estado fique obrigado a paga alguma, por assim se offerecer o dito Rey em sua proposta.

13. Que havendo discordia ou desconfiança entre os capitães das praças de huma e outra corôa, ou entre os capitães das companhias, se fará exame da culpa, e o que se achar ser culpado correrá o castigo por conta do superior, de cuja jurisdição for.

14. Que quando os portos do mar do Rey de Sunda forem invadidos, e commettidos pelas embarcações de Qhema Saunto ou de Angriá, ou semelhantes cossarios, ajudará o Senhor Vice Rey a castigal-os com os navios, manchuas, e outras quaesquer embarcações que tiver desoccupadas, concorrendo o dito Rey com as embarcações que tiver nos seus portos, mandando-as guarnecidas de tudo o necessario, para se incorporarem com as nossas embarcações, e hirão estas sujeitas ao Cabo de nossas embarcações, e debaixo de sua bandeira.

15. Poderão carregar todos os annos para quaesquer portos, excepto os que forem inimigos do Estado, como se concede aos mais.

16. Que poderá o dito Rey, e seus vassallos conduzir dos portos das suas terras o mantimento que quizer em suas proprias embarcações, e trazel-o pela barra de Goa para

Pondá, pagando o que for de estylo, assim como pagam as mais embarcações que entram para esta barra. 1707-1709

17. Que o dito Rey, e capitães de suas praças serão obrigados mandar restituir todos os cafres captivos de christãos, que se acharem nas terras de sua jurisdição fugidos, dando ajuda para se prenderem, e entregarem a seus amos, e o mesmo se fará da nossa parte no caso que nas nossas terras se achem alguns captivos dos vassallos do Rey de Sunda.

18. Que no caso que algum Dessay, ou alguma pessoa de respeito por algum caso gravissimo fuja das terras do Rey de Sunda para terras do Estado, se não consentirá que desta passe ás do dito Rey de Sunda, nem clara nem occultamente, a fazer algum maleficio, e no caso que assim succeda, se castigará asperamente.

19. Que nenhum Portuguez, nem Padre Missionario, nem outro qualquer christão das terras do Estado, passando pelas terras do Rey de Sunda, será obrigado a pagar juncão pessoal.

20. Que no caso que Qhema Saunto peça pazes ao Estado, e esta se lhe conceda, se fará todo o possivel para que no caso que algum tempo se ajuste, seja com condição de não entender, nem inquietar as terras do Rey de Sunda, actualmente possuidas por seus vassallos.

21. Que no caso que alguns Portuguezes passem das nossas terras para as do Rey de Sunda, ordenará este aos seus Capitães e Governadores das terras de Pondá, e das mais de sua jurisdição, os retenham, e prendam, e avisem ao Senhor Vice Rey para que mandando-lhe seguro para os não castigar, os entreguem ás pessoas, que o Senhor Vice Rey ordenar.

22. Que o Senhor Vice Rey não consentirá que os Dessaes que assistem nas terras do Estado, nem seus lascarins, e pessoas de suas familias, passem ás terras delle Rey de Sunda, a fazer mal algum aos moradores, curumbins, e vargeiros, e mais pensionarios dellas, nem nas casas, vargeas, e mais fazendas dos seus vassallos, e no caso que o façam,

1707-1709 mandará o Senhor Vice Rey evitar o tal damno, e castigar logo os que o commetteram.

23. Que no caso que o dito Rey de Sunda domine a fortaleza e terras de Bicholim, e tendo necessidade de mantimentos, como tambem a fortaleza de Pondá, lhe mandará o Senhor Vice Rey dar pelo preço que valer ao tal tempo o de que as taes fortalezas necessitarem, ou aquelle que for possivel, no caso que o haja n'esta cidade, e suas ilhas, para se lhe poder dar.—(Sêllo do Embaixador, e assignatura canará)

---

## Carta de Sua Magestade ao Vice Rey

(Chronista do Tissuary.)

1708 Abril 4 Vice-Rey e Capitão geral da India, amigo. Eu El-Rey vos enviu muito saudar. Como o Patriarcha de Antiochia e seus ministros tem declarado tanto a opposição que fazem a meu padroado nesse Oriente, que chegaram a introduzir desconfianças no animo do Imperador da China para expulsar os Missionarios Portuguezes della, e de Macau como escala para o seu imperio, de que se póde receiar não só a ruina daquellas christandades, mas a da cidade e ilha de Macau, acho conveniente que (podendo ser, e permittindo o assim a fazenda desse Estado) mandeis hum Embaixador em meu nome a fomentar a sua amizade, e affeiçoal-o ás Missões dos Portuguezes, escolhendo vós para esta funcção sujeito ecclesiastico ou secular de boa capacidade, intelligencia e destreza, que possa dar deste negocio a boa conta que elle pede; e aos mesmos Missionarios da China (entendendo elles que convem) encomendareis que insinuem ao Imperador nomeie para enviado a Sua Santidade algum vassallo seu. A execução deste parecer deixo na vossa prudente eleição, segundo as occorrencias que ahi se offerecerem. Escripta em Lisboa, a 4 de Abril de 1708.—REY.—Para o Vice-Rey e Capitão geral do Estado da India.

## Carta de Sua Magestade ao Vice Rey

(Chronista do Tissuary.)

Vice-Rey e Capitão geral do Estado da India. Eu El-Rey vos envio muito saudar. Por todas as vias tenho noticia do que tem obrado e obra o Patriarcha de Antiochia, e seus ministros de Propaganda, que passando a esse Oriente com pretexto de tomar verdadeira informação de suas christandades, se tem declarado manifesto contradictor das Missões Portuguezas, especialmente Jesuitas, introduzindo novos Bispos, e executando actos de jurisdição, tudo em grande damno, e perturbação das Christandades, e offensa do meu Padroado Real; e o que mais he, persuadindo ao Imperador da China que lance fóra os Portuguezes por impedirem em Macau que os Missionarios das outras nações passem a seu imperio, e vendo tão desordenado procedimento, em que alem da opposição ao meu Padroado, passa a conspirar contra o meu dominio temporal; fui servido resolver que, sendo possivel, o excluaes dessas terras, como vos ordeno pelo Conselho Ultramarino, porque não deve ser admittido nas do meu Padroado sem me apresentar as bullas, e serem por mim acceitas; e tereis entendido que do mesmo modo qualquer Bispo da Propaganda, que ahi aportar sem mostrar licença minha, e que me tem apresentado as suas bullas, o deveis reter, e mandar para este Reino, como tambem executareis o mesmo com qualquer Missionario, que não mostrar licença minha, e nesta fórma passareis as ordens necessarias a todos os Cabos e Capitães das terras de meus dominios. Escripta em Lisboa, a 6 de Abril de 1708.—REY.— Para o Vice-Rey e Capitão geral do Estado da India. 1708 Abril 6

## Carta do Capitão Geral de Macau ao Vice Rey da India

(Chronista de Tissuary.)

1708 Dezembro 28 Ex.$^{mo}$ Sr.—He certo que o Abbade de S. Jorge está impedido nesta cidade pelos Mandarins Chinas, assim como o Clerigo Francez Hervé, para não sahirem della sem segunda ordem do Imperador; e agora se acham tambem impedidos quatro ou cinco Dominicos por chapa, ou ordem que chegou os dias atraz, por causa de que hindo estes em companhia de outro Religioso embarcados na chalupa, com o successo que esta teve desembarcaram estes Religiosos, e hum delles a titulo de que se queria banhar hum dia antecedente ao successo, ou no mesmo, se ausentou para as terras da China; e como este fosse lançado pelo dito Imperador, acham-se os Mandarins alterados e confusos com esta falta, pelo que ordenaram á Camara que emquanto não apparecesse este, se não embarcassem os outros seus companheiros; com que não sei o fim que terá esta caria, que me não quer parecer boa, e com muita culpa dos nossos cidadãos, que se guardassem inteiramente a ordem, com que lhe foram entregues estes padres, e a que eu lhes dei sobre este particular, que consta da Relação, que a V. Ex.$^{a}$ faço destas cousas do Patriarcha, estariam hoje com menos susto, e eu sem receio de novas molestias. Deus que permittiu que viesse este Prelado para estas partes, de que se seguiram estas desinquietações, me queira conceder algum socego mais do que tenho tido depois que vim para este governo, e guarde a Ex.$^{ma}$ pessoa de V. Ex.$^{a}$ por muitos annos para o augmento deste Estado. Macau, 28 de Dezembro de 1708.—Diogo de Pinho Teixeira.

## Segundo relatorio do Capitão geral da cidade de Macau ao Vice Rey da India sobre as cousas do Patriarcha de Antiochia

(Chronista do Tissuary.)

Ex.mo Sr.—Depois da partida da fragata *Nossa Senhora das Neves* na monção passada até os vinte e tantos de Dezembro não ouve nesta cidade cousa que possa dar conta a V. Ex.ª Neste tempo me enviou o Patriarcha de Antiochia pelo Capitão João da Cunha Lobo, que lhe assistia de guarda, huma carta cerrada com hum sobrescripto, que dizia: *A los Senores de la Junta de los Tres Estados.* Esta carta na mesma hora, que seriam as sete da noite, a levei pessoalmente a casa do Bispo desta cidade, com cujo parecer a abri para ver o que nella vinha; resolução que tomei por obviar confusões abrindo-se na dita Junta, quando nella ouvesse alguma carta de excommunhão. Não sahiu nada errado este pensamento, porque era o mesmo que presumiamos contra todos os que tinham concorrido para sua custodia; o que sendo visto por mim, e pelo dito Bispo, assentámos se cerrasse do melhor modo que podesse e se entregasse ao mesmo Capitão para que a tornasse, fingindo não ma poder entregar, por não saber o que nella me remettiam, e que procurasse se abrisse; e que vendo o papel ser differente daquelle que se usa para carta, lhes dissesse que não esperava que o dito Patriarcha o occupasse para portador de similhantes papeis, sem advertir que da entrega delle lhe podia seguir algum prejuizo á sua pessoa, e que com isto entregasse o tal papel; e que quando o não quizesse acceitar, o deixasse ficar em algum bofete, ou em outra alguma parte. De tudo isto trata a certidão do tabellião que levei em minha companhia a casa do dito Bispo, como della se vê (doc. n.º 1). 1708 Dezembro 31

E pela do tabellião Pedro Ribeiro de Sousa (doc. n.º 2) consta as molestias que me tem causado nesta cidade estes Missionarios da Propaganda lançados da China para ella, porque tendo determinado fossem no primeiro barco, que

1708 Dezembro 31 era o de Antonio da Cruz, que partia para Betavia, se escusaram por meio de hum Religioso da Companhia, o Padre Antonio Dantas, dizendo que tinham conveniencia em hirem por via de Malaca, e não por Betavia, que houve de lhes conceder (doc. n.º 3), para que não entendessem que os queriamos perseguir, como á bôca cheia andam publicando em agradecimento da hospedagem que até o presente (respeitando a seus estados) tem tido nesta praça; e finalmente pela dita certidão verá V. Ex.ª em como nesta diligencia sou só, porque mandando notificar aos Prelados para que observem o alvará do Sr. Governador D. Rodrigo da Costa passado sobre este particular, respondem o que da mesma certidão se vê; a camara se lança de fóra quanto póde, sem embargo de lhe ser tão commettido este negocio como a mim, e ainda mais, porque a elles lhes são remettidos os taes Religiosos pelos Mandarins Chinas; finalmente nesta diligencia andei com o cuidado que da dita certidão se colhe, até que vim a saber que o Senado da camara tinha concedido aos ditos Religiosos e mais ecclesiasticos da Propaganda (que ainda se achavam em terra, e eu determinava fazel-os de qualquer sorte embarcar nos barcos que haviam de hir para a costa) a chalupa *Nossa Senhora da Esperança*, de que eram senhorios Luiz de Abreu Bustamante e Manuel Vicente Rosa, para nella passarem a Camboja e dalli para Manilla. Tanto que tive esta noticia, mandei chamar ao Procurador do Senado da Camara, e lhe perguntei como o dito Senado tinha concedido aos ditos Padres faculdade para se dilatarem mais tempo nesta cidade, e juntamente a chalupa para nella passarem a Camboja, e dalli a Manilla; a resposta que o dito Procurador me deu consta da mesma certidão (dito doc. n.º 2). Não me satisfazendo com a dita resposta, procurei fallar ao mesmo Senado encorporado, e sendo elles juntos em minha casa lhes disse que a mim me constava que os Religiosos que vieram da China lançados para esta cidade, vieram com tempo determinado para se embarcarem, e que agora via que o dito Senado não só lhes permittia se dilatassem nella mais tempo, senão tambem lhes concedia embarcação para passa-

rem a Camboja, e dalli a Manilla; e que vissem o que nisto 1708
obravam, porque desde logo correria por sua conta o della a Dezembro
V. Ex.ª de qualquer molestia que por esta causa tivessem 31
dos Chinas, advertindo-lhes juntamente que de nenhuma sorte viria em que a dita chalupa passasse a Manilla, mas antes procederia contra os senhorios e officiaes della, se para tal parte navegassem, e elles ficariam obrigados a darem a V. Ex.ª a conta da razão que tiveram para esta concessão; a resposta que me deram trata a certidão (doc. n.º 4), que sendo ouvida por mim, tratei de passar a ordem que se vê no (doc. n.º 5), pela qual mandei fosse notificado o senhorio e officiaes da dita chalupa para não passarem a Manilla; nella mandei se embarcassem tambem mais dois Religiosos Franciscanos, para que me não ficasse nenhum em terra, e da certidão (dito doc. n.º 2) se vê que por pouco cuidado do Capitão, a que encommendei esta diligencia, fugiu hum delles, e outro fiz embarcar com effeito.

Despedida pois a chalupa deste porto, e estando eu dando graças a Deus de me ver já livre de tão repetidas molestias, porque já me não achava na terra com mais que aquelles que estavam impedidos pelos Mandarins Chinas por ordem do Imperador para não sahirem desta cidade sem segunda ordem sua, não foi nosso Senhor servido que eu lograsse este allivio por muito tempo, porque a poucos dias da viágem da dita chalupa succedeu alevantarem-se os cafres que hiam nella embarcados, e empossando-se de algumas armas a senhoriaram ferindo a hum Religioso Dominico Portuguez, que hia tambem nella, e obrigando aos mais todos, excepto o piloto e marinheiros, e algumas cafras, que tambem hiam, saltassem em Timpá, terras da China. Esta noticia chegou logo a esta cidade por huns marinheiros, que antes do alevantamento se achavam em terra fazendo aguada, com a qual mandei logo guarnecer duas embarcações com os petrechos, que julguei necessarios a render a dita chalupa, que se achava sufficientemente petrechada pela conta que me deram os senhorios das armas que levava, e sendo as ditas duas embarcações entregues ao cargo do Capitão João da

1708 Dezembro 31 Cunha Lobo, lhe ordenei o ardil de que havia de usar para a render sem perigo da gente que levava, e foi de que acabasse primeiro com o Mandarim China da ilha que convidasse aos cafres para hum banquete, adonde o melhor e mais continuo regalo fosse o vinho, o que o China não duvidaria a troco de alguma prata, com que deviam concorrer os senhorios, e nem os cafres duvidariam acceitar por necessitar da amizade do dito Mandarim para as cousas que careciam da terra; e que emquanto elles desembarcavam, e se preparava o banquete, tivesse os soldados emboscados até os colher no descuido em que os havia de pôr assim o vinho como a comida; e que neste tempo dessem nelles de sorte que podessem amarrar a todos sem lhe dar logar a que tomassem as armas que trouxessem da chalupa, e que feito isto os levasse a ella, e se recolhesse para este porto. Tudo succedeu na mesma fórma disposta, porque sem mais perda que de hum dos mesmos cafres, que era o que fazia o papel de feitor, que morreu por querer resistir, foram todos presos, excepto o que se intitulava capitão com mais tres que se ausentaram, porém, dahi a poucos dias a diligencia dos senhorios foram presos pelos mesmos Chinas, e remettidos a esta cidade, adonde se processaram as suas culpas, e vindo estas para sentenciar a tempo de que podesse hir a sentença nesta monção á relação dessa cidade, se acharam os papeis por ommissão do tabellião que os processou com tantos defeitos, que foi necessario mandar-se processar novamente na fórma da lei. Aos senhorios os obriguei a pagarem a despeza toda que com esta occasião se fez, e ficaram com a sua chalupa, que certamente a perdiam, se por qualquer contingente se dilatassem as embarcações hum dia, porque no outro seguinte a aquelle em que se restaurou, se despediam do porto para atravessarem o golfo.

De 13 de Março de 1708 recebi huma carta do Bispo de Ascalon, pela qual me pedia hum seguro para elle, e para os mais Padres Hespanhoes lançados das Missões da China poderem vir para esta cidade para della se embarcarem na occasião que lhes fosse mais opportuna, o que melhor se vê da copia da mesma carta (doc. n.º 6). Para a resolução do que nella me pedia mandei chamar a conselho o Bispo e mais pessoas que costumam ser chamadas, e lhes propuz a materia da dita carta, que sendo ouvida por todos, assentaram que ao dito Bispo se concedesse a licença que pedia debaixo da condição que se não meteria em Santo Agostinho, nem nas casas do Patriarcha, e nem delle acceitaria jurisdição alguma nesta cidade em offensa das regalias de El-Rey nosso Senhor, como consta da copia do dito termo (dito doc. n.º 6); e da copia da minha resposta (doc. n.º 7) se vê o que lhe respondi. 1708 Dezembro 31

Até aqui, Senhor, o que houve até á chegada da fragata *Nossa Senhora das Neves;* não fallando naquellas molestias, que me ficaram causando assim os Padres que arribaram pelo successo da chalupa, como outros que vieram; e supponho que brevemente terei outra copia delles, que virão em companhia do dito Bispo de Ascalon, que me dizem que são todos lançados para esta cidade. Quiz nosso Senhor guardar para mim este flagello; não ha mais que ter paciencia, e procurar servir a Sua Magestade.

Com a chegada da dita fragata recebi a carta de V. Ex.ª pela qual fazendo-me a honra que já signifiquei pela que com esta faço; mandava tambem que ponha ao dito Patriarcha na sua liberdade no caso que não entendesse que della se poderia seguir alguma perturbação a esta cidade, ou contra a paz publica, e que não podesse vir algum evidente perigo; porque neste caso o tivesse na mesma custodia, e em reclusão mais apertada, se necessario fosse; dispondo observasse tudo quanto me ordenava mui pontualmente attendendo sómente ao serviço de Sua Magestade, ao bem destas Missões, e á conservação do Real Padroado. Esta ordem, meu Senhor, por razão das clausulas com que vinha, me fez preciso convocar a conselho assim o Bispo desta cidade, como a Camara della e Vigario geral, cabos de guerra, e outros homens mais principaes, e de mais experiencia nas resoluções dos Chinas, que era a intelligencia de que mais carecia este negocio, porque só delles se podia esperar qualquer dos perigos con-

1708 Dezembro 31 theudos nas clausulas da dita ordem; visto que pelo que toca á pretenção do Patriarcha sobre o uso de sua jurisdição, com a ordem que V. Ex.ª me dá do bando, e do procedimento que terei com os Regulares, fica de alguma sorte remediada; pelo que sendo todos juntos lhes propuz a dita ordem de V. Ex.ª e as clausulas com que me vinha, para que dissessem o que naquella materia entendiam, procurando acertar, como desejo, no serviço de Sua Magestade, e agrado de V. Ex.ª o que melhor se colhe da minha proposta (doc. n.º 8), e do termo do assento que se tomou, que vae no mesmo Documento, se acha tambem assentarem todos uniformemente que de nenhuma sorte convinha alterar-se cousa alguma por varias razões, que consideraram em utilidade do bem commum desta terra, pelas quaes julguei me devia conformar, conservando a dita custodia, como fiz, até os 17 de novembro, dando conta tambem a Sua Magestade por via de Betavia com a clareza conveniente á materia e á occasião.

Depois de ter escripto ao dito Senhor, e partido o barco, chegou a este porto o barco, que delle partira o anno passado para Betavia, e dali seguindo sua torna volta arribou a Manilla, como a V. Ex.ª dou conta por outra particular, e do que com elle obrei. Com a chegada deste barco se espalhou por esta cidade estar o dito Patriarcha criado em Cardeal, e começaram a testificar esta nova dignidade nelle não só os seus subditos, senão tambem huns Padres da Companhia estrangeiros assistentes no collegio desta cidade. Com esta noticia succedeu, pois, que hindo eu huma tarde ao dito collegio a visitar ao Padre Provincial de Japão, veio ao cubiculo aonde eu estava com o dito Provincial, que era o do Padre João Mourão, hum dos Padres estrangeiros, que occupava o logar de pae dos christãos, por nome Augustinho Capelli, a pedir-me com instancias pozesse ao dito Patriarcha na sua liberdade, porque do contrario se offendia gravemente a Sé Apostolica; a esta instancia acompanhavam os ditos Padres Provincial e João Mourão com infinitas razões, que allegaram em ordem ao mesmo fim, a que não attendi, assim porque conhecia não poder já ali fazer o que se tinha determinado no conselho referido por causas, que nelle se consideraram, como porque o dito Padre João Mourão me tinha já avisado que se achava elle obrigado a persuasão daquelles Padres a fazer-me aquelle petitorio, visto que o Patriarcha delles se aqueixava, e que a mesma petição lhe tinha feito no dia antecedente o Abbade de S. Jorge; porém, que eu obrasse como costumava no real serviço; pelo que me vi obrigado a dizer-lhes que emquanto o dito Patriarcha pertendesse usar da sua jurisdição em offensa das regalias do Padroado de El-Rey nosso Senhor, não havia que fallar naquella materia; e porque a esta razão acudisse o dito Padre Augustinho Capelli com dizer que o Patriarcha dizia que nunca offendera as ditas regalias, e nem pertendia offender, lhe disse que se essa tinha sido a vontade delle, que estava a cousa com aquelle fim, que assim elles como eu desejavamos, porque todas as vezes que me apresentasse o dito Padre hum papel do dito Patriarcha, pelo qual certificasse que nunca fôra sua tenção offender o jus do Padroado de Sua Magestade, que Deus guarde, e que se de alguma sorte o tinha offendido, annullava todos os autos jurisdicionaes, que em offensa delle tivesse feito, no mesmo tempo estava tudo composto, e a terra com aquella quietação, que nella se procurava; e experimentaria o dito Patriarcha nos Portuguezes desta cidade aquelles obsequios devidos á sua pessoa e dignidade, que elle mesmo tinha tirado com os excessos, que nella começou logo a obrar, sem dar lugar, nem assenso ás humildes supplicas, que se lhe fez por via de Religiosos auctorisados, dirigidas todas a se evitar a desinquietação, que moveu, de que se seguiram escandalos, de que havia de dar estreitissima conta a Deus, e ao Pontifice, que o destinou para partes tão remotas para a edificação da fé, e não para mover alterações, e offender as regalias do mais empenhado monarcha na exaltação della, como era o meu Rey, que com continua despeza da sua real fazenda tinha trazido a santa lei não só a esta parte da China, senão por quasi toda a Asia. E que para que isto se effeituasse como eu desejava, queria facilitar pela minha parte em desvanecer o pretexto, de que

1708 Dezembro 31

1708 Dezembro 31 elle poderia usar, com dizer que lhe não era decente pertender esta composição, para que se não dissesse que punha a sua liberdade em contrato; que eu me dispunha logo a fazerlhe huma carta, pela qual não só lhe daria o parabem da nova dignidade, em que estava criado, mas tambem lhe pediria se lembrasse de que com ella se lhe fazia muito mais precisa a obrigação de desejar a esta cidade toda a quietação e socego, e de ver para as regalias do Padroado Real do Serenissimo Rei de Portugal, meu Senhor, para as conservar com aquellas isenções a ellas concedidas, no que satisfaria como devia á ordem de varios Breves pontificios concedidos a favor dellas; e que com esta carta ficava ao dito Patriarcha logar para me certificar o que dizia; com o que hiria eu logo pessoalmente não só satisfazer-lhe as queixas todas, que elle publicava, mas tambem mostrar-lhe ocularmente ser elle mesmo o motor de todas ellas, porque despresando os meios mais urbanos, que se applicaram no principio, obrigou aos mais violentos, de que se queixava.

Satisfez-se o dito Padre desta resposta minha, e pedindo licença para hir logo tratar com o Abbade de S. Jorge, e com o mesmo Patriarcha, se fosse necessario, se foi embora; e eu lhe prometti ficar esperando pelo que effeituasse, como fiz, deixando-me ficar no mesmo cubiculo com os ditos Padres Provincial e João Mourão, e assentámos, segundo a experiencia da aspera condição deste prelado, que de nenhuma sorte viria em meio tão adequado como aquelle. Assim succedeu, porque voltando o dito Padre Augustinho Capelli, nos disse que fôra pessoalmente fallar ao dito Patriarcha, por o Abbade de S. Jorge se eximir de lhe fallar em tudo o mais que não fosse não lhe pôr logo na sua liberdade; e que o dito Patriarcha lhe não quizera dar audiencia; porém, que mandando-lhe significar pelo seu Auditor o negocio a que vinha, respondera o mesmo, que eu já tinha antevisto. de que não punha a sua liberdade em contrato; com o que me recolhi.

E dahi a outro dia tornou o dito Padre Augustinho Capelli a minha casa com os Prelados todos dos Regulares desta cidade, que elle convocou, a fim de todos rogarem o mesmo que elle tinha pedido. Desta diligencia do dito Padre resultou que vendo que alguns dos taes Prelados, especialmente os da Companhia, fallavam tão empenhadamente contra o mesmo que entendiam, e tinhamos praticado varias vezes, supposto estava já avisado por segundo aviso, que me fez o dito Padre João Mourão, de que haviam de ser juntos os ditos Prelados naquella tarde em minha casa; comtudo como conheci que já aquillo era quererem-se deitar de fóra, lhes respondi que eu tinha proposto as razões todas por onde entendia não podia já alterar cousa alguma naquella materia sem faltar á minha obrigação; porém, se sem embargo dellas entendiam Suas Paternidades que eu devia, por esta noticia de elle ser criado na dignidade cardinalia, pôlo logo na sua liberdade, fossem servidos de assignarem em hum papel, que mandava logo fazer, em que certificasse ser assim os pareceres delles, que eu me dispunha com elle a obrar como me pediam; porque quando ainda assim errasse, sempre me ficaria o logar de dizer que tinha errado por conselho de tão doutos prelados, no que de alguma sorte se faria louvavel o meu erro, porque neste negocio não procurava senão acertar; responderam-me fizesse o papel, e que no dia seguinte viria o mesmo Padre Capelli em busca delle, para o verem, e sendo conveniente, se assignariam. Prometti-lhes de que não havia de constar mais que daquelles mesmos pontos, que lhes tinha ali proposto; o que tudo consta da cerdidão (doc. n.º 9), do secretario, que esteve presente. 1708 Dezembro 31

O dia seguinte veio o dito Padre, a quem entreguei o papel que fiz, e era do theor que se vê no (doc. n.º 10), que levou; e a outro dia me tornou dizendo-me que os Reverendos Prelados duvidavam assignarem naquelle papel por causa daquelle ponto que vinha cotado, de certificarem que da sua liberdade se não seguiria nenhum prejuizo a esta cidade; ao que respondi que aquelle era o principal porque se conservava aquella custodia, de tal sorte que ainda quando o Patriarcha com effeito viesse naquelle papel, em que eu

1708 Dezembro 31 lhe tinha fallado em S. Paulo, e fica referido, nunca se poderia tirar totalmente a guarda, que em sua casa assistia, por não expor a esta cidade a aquelle perigo, que o mesmo seu Provincial não ignorava; respondeu que no mesmo papel vinha outra fórma, que tinham seus Padres dado; e que sendo feito nella não havia duvida alguma em todos se assignarem. Vi a fórma, que era do teor que se vê no mesmo (doc. n.º 10); e como tivesse já entendido que tudo aquillo se dirigia a persuadir ao Patriarcha que eram os mais empenhados na sua liberdade, lhe respondi que o papel estava perfeito em ordem ao que elles pertendiam, mas não ao que eu procurava; porém, para que ao mesmo Patriarcha e ao mundo todo constasse que nenhum desejava mais que eu esta paz, que se pertendia, que eu mandava logo novamente convocar a Junta dos Tres Estados para o dia seguinte, e nella proporia tudo o que até ali se tivesse obrado em virtude da ordem de V. Ex.ª e da noticia de estar o dito Patriarcha criado em Cardeal; e que nella se tomaria com mais acerto a resolução mais conveniente nesta materia, porque como nella se havia de achar o Senado da Camara com todos os seus homens bons, a quem são sempre commettidas as ordens dos Chinas, nella se discutiria os perigos que em outra occasião se consideraram, e se assentaria o que fosse mais util ao serviço de Sua Magestade, e ao bem commum desta terra, o que fiz; e sendo todos juntos na minha sala, lhes mandei ler a proposta, que se vê no (doc. n.º 11), que sendo ouvida por todos, votou em primeiro logar o dito Padre Provincial da Companhia que sem embargo das condições, com que vinha a ordem de V. Ex.ª naquella materia, se pozesse ao Patriarcha em sua liberdade, visto a nova dignidade, em que estava criado. A este parecer se ajustaram os mais Prelados, e tambem o Vigario Geral, que no conselho passado tinha votado o contrario. Não se achou neste conselho o Bispo desta cidade, por se escusar por enfermo. Mandei-lhe a casa a proposta com o Secretario, e votou que seguia o parecer que desse o Padre Provincial da Companhia. Votou a cidade e os cabos de guerra, o Ouvidor e todos os mais homens bons, excepto o Capitão tenente da fragata *Nossa Senhora das Neves*, que de nenhuma sorte se pozesse ao Patriarcha em sua liberdade, porque eram infalliveis as molestias, que se seguiriam á terra pelos Chinas; e que os Reverendos Prelados votavam naquella parte muito fóra do que entendiam, e na cidade se praticava. Cheguei eu a votar, e antes que desse o meu voto disse aos ditos Prelados que elles como tinham votado primeiro, o fizeram sem a noticia daquelles perigos que a Camara e mais congresso junto tinham considerados; que agora que tinham ouvido a todos, dissessem novamente o que naquella materia entendiam em Deus e suas consciencias, e com toda a attenção ás condições que trazia a ordem de V. Ex.ª para que assim me podesse resolver no que fosse mais conveniente ao bem commum desta terra, e ao serviço de Sua Magestade, que Deus guarde. Respondeu o dito Padre Provincial que tinha votado, e da mesma sorte os mais todos, excepto o Presidente de S. Domingos, e o Commissario das Freiras, que de algum modo deram de entender não convinha, visto aquelles perigos, porém, com effeito se concordaram com os mais; o que ouvido por mim, votei que me conformava com os pareceres de tão virtuosos e doutos Religiosos, como eram os ditos Prelados, que ali se achavam, porque a minha vontade nesta materia sempre fôra de acertar nella; pela qual razão suppunha não desacertaria nesta resolução, porque como homens mestres theologos, e sufficientemente experientes nas cousas da China, podiam neste particular discursar com muito acerto; pelo que dispunha que logo se pozesse ao dito Patriarcha em sua liberdade. Alevantou-se a Camara com os homens bons todos, e me requereram da parte de Sua Magestade suspendesse a resolução deste negocio até outro dia, porque tinham naquelle particular de me requererem, porque não vinham em tal, por ser em total prejuizo desta cidade, que só em chapas dos Chinas despenderia ella huma mui grossa quantia de dinheiro. E que visto os pareceres dos Reverendos Prelados serem fundados em que se devia pôr o dito Patriarcha em liberdade, por estar criado em dignidade 1708 Dezembro 31

1708 Dezembro 31 cardinalicia, se pozesse muito embora, porém que a guarda de nenhuma sorte se tirasse, mas sim se conservasse como obsequiosa por razões que para isso tinham, e me fariam por seu requerimento presente no dia seguinte; e novamente me requeriam e protestavam não tomasse resolução alguma sem primeiro lhes ouvir pelo dito requerimento; o que lhes concedi, mandando que por emquanto se assignassem com os mais no Assento, que se tomava, declarando-se nelle o seu parecer; o que feito, se foram para a casa da Camara, aonde estiveram muita parte da noite e no dia seguinte me fizeram a carta, que se vê no (doc. n.º 12), com o protesto ao pé della, que acceitei, porque julguei não convir outra cousa; porém, como no dito protesto me não explicavam como se devia entender aquelle obsequio, com que queriam estivesse a guarda, lhes mandei perguntar pela carta, que se vê no (doc. n.º 13), e da sua resposta, que vae ao pé della, se acha dizer-me que esteja a dita guarda á ordem do dito Patriarcha, o que logo fiz, ordenando ao Capitão mór do campo desta cidade, e secretario deste governo, fosse a casa do dito Patriarcha, e o visitasse de minha parte, e lhe dissesse que aquella guarda, que até o presente estava de custodia a elle com justo sentimento de toda esta cidade pelas causas que para isso ouve, de hoje em diante lhe assistia obsequiosa á sua ordem, como estava em tudo o mais que de mim se quizesse servir, confiando de Sua Eminencia que nesta cidade não houvesse mais motivo que para lhe agradar, no que seria eu tão empenhado, como já por muitas vezes lhe tinha certificado. Não quiz fallar ao dito Capitão mór escusando-se que estava molesto, e que se tinha alguma cousa, que lhe fizesse por papel. Tornou o dito Capitão mór de tarde a sua casa, e lhe disse que não tinha eu outro negocio mais que aquelle recado, que para elle mandava; e que sem embargo do dito Patriarcha lhe não querer fallar, tinha executado a ordem, declarando ao cabo da dita guarda as que havia de guardar, que haviam de ser aquellas que o dito Patriarcha lhe desse. Levaram o recado, e tornaram por resposta que o Patriarcha não acceitava aquelle obsequio, por que emquanto aquella guarda ali lhe assistisse, se teria sempre por prezo; o que em effeito observa, porque hindo varios Religiosos e seculares a visitar-lhe, a nenhum falla; no que pretende mostrar contra toda a razão que se acha agora em mais apertada custodia do que estava, porque em todo este tempo que nella esteve fallava com alguns dos seus, que vieram da China, pela janella; e hoje me dizem que não falla a nenhum. Entendo que tudo vae dirigido á escriptura para Roma; e que passada a monção, se porá mais tratavel. 1708 Dezembro 31

Em o primeiro de Dezembro chegou a esta cidade o Bispo de Ascalon, e da ilha Verde, aonde se acommodou por emquanto se lhe preparavam casas nesta cidade, me fez a carta que se vê no (doc. n.º 14), á qual lhe respondi na fórma da resposta, que se vê ao pé della; e tanto que veio para as casas, em que hoje mora, o mandei visitar por meu filho, por me achar molesto de huma defluxão de estalicidio em hum olho; e antes disso lhe mandei metter á ordem de hum ajudante huma guarda de doze homens, que elle acceitou sem a attribuir a custodia, como fez o Patriarcha á primeira que lhe mandei quando chegou a esta cidade; passados huns dias me fez outra carta, cuja copia se vê no (doc n.º 15), para que a mandasse tirar, o que fiz da sorte que se vê da minha resposta, que se acha ao pé da dita carta.

Isto, meu Senhor, o que tem havido neste negocio patriarchal desde a monção passada até o presente. Estimarei ter obrado mui conforme á ordem de V. Ex.ª e a minha obrigação; especialmente sobre a liberdade do Patriarcha, que fica naquella fórma que julgou o Senado da Camara, e os do seu conselho mais conveniente a se evitar os perigos que pela parte dos Chinas podiam sobrevir a esta terra, com os quaes se perturbaria a paz, com que hoje se conserva, e queira Deus que com ella se porte o Patriarcha de tal sorte que não justifique mais as justas causas que ouve para a sua custodia, porque tenho para mim, supposto me poderei enganar, que em mui pouco tempo depois da partida destes barcos começará elle a occasionar-me novas molestias, porque já hoje me disseram admittia a alguns dos seus e dos nossos, que o

1708 Dezembro 31 hiam visitar; porém como nesta materia he a Camara e os do seu conselho, a quem por muitas razões devia ouvir, supponho obrei ajustado ao que convinha.

Este Bispo, segundo a noticia que tenho pelos Padres da Companhia, he mui affeiçoado a nossas cousas; o tempo que nesta cidade se dilatar descobrirá a verdade, não porque duvide della, senão porque por trato se fará mais occular. Em sua companhia veio hum frade Franciscano e mais atraz chegaram huns Agostinhos, todos desterrados da China por não seguirem as praxes do padre Matheus Riccio, que seguem os nossos padres, os quaes existem até o presente nas suas residencias; e a conservação destas missões não pende hoje senão da resolução que vier de Roma. Deus disponha tudo como melhor for a seu santo serviço. O successo da prisão do filho e herdeiro do Imperador, sobre que trato a V. Ex.ª na carta geral, tem posto em cuidado a todos; permittirá nosso Senhor que não passe a mais.

Não foi necessario, meu Senhor, tão largo tempo quanto eu dava para o Patriarcha de Antiochia me occasionar novas molestias a esta cidade em agradecimento do allivio da custodia, e pelo obsequio da guarda; porque anteontem sahiu com huma citatoria contra o padre Guardião de S. Francisco, Fr. João da Trindade, por este ter recluso ao padre Fr. Thomaz de S. José, seu subdito, e vigilante espia do dito Patriarcha, para que o pozesse em sua liberdade, e finalmente no dia seguinte por boas festas do Natal no escuro da noite mandou fixar por todas as portas das igrejas desta cidade hum papel, em que declarava ao dito padre Guardião por excommungado, fixando outro do mesmo teor, e para o mesmo fim, já quasi na minha porta; e se diz que hum secular morador desta cidade fôra o executor desta diligencia. Fico examinando para descobrir a verdade e dar o castigo, que o delicto merece. Com esta excommunhão conseguiu o Patriarcha a obediencia do Guardião na fórma que dou conta a V. Ex.ª por carta particular, adonde tambem dou do procedimento que com elle tive, até dispor embarcar-se para essa cidade, na fórma da ordem de V. Ex.ª

No mesmo dia de tarde mandei publicar nesta cidade o bando, que V. Ex.ª me ordenou mandasse lançar quando o dito Patriarcha pretendesse contra o que estava disposto, e tinha eu dado conta, o uso da jurisdição; e para me certificar se esta tinha offendida a ordinaria deste bispado, e as regalias reaes do Padroado de Sua Magestade, consultei o Reverendo Bispo desta cidade por huma carta, cuja copia se vê no (doc. n.º 16), e com a sua resposta, que se vê logo ao pé, me resolvi a mandar lançar o dito bando, a copia do qual se vê tambem no (doc. n.º 17). Deste me resultou o mandar elle no outro dia fixar em huma parede visinha a sua casa dois papeis, sem signal algum, contra mim, amoestando aos moradores desta cidade que não só me reconhecessem por excommungado, senão ainda por suspeito na fé; procurando por esta via não só mover inquietações e inobediencias, mas tambem incitar-me a algum excesso, que não obrei cousa alguma, porque tenho conhecido claramente que não anda senão buscando meios por onde se ultraje o seu respeito, e possa pintar a seu gosto o caso em Roma, como se vê no (doc. n.º 19).

1708 Dezembro 31

Depois da chegada desta fragata *Nossa Senhora das Neves* a esta cidade andam os animos nella neste negocio mais alterados, porque os prelados maiores dessa de Goa infiro não ordenaram cousa alguma aos inferiores desta, e por isso estes se acham de alguma sorte perplexos no que devem fazer; e isto he certo que causa no povo algum modo de confusão, que se lhe tem acrescentado com a noticia que tiveram de que o Padre Provincial da Companhia pertendia deitar-se tambem de fóra, porque o suppõem menos empenhado do que esteve neste negocio pela parte das regalias reaes, ao menos exteriormente, com o que acham os parciaes do dito Patriarcha terra larga para semearem, de que todos vão conhecendo o erro, em que existem, de não obedecerem ao dito Patriarcha, para por este meio irem conseguindo a obediencia que pertende, o que lhe não será de nenhuma sorte facil emquanto Sua Magestade ou V. Ex.ª me não mandarem o contrario, no que obrarei mui conforme ás ordens.

1708 Dezembro 31 com que me acho; mas só peço a V. Ex.ª que já que me coube por sorte o carregar com este peso, de que todos se querem eximir, ainda aquelles que tinham tanta obrigação como eu, se sirva de me fazer mercê de apertar os prelados maiores dos Regulares dessa cidade que amoestem a seus subditos, que assistem nesta, ou novamente vierem, que satisfaçam a obrigação de vassallos, porque eu me não acho aqui com nenhum de quem faça mais confiança que do Padre Fr. Sebastião de Santo Antonio, da ordem dos Pregadores, que desde o principio até agora se conserva fiel vassallo del-Rey nosso Senhor, e depois deste o Padre Commissario das Freiras, Fr. Antonio da Encarnação, e Fr. Leão de Deus, ambos Capuchos; a estes tres me parecia conveniente que V. Ex.ª fosse servido de lhes escrever em agradecimento do bem que procedem pela noticia que a V. Ex.ª delles tenho dado, para se conservarem da mesma sorte; e sirva isto de emulação para os mais procurarem merecer a mesma honra de V. Ex.ª

Tambem me parecia conveniente á quietação das consciencias destes moradores que o Senhor Arcebispo como Metropolitano deste bispado, mandasse por nova carta Pastoral sua consolar estas suas ovelhas, que se acham com ellas desinquietas por causa destas excommunhões, que este Prelado tem fulminado, para que assim todos se soceguem, visto a frouxidão que vão conhecendo naquelles que os deviam alentar, de que se seguiu, como refiro em carta particular, a obediencia do Padre Guardião de S. Francisco; sem embargo de tudo V. Ex.ª determinará o que for servido. Eu me acho com a minha mui socegada e mui prompto para defender as regalias do meu Rey até dar a vida por ellas, e para obedecer ás ordens de V. Ex.ª cuja excellentissima pessoa guarde Deus por muitos annos para augmento deste Estado. Macau, 31 de Dezembro de 1708.—Diogo de Pinho Teixeira.

## Carta do Capitão geral de Macau ao Vice Rey da India, complemento do segundo relatorio

(Chronista de Tissuary.)

Ex.^mo Sr.—Com o mau successo que teve a chalupa na sua viagem, como dou conta a V. Ex.ª na Relação das cousas do Patriarcha, se continuou a molestia que nesta cidade experimento com estes Missionarios, que são lançados da China para ella, e querendo nesta monção se embarcassem nos primeiros barcos, que deste porto partiram para Betavia, se escusaram com dizer que corriam perigo suas pessoas, por ser aquelle porto de hereges, com que querendo hoje fazer embarcar os que o Padre Fr. João de Santa Rosa introduziu na ermida de Nossa Senhora da Penha, assim por o procurador do Senado da Camara me requerer que se achava apertado dos Mandarins para embarcar logo hum, como para satisfazer á ordem de V. Ex.ª, e ás mais com que me acho neste governo, mandei ao Ouvidor de Sua Magestade fosse á dita ermida, e dissesse a aquelles padres, e lhes rogasse se embarcassem nos dois barcos que estavam de partida para essa cidade e S. Thomé, que haviam de tomar Malaca, de donde podiam elles passar a Manilha, assim como já tinham sido notificados pelo Vigario geral deste bispado, e que juntamente levasse em sua companhia officiaes do Ecclesiastico para o que podesse succeder; e quando deste recado esperava eu o successo de que elles se embarcassem sem occasionar motivo algum mais de molestia, se resolveram, tanto que avistaram os officiaes, revestirem-se todos de alva e estolla, e recolherem se á igreja. Com este aviso que me fizeram, me occorri ao Bispo desta cidade com a carta, que se vê da copia della, que vae no doc. n.º 1 nos papeis que com esta vão, e por sua resposta, que tambem se vê ao pé, mostra que ordena ao seu Vigario geral procure a execução deste negocio. Este me escreveu o que consta da copia da 1708 Dezembro 30

1708 Dezembro 30 sua carta, que vae no doc. n.º 2, e da minha resposta que se acha ao pé della, se vê o que lhe respondi. Com que, meu Senhor, todos desejam grandemente deitarem-se de fóra, e que eu só carregue com o peso; e se sempre fizeram isto (que nunca ignorei) hoje mais que nunca o tenho experimentado nestas proximas resoluções que tomou o Patriarcha. Deus, que foi servido guardar para mim estes annos tão calamitosos, espero permitta que destas molestias me resulte a gloria do agrado de V. Ex.ª e de que Sua Magestade, que Deus guarde, se dê de mim por bem servido. Até esta hora, que serão as oito da noite, se acham os ditos Padres da mesma sorte revestidos; pelo que ordenei estivessem os soldados e os officiaes guardando as portas, para que não saiam, e se não mettam na casa do Patriarcha; ou para que se não dispersem por esta cidade pelas casas dos Chinas; e para que tambem despersuadidos de não terem mais remedio que embarcarem-se, se resolvam a deixarem as vestimentas, e fazerem-no.

Tendo escripto a V. Ex.ª até aqui, me chegou hum recado do Vigario geral mostrando ignorar a diligencia, a que foram seus officiaes a Nossa Senhora da Penha, e pela carta que agora lhe fiz, cuja copia se vê no doc. n.º 3, lhe repito o que eu lhe mandei dizer quando dispuz fossem embarcar aos ditos padres, para que em tempo nenhum justifique o Ecclesiastico que a minha actividade o subordinava de sorte nestes particulares, que se achavam constrangidos para obrarem a meu gosto, e não conforme entendiam. O fim deste successo já não póde ser sem algum estrondo; queira Nosso Senhor dispol-o de sorte que se embarquem assim estes como os mais que tenho de embarcar, sem que chegue a ser escandaloso. Do que succeder farei hum capitulo no fim desta, para dar conta a V. Ex.ª e agora vou continuando esta carta em resposta da que tive de V. Ex.ª de 4 de Maio, visto estar o barco a pique para partir, e a defluxão que tive nos olhos me atrazar a escriptura de sorte, que me acho hoje obrigado a ella sem nenhum descanço.

Tendo determinado remetter para o Reino o religioso Cas-

telhano pelo que obrou em Santo Agostinho, como dei conta 1708
a V. Ex.ª querendo executar, me satisfez por huma carta á Dezembro
queixa, que delle tinha, protestando nella que de nenhuma 30
sorte offendera, nem fôra sua tenção offender a nação portugueza no seu brinde, porque sempre reconhecera a El-Rey Nosso Senhor por Rey de Portugal, pelo que me pareceu conveniente acceitar-lhe a satisfação, por ser em materia e occasião, em que se acharia com a memoria optuza, como fiz, dando a Sua Magestade conta do que intentava obrar, e do que por esta razão tinha obrado, como tambem faço por esta a V. Ex.ª

Continuou a teima dos Padres Missionarios recolhidos em Nossa Senhora da Penha, e em mim a diligencia de os fazer embarcar; e para que em tempo nenhum o Senado da Camara desta cidade não podesse dizer por causa de alguma molestia que lhe sobreviesse dos Chinas, por se embarcar algum que estivesse impedido por ordem delles, lhe fiz a carta, que se vê no doc. n.º 4, e porque na sua resposta que vae no mesmo Documento vi não determinavam nada com clareza conveniente a esta materia, lhe repeti segunda carta, cuja copia vae escripta no doc. n.º 5, e pela resposta, que se acha ao pé della, se vê dizer-me não ser conveniente o embarque dos ditos Missionarios, que se acham nesta cidade, excepto os dois nomeados nella; com o que me resolvi a fazer embarcar só o clerigo, que elles me requeriam pela ordem com que se achava dos ditos Chinas, e estava na dita ermida da Penha na mesma resolução dos mais, que ouve de ceder depois de tres dias, incitando aos Chinas a que contendessem com a guarda, que estava posta na dita ermida, para lhes não entrar cousa nenhuma, de tal sorte que obrigou ao Capitão Antonio de Sousa Gayo a castigar o atrevimento de hum, que o investiu, empunhando por huma faca, com humas poucas de rotadas que lhe deu; com que vendo os ditos Padres que o dito China fôra asperamente castigado, e que o mesmo successo teriam os mais, se resolveram a persuadir ao dito Padre, que se procurava, se embarcasse; o que feito mandei retirar a dita guarda.

1708 Dezembro 30 Esta ficada destes Missionarios nesta cidade não póde deixar de ser para mim de muita molestia pelo empenho, com que procuram alterar os animos destes moradores, e perturbar nos Regulares a observancia das ordens, que lhes estão intimadas. Fazel-os embarcar sem embargo do temor, que manifesta o Senado da Camara, he expor a esta cidade a graves damnos, e muita despeza; pelo que tudo he molesto, e não ha mais que ter paciencia, e contraminar a pretenção delles, para o que o unico meio, que tenho alcançado, e de que pretendo logo usar, a fim de ter esta praça em algum socego, he o de intimar huma ordem occulta a todos os moradores desta cidade debaixo de algumas penas, que nenhum communique com os ditos Missionarios, nem os admitta em suas casas, a qual heide tambem estender aos Regulares, para que outrosim os não admittam tambem em os seus conventos, excepto aquelles que nelles estiverem hospedados, o que se não entende com o convento de Santo Agostinho, porque este assim como não observa as mais ordens, não guardará esta tambem; e nesta fórma supponho que de algum modo poderei lograr alguma quietação, conservando juntamente a que pretende o dito Senado da Camara pela sua carta.

Esta sujeição aos Chinas, com que esta cidade existe, serviu, e servirá sempre de mui grande obstaculo a qualquer resolução, e nesta materia se deve attender muito para que se não desgoste de nós o Imperador. Eu até agora o tenho com boa inclinação ás nossas cousas, como melhor justifica huma carta do Padre Killiano Stumph, que lhe assiste em Pekim, a qual se vê no doc. n.º 6. Queira Nosso Senhor conserval-o sempre nella, para que esta cidade alcance a quietação, que della pende.

Por esquecimento não annexei á Relação, que a V. Ex.ª dou das cousas do Patriarcha, hum Decreto que elle mandou publicar, o qual ajunto aos papeis, que com esta vão (doc. n.º 7), porque a V. Ex.ª lhe não falte a noticia delle. Estimarei ter em tudo obrado como desejo no serviço de Sua Magestade, meio por onde anhello tambem o agrado de V. Ex.ª

que Deus guarde muitos annos para augmento deste Estado. 1708 Dezembro 30
Macau, 30 de Dezembro de 1708.—Diogo de Pinho Teixeira.

## Carta de El-Rey ao Vice Rey da India sobre as cousas do Patriarcha de Antiochia (Cardeal de Tournon)

(Chronista de Tissuary.)

D. Rodrigo da Costa, Vice-Rey e Capitão geral do Estado da India, amigo. Eu El-Rey vos envio muito saudar. Em o navio que veio de Solor e Timor chegou o Padre Provana, da Companhia de Jesus, mandado pelo Imperador da China para representar a Sua Santidade os justos motivos de queixa que lhe dera o Patriarcha de Antiochia com os seus desordenados procedimentos naquelle imperio, pedindo huma prompta satisfação, pertendendo tambem o mesmo Imperador que eu me interessasse nella; e como pelos documentos que trouxe o dito Padre, e os que me remetteram o Bispo e Governador de Macau, constava que o referido Patriarcha não só mostrou ser inimigo da nação portugueza malquistando-a com o dito Imperador, e seus ministros, mas passou a violar os privilegios, que competem ao meu Padroado Real; fui servido resolver passasse com a brevidade possivel a Roma o Marquez de Fontes por meu Embaixador extraordinario para representar a Sua Santidade o consideravel prejuizo que causara á Religião Catholica na China o dito Patriarcha com os decretos, que expediu condemnando os ritos sinicos approvados pelos Papas Gregorio XIV e Alexandre VII, de que o Imperador recebera tal desprazer, que mandára sahir dos seus dominios o dito Patriarcha, mandando-o depositar em Macau, e prohibindo aos Missionarios prégarem a Religião Catholica, devendo o Patriarcha á vista da repugnancia que achou naquelle Principe moderar os seus procedimentos, e dar conta a Sua Santidade para não expor

1709 Abril 3

1709 Abril 3 à ultima ruina a nossa Religião naquelle imperio, e que sendo esta materia tão grave, esperava que Sua Santidade lhe applicasse o prompto remedio, que era satisfazer ao dito Imperador, e a esta Corôa, mandando reparar as violencias, que o mesmo Patriarcha havia feito contra os direitos do Padroado della, e porque o dito Padre Provana procurou apressar a sua jornada para Roma antes de poder partir o dito Embaixador, ordenei ao meu Enviado naquella Curia que no entretanto que o Embaixador não chegava, fallasse neste importantissimo negocio a Sua Santidade ajudando as representações do dito Padre; e o que resultou desta negociação foi declarar Sua Santidade em dois Breves, que me escreveu, que o dito Patriarcha, hoje Cardeal, havia obrado conforme as suas ordens, emanadas da resolução que tomára em 1704, condemnando os ritos sinicos; e o mesmo declara ao Imperador em outro Breve que lhe escreveu; rogando me e exhortando-me a que eu escreva ao Imperador torne a admittir nos seus dominios o dito Patriarcha, declarando que está prompto para ouvir o Padre Provana, e examinar os documentos, que sobre este particular se lhe apresentarem; e no outro Breve se queixa do mau tratamento, que em Macau se dera ao Patriarcha, prendendo-o, e maltratando a sua familia de tal sorte que hum creado seu morrera dos açoutes que lhe deram, pedindo-me mandasse castigar aquelles excessos, e pôr em liberdade o seu Legado, para poder voltar para Europa: e considerando as perniciosas consequencias que resultarão á Religião Catholica na China emquanto Sua Santidade faz o exame que promette, não mandar suspender a execução dos referidos decretos, resolvi mandar rescrever a Sua Santidade sobre esta materia, escusando-me de mandar passar officios com o Imperador da China para que torne a admittir nos seus dominios o dito Patriarcha; e porque tenho por certo que sem embargo do referido, se remetterá ao Imperador o referido Breve, fui servido ordenar-vos que logo que receberes esta, procureis buscar pessoa de vossa satisfação para mandares á China com o caracter de Enviado extraordinario, para assegurar ao Imperador que eu me tenho interessado tanto na satisfação da queixa que fez ao Papa do procedimento do dito Patriarcha, que tenho para este effeito nomeado hum Embaixador extraordinario; e que será muito conveniente apartal-o das visinhanças dos seus dominios, e tambem dos meus, mandando-o vir para Europa; porém, que não se podendo isto executar sem o seu beneplacito, visto havel-o mandado depositar na cidade de Macau, espero que desobrigue aquella cidade do deposito em que o recebeu, para que della possa passar para Goa, donde na primeira monção virá para Europa, e com a sua chegada a ella será mais facil satisfazer Sua Santidade as suas queixas, e logo que alcançares do Imperador aquella permissão de poder vir para Europa o dito Patriarcha, ordenareis ao Governador de Macau o remetta a essa cidade, onde o tereis com segurança conveniente, e decencia devida á sua dignidade, em fórma que elle entenda que não está como preso, até que na primeira monção o mandeis para este Reino com a melhor commodidade que for possivel. E porque não he justo que se em Macau se commetteram contra o dito Patriarcha os excessos, que Sua Santidade insinua, fiquem estes sem castigo, vos ordeno tambem vos mandeis logo informar do que houve na materia, e se he certo que hum creado seu foi morto a açoutes, e do que achares me dareis conta, para vos ordenar o que for servido; e deveis ter entendido que se o dito Cardeal pertender exercitar jurisdição alguma nos meus dominios em virtude das ordens que levou, ou das que novamente lhe forem, o não deveis consentir, e advertireis a todos os Prelados lhe não devem obedecer, e ao Cardeal lhe mandareis insinuar teres esta ordem. Escripta em Lisboa a 3 de Abril de 1709. — REY. — Para o Vice-Rey e Capitão geral do Estado da India. 1709 Abril 3

## Resposta do Vice Rey

(Chronista de Tissuary.)

1709 Dezembro 31 Senhor.—Em outra carta desta presente monção dou conta a Vossa Magestade do que tenho determinado sobre os particulares mencionados nesta carta, e a fórma por que mando ao Padre Francisco Cardoso da Companhia de Jesus enviado ao Imperador da China, por me parecer este o meio mais efficaz para poder conseguir do Imperador o que Vossa Magestade me ordena em carta de 3 de Abril deste anno, que estimarei tenha o effeito que a minha obrigação e diligencia solicita em execução das reaes ordens de Vossa Magestade. Deus guarde e prospere a real pessoa de Vossa Magestade os felizes e ditosos annos, que todos os seus vassallos desejamos. Goa, 31 de Dezembro de 1709.—(Rubrica do Vice-Rey).

---

## Resposta do Vice Rey da India

(Chronista de Tissuary.)

1709 Novembro 29 Senhor.—Vi, e ponderei com toda a devida attenção, que devo, o que Vossa Magestade, que Deus guarde, nesta carta exprime, e me ordena, sobre o que direi tudo o que se me offerece em ordem ás materias conteudas nella, e o que fica disposto em execução do que Vossa Magestade me manda. He certo, Senhor, que em o principe e monarcha mais obediente á Igreja Catholica Romana se não poderiam achar maiores attenções aos Legados Apostolicos das que teve e usou o Imperador da China com o Patriarcha de Antiochia, D. Carlos Maillard de Tournon, e sem embargo de tudo foi tão desattento o dito Patriarcha, que se atreveu a dar ao Imperador occasião de pedir a Sua Santidade prompta satisfação dos desordenados procedimentos deste Prelado tão justamente, que se tem por infallivel que a lhe não dar Sua Santidade a satisfação que pretende, não só lançará de seu imperio a todos os Missionarios, que nelle se acham, mas tambem poderá executar em os christãos delle aquellas tiranias, que já se experimentaram nos tempos antigos; tudo por culpa da imprudencia de similhante Legado, o que Deus não permitta. O que o Imperador pretende de Vossa Magestade he justissimo; e se Vossa Magestade se não interessar mui particularmente neste negocio, alem das conveniencias que nisso tem como senhor e administrador daquellas missões e do seu Real Padroado, dará mui grande conta a Deus; no que deve Vossa Magestade pôr particular cuidado para que Sua Santidade o ajuste como convem ao serviço de Deus, e ao de Vossa Magestade, e ao de tantas almas como as que se hão de perder naquelle imperio, se a protecção de Vossa Magestade faltar, e quando tudo isto não bastasse, devo lembrar a Vossa Magestade o devia fazer em honra e credito da Nação Portugueza, a quem o dito Patriarcha tão empenhadamente pretende malquistal-a, não só com o Imperador da China, como a Vossa Magestade he notorio pelos documentos, que remetteu o Bispo e Governador de Macau, Diogo de Pinho Teixeira, mas tambem com Sua Santidade, valendo-se para este effeito das falsas imposturas, com que tem calumniado aos moradores de Macau, ao Arcebispo Primaz, e a todos os mais Bispos e Prelados deste Estado, e ao Vice Rey delle, por lhe atalharem a violencia que faz aos privilegios do Real Padroado de Vossa Magestade; pelo que justamente devia Vossa Magestade mandar a Roma a este importantissimo negocio o seu Embaixador extraordinario fazer a Sua Santidade a mencionada representação nesta carta, e com o bom successo della espero se ajuste tudo como os nossos interesses desejam; e he certo que se o Patriarcha tivesse a prudencia que se requeria nelle, nunca estes negocios chegariam ao termo, em que hoje os vemos, á custa do nosso sentimento. Permitta Deus inspirar em Sua Santidade aquella santa e recta resolução tão conveniente a

1709 Novembro 29

1709 Novembro 29 estas christandades, que de todo se apague o voraz incendio, com que o inimigo commum das almas pretende reduzil-as em as tristes e infernaes cinzas de suas diabolicas astucias.

A resposta, que Sua Santidade deu nos seus Breves a Vossa Magestade, he totalmente opposta á pretenção do Imperador, e ao que respeita aos privilegios do Real Padroado de Vossa Magestade; com o que de similhante resolução se póde temer, que chegando o Breve á mão do mesmo Imperador, acabe por huma vez de todo com aquellas christandades, e sem duvida lance fóra de seus dominios geralmente aos Missionarios Portuguezes, porque dos estrangeiros ha muitos tempos que os não consente no seu imperio; e se do que o Padre Provana lhe representar resultar o mesmo, e não conseguir melhor fim este negocio, será justo que Vossa Magestade me ordene o como me hei de haver nelle com toda a distincção e clareza, para que não falte ao desejo que tenho de me empregar no serviço de Vossa Magestade como devo, e o que hei de dispor nos particulares de Macau quando o Imperador se irrite com os moradores daquella cidade a este respeito, e intente lançal-os tambem fóra della. Quando o Patriarcha veio lançado de dentro da China para a cidade de Macau por ordem do mesmo Imperador, o entregaram os Mandarins ao Senado da Camara de Macau para que naquella cidade estivesse em deposito, e que della não sahisse sem ordem do mesmo Imperador, a quem o dito Senado havia de dar conta do Patriarcha no caso que della se ausentasse; pelo que temendo estes homens que o fizesse este Prelado, pediram ao Governador de Macau lhe mandasse pôr huma companhia de guarda, para se livrarem do receio que tinham do successo desta desgraça, por não experimentarem as grandes vexações que ordinariamente lhe costumam fazer os Chinas em negocios de menos porte, quanto mais neste que traz comsigo o empenho do Imperador. Esta he a fórma da prisão feita ao Patriarcha, de que elle tanto se queixa; e quanto ao mais não me consta se lhe fizesse o menor aggravo, nem a sua familia; e menos me chegou á noticia os açoutes que diz deram a seu criado, de que morrera; sobre o que mandarei a Macau tirar huma exactissima devassa, para que constando se fez similhante delicto, seja rigorosamente castigado o factor delle, por ser mui conveniente, e igualmente justo, não fique impunida esta grande desattenção no caso que a houvesse, o que duvido muito succedesse naquella cidade. Tambem creio seriam inuteis para com o Imperador os officios, que Vossa Magestade mandasse fazer com elle para que admittisse no seu dominio ao dito Patriarcha, achando-se elle tão pouco obrigado a Sua Santidade; e assim neste particular não tenho que dizer, por conhecer os acertos da real resolução de Vossa Magestade tomada neste particular. 1709 Novembro 29

Logo que recebi esta carta de Vossa Magestade, procurei pessoa digna de occupar o caracter de Enviado extraordinario, e achei com todas as prendas e requisitos que se podiam desejar para este effeito; mas tomando as informações dos usos e costumes, que ha na China, quando os Principes e Reis mandam semelhantes enviaturas e embaixadas ao dito Imperador, os manda receber com grande pompa, e que nas suas bandeiras se lhe põem huns caracteres, que significam a obediencia e sumição, com que o tal Rei manda em seu nome abater cabeça ao mesmo Imperador, que vem a ser ao nosso modo de entender, a sujeição que tem, e confessa á soberania do seu imperio; pelo que me pareceu propôr esta duvida no conselho do Estado, e a dos grandes gastos, que precisamente se haviam de fazer com esta enviatura, e sagoate que se deve mandar ao dito Imperador, que tudo junto poderia fazer o melhor de 80:000 xerafins, cabedal com que o Estado se não acha, nem parte de qué se possa valer delle para este effeito; e ainda no caso que o houvesse, não era conveniente fosse o dito enviado sem a infallivel certeza de que o Imperador o havia de receber na sua entrada sem os ditos caracteres, o que se tem por impraticavel, como affirmam as pessoas mais praticas do dito imperio, com que tenho fallado nesta materia; e nesta duvida indo o tal enviado, e não entrando ao dito respeito, ficava inutil o dito gasto, e assim se resolveu que o não devia mandar, e buscar outro meio mais conveniente ao serviço de Vossa Magestade para

1709 Novembro 29 representar ao Imperador da China os importantissimos negocios, que Vossa Magestade me recommenda nesta carta, o que tenho feito escolhendo para elles hum Religioso da Companhia de Jesus, que me affirmam ser admiravel mathematico, para que debaixo deste pretexto possa levar o sagoate ao Imperador, e fazer todas as negociações, que Vossa Magestade dispõe nesta mesma carta, a que tambem lhe hão de assistir os mais Padres, que se acham naquella côrte, a quem determino escrever sobre estes particulares, porque só delles, e do dito Padre se poderão fiar os melhores acertos como tão amantes do serviço de Vossa Magestade, e interessados no bom successo destas direcções; ainda que duvido muito consigam a licença do Imperador para podermos trazer para Goa ao Patriarcha; e quanto ao apartar das visinhanças de Macau no caso que o não possamos tirar da dita cidade, envolve em si esta materia tão perniciosas consequencias, como a Vossa Magestade não são occultas; e succedendo vir para Goa, mal o poderei ter nesta cidade com a segurança conveniente, e decencia da sua pessoa, sem que entenda o ponho em custodia. E fico advertido para não consentir que o dito Patriarcha não exercite nos dominios de Vossa Magestade jurisdição alguma em virtude de quaesquer ordens, que para este effeito tenha, ou ter possa. Aos Prelados deste Estado, e da cidade de Macau ordenarei lhe não obedeçam, e ao mesmo Patriarcha insinuarei esta ordem de Vossa Magestade para assim o executar. A muito alta, e muito poderosa pessoa de Vossa Magestade guarde Deus os felizes e ditosos annos, que todos os seus vassallos desejamos. Goa 29 de Novembro de 1709. — D. Rodrigo da Costa.

---

## Carta de El-Rey ao Vice Rey da India

(Chronista de Tissuary.)

1709 Janeiro 5 D. Rodrigo da Costa, Vice Rey da India, amigo. Eu El-Rey vos envio muito saudar. Havendo visto a conta que me deu o

Capitão geral de Macau, Diogo de Pinho Teixeira, das causas que o obrigaram a remetter o Padre Frei Pedro do Amaral, Vigario do Convento de S. Domingos, para essa cidade de Goa a dar-vos conta das razões que tivera para obedecer em Macau ao Patriarcha de Antiochia, perturbando a quietação e socego publico, e inquietando a minha soberana regalia: me pareceu ordenar-vos por esta envieis na primeira embarcação, que se vos offerecer, para este Reino, o dito Religioso Frei Pedro do Amaral, para que nelle possa ser ouvido, e não se descarregando do que he arguido, se procederá contra elle a desnaturalisamento, para que este exemplo sirva de que outros se não atrevam a cometterem similhantes absurdos de tão perniciosas consequencias. Escripta em Lisboa a 5 de Janeiro de 1709. — REY. — Miguel Carlos. — Para o Vice Rey do Estado da India. 1709 Janeiro 5

---

## Resposta do Vice Rey da India

(Chronista de Tissuary.)

Senhor. — Diogo de Pinho Teixeira remetteu para esta cidade da de Macau ao Padre Frei Pedro do Amaral, Vigario do convento de S. Domingos daquella cidade; eu o mandei entregar ao Vigario geral Frei Antonio da Trindade, a quem recommendei o não deixasse hir daqui para Macau, nem para nenhuma outra parte, visto os erros que havia commettido contra as regalias do Padroado Real de Vossa Magestade; mas o dito Vigario geral o fez tanto pelo contrario, que o mandou por Prelado das missões das ilhas de Solor e Timor tão occultamente, que me não chegou á noticia esta sua resolução, senão agora que o mandei procurar para o remetter para essa côrte na fórma desta ordem de Vossa Magestade, como constará da copia da carta do Vigario geral presente Frei Diogo de Sampaio, que em tudo mostra ser verdadeiro 1709 Novembro 20

1709 Outubro 8 vassallo de Vossa Magestade. Tambem da sua mesma carta se vê haverem os Inquisidores do Tribunal da Inquisição desta cidade feito ao dito Frei Pedro do Amaral seu Commissario geral nas ditas ilhas de Solor e Timor, não ignorando as culpas porque tinha sido remettido. Ao mesmo Vigario geral tenho ordenado o mande vir infallivelmente, e assim espero o faça na primeira occasião que se offerecer, que será na monção futura; de que dou conta a Vossa Magestade para que ordene o que for mais do seu real serviço. Deus guarde a Real pessoa de Vossa Magestade os felizes e ditosos annos que todos seus vassallos desejamos. Goa 20 de Novembro de 1709. (Rubrica do Vice Rey.)

---

## Carta do Vigario Geral de S. Domingos ao Vice Rey da India

(Chronista de Tissuary.)

1710 Janeiro 11 Senhor. — Manda-me V. Ex.ª por ordem de Sua Magestade, que Deus guarde, avise ao Padre Frei Pedro do Amaral que esteja prompto para seguir sua viagem para Portugal pela desattenção que mostrou ao que devia como vassallo, obedecendo ao Patriarcha de Antiochia em prejuizo do Padroado Real; e sinto que não esteja em Goa o dito Padre, nem em parte proxima, donde eu podesse dar logo inteiro cumprimento ao que V. Ex.ª me ordena; por quanto este Religioso foi mandado pelo Prelado meu antecessor para as christandades de Timor, donde os Inquisidores desta Inquisição de Goa o fizeram seu Commissario; porém, na primeira occasião mandarei infallivelmente remetter para esta cidade ao dito Padre, e daqui fará viagem para Portugal na primeira occasião que se seguir. Deus guarde a V. Ex.ª muitos annos. Convento de S. Thomás em 8 de Outubro de 1709. — Fr. Diogo de Sampaio.

## Carta do Vice Rey a El-Rey

(Chronista de Tissuary.)

Senhor. — A Manuel André, Capitão da nau de viagem *Princeza dos Ceus*, que nesta presente monção vae para o Reino, recommendei o Padre Fr. Constantino do Espirito Santo, Provincial dos conventos do Patriarcha Santo Agostinho deste Estado, que na dita nau remetto para essa côrte á ordem de Vossa Magestade, que Deus guarde, para o dito Capitão o entregar a quem Vossa Magestade for servido; o que faço por ser este Prelado não só parcial do Cardeal de Tournon, mas por seguir em tudo os seus dictames contra o Real Padroado de Vossa Magestade, tão empenhadamente como he notorio; de que dou conta a Vossa Magestade em outra carta desta mesma monção, remettendo os constos de tudo o que digo, como me pareceu conveniente ao serviço de Vossa Magestade, que ordenará neste particular o que for muito servido. Deus guarde e prospere a Real pessoa de Vossa Magestade os felizes e ditosos annos que todos seus vassallos desejamos. Goa 29 de dezembro de 1709. (Rubrica do Vice Rey).

1710 Janeiro 11

Como Capitão que sou da nau *Princeza do Ceu*, que nesta presente monção faz viagem para o Reino, fico entregue do Padre Fr. Constantino do Espirito Santo, Provincial do convento do Patriarcha Santo Agostinho, para entregar em Lisboa á ordem de Sua Magestade, que Deus guarde; e por verdade passei este por mim assignado por duas vias. Goa 11 de Janeiro de 1710. — Manuel André dos Santos.

## Carta do Vice Rey da India a El-Rey, enviando o segundo relatorio do Capitão geral de Macau sobre as cousas do Patriarcha de Antiochia (Cardeal de Tournon)

(Chronista de Tissuary.)

1709 Dezembro 30 Senhor. — Não só pela relação inclusa, mas tambem pelas mais cartas, que com ella remetto a Vossa Magestade, escriptas pelo General de Macau Diogo de Pinho Teixeira, em que me dá conta dos escandalosos excessos, com que o Patriarcha de Antiochia, D. Carlos Thomás, hoje Cardeal de Tournon, continua em perseguil-o com as suas excommunhões, e em perturbar a paz e socego do povo daquella cidade, pelo refinadissimo odio que tem á nação portugueza, e a tudo o que respeita o nome do Real Padroado de Vossa Magestade, sem haver meio, modo, ou caminho, com que se repare a terrivel condição deste Prelado, porque os que elle busca são totalmente encaminhados a nossa ruina, e daquellas missões, que tão cuidadosamente plantaram os filhos da Companhia de Jesus, estabelecendo naquelle grande imperio a fé catholica romana á custa dos immensos trabalhos e perigos, que a todo mundo são manifestos, e perdendo muitos delles a vida por não deixarem de colher os saborosissimos frutos de tão santa seara, e sendo esta tão digna de eternos louvores, se vê hoje no ultimo precipicio apesar de nossas lagrimas, e geral sentimento das christandades desta Asia, que continuamente clamam justiça a Deus, e remedio a Vossa Magestade.

Entre as mais cartas, que me escreve o dito General de Macau, Diogo de Pinho Teixeira, he a de 31 de Dezembro do anno passado, em que me faz presente o empenho, com que o Padre Fr. João de Santa Rosa, Religioso de Santo Agostinho, tem seguido o partido do Patriarcha de Antiochia, Cardeal de Tournon, e dictames do Padre Fr. Constantino do Espirito Santo, hoje seu Provincial, como mais claramente se vê da carta mencionada; pelo que ordenou ao dito Padre se embarcasse para esta cidade na monção passada no barco do Capitão e Mestre Nicolau Fiumes, de que elle se escusou, como tambem da culpa de admittir os Religiosos estrangeiros no seu convento sem embargo das ordens, que se lhe haviam intimado deste governo; no que manifestamente se vê a rebeldia deste Religioso, e que em nada mostra a obrigação de vassallo de Vossa Magestade. O dito General cedeu da dita ordem, deixando-o ficar naquella cidade contra toda a razão, o que lhe tenho estranhado, valendo-se para isto da de ser este Religioso só naquelle convento, julgando por conveniente dissimular naquella monção o seu embarque, por não deixar deserto o dito convento, ajuntando a isto as mais razões insertas nesta sua carta, não desconhecendo as perturbações de que lhe havia de servir este Religioso, como tem experimentado. Depois de ter recebido esta carta, estando escrevendo para Macau no barco de que faço menção, sem embargo da grande doença que actualmente padecia, mandei pelo Secretario do Estado, o Desembargador João Rodrigues Machado, escrevesse a carta, de que remetto copia, ao Padre Provincial Fr. Constantino do Espirito Santo, dizendo-lhe nella era mui conveniente ao serviço de Vossa Magestade que elle mandasse naquella monção Religiosos da sua ordem para o convento da cidade de Macau, por se achar sem elles e o convento quasi deserto, e que estes fossem os mais fieis e leaes vassallos de Vossa Magestade, para que se não intromettessem nos particulares do Patriarcha de Antiochia, e que em tudo seguissem a jurisdição do Padroado Real com aquelle empenho, que pede materia de tanto porte; e que com pena de obediencia ordenasse ao Padre Fr. João de Santa Rosa se recolhesse logo para Goa em a primeira monção que se offerecesse, porque só assim ficaria evitando as grandes perturbações, que com a sua existencia naquella cidade causava ao povo della, e ao real serviço de Vossa Magestade; o que respondeu o dito Provincial consta da copia da sua carta, que vae inclusa nesta, de que bem se colhe o partido e opinião que segue, sem que pudessem bastar as

1709 Dezembro 30

1709 Dezembro 30 mais persuasões, que lhe mandei fazer para o reduzir a cumprir o que lhe havia ordenado. Sem embargo do que sahiu em 30 de Julho deste anno com hum papel de 25 proposições tão mal soantes e desordenadas, como da copia delle se vê, repartindo-o pelas Religiões desta cidade, e mandando-o ao Provincial da Companhia de Jesus, Vigario geral de S. Domingos, Provincial de S. Francisco, Capucha, em seu nome, e nos dos Vigarios da sua Religião, ao Reitor do Collegio, Preposito da casa Professa da mesma Companhia, e aos Guardiães dos Conventos, seguindo-se a mesma ordem nos Mestres; mas todos elles lho tornaram a remetter sem resposta, sendo os primeiros que o fizeram os Religiosos da Companhia de Jesus, e Dominicos, acção justamente digna de grande honra, que creio não deixará Vossa Magestade de lha fazer, porque assim o merece o seu procedimento.

Estas repetidas insolencias lhe dissimulei, por não executar os excessos que a ultima merecia, a fim de fugir das perturbações e escandalos que havia de causar nesta cidade o procedimento que devia ter com este Religioso, e com os mais que assignaram o dito papel; parecendo-me mais conveniente ao serviço de Vossa Magestade o socego deste povo, do que a promptidão do castigo, esperando que desse reino lhe viesse nestas naus o novo successor que esperava, para que com a sua chegada se me facilitasse o meu intento; mas como não succedesse assim, se me fez preciso remetter nesta nau para o reino ao dito Provincial Fr. Constantino do Espirito Santo, para nelle dar a Vossa Magestade a razão dos seus desacertos, e a que tem para ser tão parcialmente empenhado pelo Patriarcha, sem nenhuma lembrança de que he vassallo de Vossa Magestade, e da obrigação que tem de defender as regalias do Padroado Real; pelo que he certo, e sem nenhuma duvida, que se Vossa Magestade não fizer huma exemplar demonstração com este Religioso, e com a mesma Religião neste Estado, e os que assignaram o papel, não haverá no mesmo Estado Regular, ou Ecclesiastico, que deixe de seguir os dictames dos Legados Apostolicos contra os privilegios, liberdades, e isenções a Vossa Magestade concedidas pelos Summos Pontifices, em remuneração dos particularissimos serviços que Vossa Magestade tem feito á Igreja Catholica, não só neste Estado da India, mas em todas as mais partes do mundo, adonde o incançavel zelo e piedade de Vossa Magestade a transplantou tanto á custa da sua real fazenda como do sangue portuguez. 1709 Dezembro 30

Vossa Magestade ordenará o que for servido, porque sempre ha de ser com os acertos, que a sua generosa grandeza costuma. Deus guarde e prospere a Real pessoa de Vossa Magestade os felizes e ditosos annos que todos os seus vassallos desejamos. Goa 30 de Dezembro de 1709. (Rubrica do Vice Rey.)

---

## Resoluções juridicas das regalias dos Reys ácerca dos Legados do Papa [1]

(Chronista de Tissuary.)

Todos como catholicos veneramos, e reconhecemos a jurisdição do Summo Pontifice superior a tudo o humano, e immediatamente sujeita só a Christo Senhor nosso, de quem o mesmo Pontifice he Vigario, e cujos poderes espirituaes tem sobre todos os povos, republicas, principes, Reys, e Im- 1709

[1] Estas Resoluções juridicas, escriptas em Goa no anno de 1709, estavam em mão particular, e respondem cabalmente aos manifestos e argumentos, que então se publicavam, ou corriam ás occultas em defensão dos actos e jurisdicção do Patriarcha de Antiochia, Cardeal de Tournon.

Accresce que n'estas Resoluções se acha um importante documento, e é a carta d'El-Rey D. Pedro II ao Papa, reclamando contra a nomeação do Visitador Apostolico, e sua ida á India e China, sem lhe serem apresentadas as Bullas dos seus poderes. Esta carta é de 27 de março de 1702, e no mesmo dia escreveu El-Rey ao Visitador a carta seguinte: (está no volume 3.º, pag. 94).

Os successos do Cardeal de Tournon, que tando brado deram em seu tempo na Asia e na Europa, nunca chegaram ao conhecimento do publico illustrado, senão desfigurados pela mão dos parciaes do mesmo Cardeal.

1709 peradores christãos. Como, porém, as disposições do Summo Pontifice sejam, e devam ser rectissimas, e justissimas, se póde dizer que não póde Sua Santidade mandar o que he contra a justiça, contra a razão, e contra o direito natural; que este he o sentido, em que os Doutores dizem, que o que offende a razão he impossivel, *juxta text. in L. filius familias. ff. de cond. just. Vide Goffred. opusc. 2. ubi ait, Summum Pontificem posse solvere solvenda, ligare liganda, non tamen ligare solvenda.* Neste sentido, pois, he que procedem a resoluções infra escriptas.

### RESOLUÇÃO 1.ª

Os Reys christãos, especialmente El-Rey de Portugal nosso Senhor, tem a regalia de que as pessoas dos Legados do Papa (que ordinariamente são estrangeiros) sejam gratas a Sua Magestade, e se forem ingratas ou suspeitas, póde El-Rey oppor-se, e impedir a jurisdição dos taes Legados nos seus dominios, e conquista.

Consta esta regalia da carta, que El-Rey D. Pedro II escreveu á Santidade do Papa Clemente XI em 27 de Março de 1702, na qual lhe dizia: «Que devia esperar da paternal benevolencia de Sua Santidade que tomando Sua Santidade a resolução de mandar hum Prelado a visitar as terras do dominio, e conquista de Sua Magestade, que precisamente em razão do ministerio que se lhe encarregava, havia de exercitar jurisdição, não procedesse Sua Santidade á nomeação do Prelado para esse effeito, sem primeiro usar com Sua Magestade dos effeitos da sua attenção, mandando saber de Sua Magestade pela via, que fosse servido, se lhe seria grata a pessoa do tal Prelado, que queria nomear, como a Santa Sede costuma fazer nas nomeações dos Nuncios, em razão de haverem de exercitar a jurisdição». São as formaes palavras do extracto da mesma carta tirado da secretaria real em Lisboa.

E que sendo a pessoa do Nuncio, ou Legado, ingrata, ou suspeita aos Reys, possam elles oppor-se, e impedir-lhe a jurisdição, he doutrina commum dos Doutores. *Ita* Inocent. *in cap. super his n. 8 de accusationibus.* Abbas *in cap. 1. n. 9. et in cap. cum terra n. 2. et in cap. quod sic. n. 7. de electione, et in cap. ex parte n. 6. vers. quaeritur de testibus.* Hostiensis *in Summa, tit. de electione, § qui possit eligere, n. 5. vers. sed electione jam facta.* Joannes Andreas *in cap. Nobis 25. sub n. 12. de jure patronatus.* Joannes Selva *de beneficiis 2. part. quaest. finali. n. 65.* Palatius Rubius *in rubrica de donationib. inter virum et uxorem § Decretalis n. 29 et 30, ubi in proprio plura congessit.* Joan. Igneus *in L. Necessarios § non alias, n. 331. ff. ad Sillanianum.* Cassaneus *in catalogo gloriae mundi part. 5. consider. 2. vers. 194.* Covarruv. *in cap. quamvis pact. in 2. part. relectionis n. 5. in fine.* Carolus de Grassaliis. *de regalibus Franciae lib. 2. jure 3. circa finem.* Hyeronimus Gonzales *in regula 8 cancelariae glos. 4. n. 166.* Camillus Borelus *de praestantia Regis catholici cap. 50 n. 19.* Franciscus Salgado *de regia protectione 3. par. cap. 10. n. 24, et de supplicatione ad Sanctissimum 1. part. cap. 2. n. 50.* Gabriel Parexa *de universa instr. edit. tit. 2. resol. 2. n. 85.* Azevedo *in L. 14, tit. 3 recopil. n. 19 et 20.* 1709

RESOLUÇÃO 2.ª

Podem os Reys, e Principes seculares pedir aos Nuncios, e Legados do Papa que lhes mostrem as letras de sua legacia, e emquanto as não mostrarem, não ligam as censuras dos taes Legados.

*Ita communiter Doutores* Azerius, Antonius de Souza, Duardus Ocidanus, *quos citat, et sequitur* Martinus Bonacina *tom. 3. de censuris in Bulla coenae disp. 1. q. 14. punct. 2. n. 23.* Rota *decis. 15. de dolo, et contumacia.* Bellamera *decis. 110.* Ricardus *de probat. concl. 491.* Martha *de jurisdict. 2. p.ª cap. 31. n. 2 et 3. p.ª c. 35 n. 1 et 13.* Cephalus *cons. 236.* Bobadilla *in sua politica lib. 2. c. 18 n. 207.* Gambarus *de potest. Legati l. 1. § Qualiter Legatus se gerere debeat.* Hyeronimus Cevallos *Commun. contra commun. l. 4. q.ª 897. n. 338.* Craffis *1. p.ª L. 4. 18. n. 120.* Alterius *l. 5. disp. 12*

1709 *c. 3. col. 6 dub. 5. vers. quaeret quis: noster* Gabriel Pereira de Castro *de manu regia. 1. p.ª c. 7. infertur ex Clement. Injunctae § sane de electione inter communes, et colligitur ex Gloss. in C. Nobillissimus dist. 95.* Nicolaus Emericus *in direct. Inquisito. c. 1. ubi penna in vers. poterit.* Conradus Brunus *in tract. de Legato l. 1. c. 8.* E ainda que o Legado seja pessoa excelsa, tem obrigação de apresentar as Letras Apostolicas de sua legacia, *ut tradunt Innocen. in c. olim,* o primeiro *de privilegiis n. 4. in fin.* Felinus *in c. jure peritus in 6. vers. sed contra istam.* Jason *consil. 104. n. 2. l. 1.* Decius *in. L. unica, n. 17. c. de mandatis Principum,* Vantius *in tract. de nullitate tit. de nullit. sententiae ex defectu jurisdictionis ordinariae n. 17 plura congessit.* Greg. Lopes *in L. 23 tit. 9. p. 1. gloss. 1. ubi agit de Legato Cardinali. Quod autem Legatis de latere fides adhibenda non sit, nisi literae legationis sua ostenderint, late, et optime docet* Barbacia *tract. de legat. q. 1. n. 5.* Speculat. *in eodem tit. § Superest. Boer. n. 28.* Villadiego, *q. 6. n. 15 et seq.* Marc. Anton. Cuchus *lib. 2 maior. inst. 5. n. 50.* Joan. Solorzan. *de Indiar. jure tom. 2. lib. 4. c. 11. n. 22. dicens, hanc esse veriorem, et communiorem sententiam.*

RESOLUÇÃO 3.ª

Os Nuncios, e Legados mandados pelo Papa com jurisdição aos dominios del-Rey de Portugal, del-Rey catholico e del-Rey christianissimo (sendo, como são, estrangeiros) não exercitam jurisdição alguma, sem primeiro apresentarem a El-Rey as bullas dos poderes, que o Papa lhes concedeu, para se ver, e examinar se entre os poderes concedidos ha alguns, que prejudiquem aos privilegios reaes, e á paz, e quietação dos vassallos, e se interpôr sobre elles reverente supplica a Sua Santidade, ficando entretanto suspenso o exercicio da jurisdição do Legado, quanto aos taes poderes; e se algum Nuncio ou Legado não quizer apresentar as ditas bullas, póde El-Rey justa, e licitamente impedir-lhe o exercicio de toda a sua jurisdição, mandando que não seja o tal Legado reconhecido, nem obedecido nos seus dominios.

Esta resolução he do Doutor Feliciano de Oliva e Sousa (nosso Portuguez, Vigario geral que foi do arcebispado de Braga, Governador dos bispados de Lamego, e Vizeu, e fundador Prelado das Religiosas do Tojal) *in tract. de foro eccles. p. 1. q.*[e] *23. Est que communis Doctorum resolutio, quam tenent* Cavarru. *pratic. quaest. c. 35. n. 4.* Bobadilla *in politica lib.* 2. *c. 207. cas. 102.* Franciscus Salgado *de suplicat. ad Sanctissimum 1. p. c. 2. n. 51. et seq. et c. 9. n. 37.* Salcedo *in prax. criminal. c. 4. n. 19.* Marth. *de jurisdict. p. 2. c. 25. n. 1.* Hyeronimus de Cevallos. *Commun. contra commun. lib. 4. q. 897. n. 338.* Molina *de just. et jure tract. 5. tom. 6. disp. 9. n. 4. vers. quavis autem Legati.* Henrique *lib. 2. de Pontificia clave, c. 22. §. 3.* Gabriel Parexa *de universa inst. edit. tit. 2. resol. 2. per totam, qui in n. 4. ait, Nuntios Apostolicos tria instrumenta coram rege in ejus senatu semper produxisse, videlicet, Bullam unam, ex qua constat personae electio ad illud munus, et duas alias Bullas continentes omnes ipsius Nuntii facultates.* Aos quaes Doutores se devem acrescentar muitos outros, que defendem serem juridicas, e licitas as leis, e costumes dos Reinos de Portugal, Castella e França, de que não se executem as Bullas, ou Breves alguns do Papa, sem primeiro se apresentarem, verem, e examinarem no supremo senado real na dita fórma. *Ita noster* Gabriel Pereira de Castro *de manu regia. p. 1. in concord. Regis Petri I. et Joan. I. item in part. 2. c. 65. n. 2. et 30 in fine.* Guillesmus *in c. Raynutius, verb. et uxorem n. 454.* Grafis *in suis decisionibus aureis. p. 1. lib. 4. c. 18. n. 120 et 122.* Amadeus Aponte *in q.*[e] *laudemial. tit. quis sit judex in causa feudi.* Navarro *in manual. cap. 27. n. 70 vers. 2.* Hyeron. Gabr. *cons. 198. lib. 2, et cons. 182.* Burfat. *cons. 393. volum. 4.* Pacianus, *cons. 166. n. 49. et seq.* Lud. Gom. *in. tract. Brevium. n. 14 et 15.* Cenedus *in collect. 46, ad decretalia in fin. et q.*[e] *45. n. 9.* Azeved. *in L. 14. recop. n. 49.* Zerola *in prax. Episcop. verb. litterae, sect. de inhibit. c. 8. §. 3.* Flores de Mena *1. var. q.*[e] *12. n. 8. et 17; et q.*[e] *4. ex n. 40.* Gonzales *ad reg. 8 cancell. gloss. 52 n. 36. et 37.* Borel. *de prest. Reg. catholici c. 52. n. 8. et c. 71.* 1709

1709 Paz *in prax. tom. 2. praelud. 5. et ultim. ex n. 4. et 10. Cum aliis.* Stephan. Gratian. *discept. 191. tom. 1.* Monterros. *tract. de la chancellaria c. 1. cum seq.* Monte Alegre *in prax. lib. 1. c. 9. ex n. 115.* Barbos. *in remiss. ad Trident. sess. 24. c. 20 de reformat.* Malderus, Episcopus Antuerpiensis, *in 2a. 2ae. q.ᵉ 5. art. 10. dub. 8.* Rodrigues *in addit. ad § 9. Bullae cruciatae.* Banez *in 2. 2 q. 67, art. 1. dub. 2.* Hirerom. Ulamas *in struct. confess. p. 1. c. 7. § 19.* Joannes de la Cruz *de statu Relig. lib. 1. c. 6. art. 2. dub. 2. concl. 2. Vide etiam* Henriques *lib. 4. c. 12. n. 6. in Gloss. littera R.*

He porém necessario responder a dois argumentos, que se podem fazer contra a sobredita Resolução.

Argumento primeiro. Ainda que antigamente havia no Reino de Portugal lei e costume que não se publicassem, nem executassem, Bullas e Breves do Papa, sem primeiro El-Rey as mandar ver, e examinar, e executar na fórma dita, com tudo El-Rey D. João II renunciou essa regalia, como diz Resende na *Chronica* do mesmo Rey, c. 65; e he certo que depois do mesmo Rey D. João, para se livrarem de escrupulos, ommittiram os Reys seus successores esta regalia, como diz o nosso Feliciano de Oliva *de foro Ecclesiae 1. p. q. 22. n. 16. ex Castro de man. reg. 2. p. c. 65. n. 2;* e acrescenta o mesmo Oliva que a praxe dos tribunaes de Portugal não usam deste direito; logo he falso o que dissemos na nossa Resolução, que os Nuncios e Legados do Papa não exercitam jurisdição nos dominios de Portugal sem apresentarem as Bullas dos seus poderes, etc.

Respondo a este argumento, que a regalia, que El-Rey D. João II renunciou, e ommittiram os outros Reis seus successores, foi quanto ás Letras Apostolicas dos Legados particulares *ad lites,* que sempre são Portuguezes, e tambem quanto ás mais Letras Apostolicas de graça, ou de justiça, por escrupulos que tiveram em fazel-as apresentar, e examinar todas no tribunal real, e porque julgaram não era isso necessario. E de todas estas Letras Apostolicas he que sómente falla Oliva na dita q.ᵉ 22, como nella se póde ver.

Não renunciaram, porém, nem ommittiram os Reis de Portugal a dita regalia quanto ás Bullas dos poderes dos Nuncios, e Legados de Latere; porque em examinar estas na forma dita na nossa Resolução não ha escrupulo algum, como se póde ver no mesmo Oliva em a seguinte q.ª 23, *ubi specialiter agit de litteris legationis, et potestatis Nuntiorum, et Legatorum Sedis Apostolicae, et ait ita: Praedictae litterae potestatis, et legationis examinantur in tribunali Regio ad eundem Legatum monendum quibus in regno uti debeat dispensationibus, et commissionibus, ne quid fiat in Reipublicae dispendium; in quo nec exercetur aliqua jurisdictio, nec spiritualis offenditur, immo ei servitium impenditur, et cum Princeps teneatur bonum Reipublicae procurare, ut in praecedenti proxima quaestione diximus, jus habet ad praeveniendum malis publicis; nam cum Legati regulariter sint exteri, mores que regni non calleant, nec inconvenientium publicorum, quae ex usu, et exercitio potestatis in aliquibus casibus regno, reipublicae que oriri possent, experientiam habeant, nec in Romana Curia habeatur, congruum est, immo et necessarium, ut advertatur a Principe, et quod unusquisque de republica facere non potest, ne regimen perturbetur publicum, ipse nomine omnium subditorum, tamquam Reip. tutor, protector, atque defensor gerere valeat; sin autem Legatus litteras potestatis suae exhibere noluerit, suspectus quodammodo remanere videtur, et litterarum exercitium a Principe impediri de facto posse, puto, ut per Marth. de jurisdic. p. 2. c. 25. n. 1; est enim Resp. temporalis in se perfecta, et ad sui, rerumque suarum justam conservationem, defensionem que ea quae necessaria fuerint jure naturali facere potest.* E mais abaixo no n. 4. *ait ita: Hoc autem mihi unquam non placuit in delegatis particularibus ad lites, esset enim intolerabile, in magnam diminutionem spiritualis potestatis, Ecclesiae que authoritatis, si omnes Delegati ad lites cogerentur litteras Principi, seu ejus tribunali exhibere, immo regimen utriusque reipublicae deturbaretur, ut in praecedenti quaestione consideravimus, et ideo nunquam in praxi receptum vidi.* 1709

Consta tambem a dita praxe de serem apresentadas, e exa-

1709 minadas no Reino de Portugal as Bullas dos poderes dos Nuncios, e Legados Apostolicos de outros Auctores que absolutamente dizem que assim se pratica nos Reinos de Hespanha, hum dos quaes he o Reino de Portugal; e Covarruv. acima citado diz, que assim se pratica, não só *apud Hispanos*, senão tambem *apud Gallos, plerasque christiani nominis gentes*. Mas para que he valernos dos testemunhos dos Doutores quando a praxe desta regalia de Portugal nos consta certissimamente da carta acima referida, que o nosso Serenissimo Rey D. Pedro II escreveu a Sua Santidade em 27 de Março de 1702, na qual continuava Sua Magestade dizendo: «Que havendo esse Prelado (*id est*, o Visitador e Legado, de que fallava) de exercitar jurisdição em seus dominios, devia esperar da benevolencia e justiça de Sua Santidade que elle não partisse, sem que Sua Santidade se dignasse participar a Sua Magestade os poderes, que levava para a visita, para que pudesse saber se havia nelles cousa contra os direitos da sua Corôa, e quietação dos seus dominios, e vassallos, para que havendo-a, possa representar a Sua Santidade a offensa do seu padroado, e da sua regalia, e os prejuizos, que disso podiam resultar; para que Sua Santidade se sirva de mandar ao dito Prelado, ou qualquer outro, que fosse a essa diligencia, não use delles, pois lho assegura o paternal animo de Sua Santidade, e os seus rectissimos, e sanctissimos dictames. E podia Sua Santidade estar certo do zêlo de Sua Magestade, e da sua obediencia, que em tudo o que não offendesse o seu direito, e o socego dos seus vassallos (cuja defeza, e protecção foi Deus servido entregar-lhe) os não impugnaria, antes com todo o devido esforço procuraria a execução delles; sem que não seria facil ao dito Prelado conseguir o intento a que dirigia a sua jornada; que ficava em huma segura confiança de que Sua Santidade assentiria benignamente a seus justificados rogos, e lhe mandaria deferir». Consta tambem a mesma regalia certissimamente das ordens, que o Serenissimo Rey D. João V nosso Senhor, neste anno 1709 mandou a esta India, para que o dito Legado não exercite jurisdição nem seja obedecido neste Estado; mandando que sejam remetti-

dos como criminosos a Portugal os Religiosos, que tinham 1709
obedecido ao mesmo Legado.

Argumento segundo. Ainda que os Principes seculares possam pedir aos Nuncios, e Legados do Papa as suas Bullas, para as reconhecerem, e examinarem, como diz Bonacina *tom. 3. de censuris in Bulla Coenae disput. 1. q.ᵉ 14. punct. 2. n. 24,* com tudo não podem impedir, nem retardar a execução das mesmas Bullas; e impedindo-a incorrem nas censuras da Bulla da Cea, como affirmam Antonio de Sousa, Reginaldo, Alterio, e Duardo, aos quaes cita, e segue o mesmo Bonacina, *ibidem n. 25.* Respondo 1.º, que estes Doutores não fallam no caso, em que a execução das Bullas se retarda, ou impede com justa causa, recorrendo ao Summo Pontifice, e proseguindo legitimamente o recurso, como consta que actualmente faz El-Rey nosso Senhor, mandando a isso a Roma hum seu Embaixador extraordinario, porque neste caso he certissimo que não se incorrem as censuras da Bulla da Cea, como consta do § 15 da mesma Bulla *ibi: nisi supplicationes hujusmodi coram nobis, et Sede Apostolica legitime prosequantur. Ita idem* Bonacina *dict. disput. 1. q.ᵉ 15. punct. 4. §. 2. n. 1.* Emanuel Rodrigues *in Summa 1. p. c. 156, n. 8. et addit. ad Bullam Cruciatam §. 9. n. 87. et seq.* Villalobos *in Summa tract. 17. difficult. 21. a n. 2.* Corduba *in Summa q.ᵉ 35.* Soares *in tract. de censuris tom. 5. disput. 21 n. 65. et 76.* Navarrus *in manuali latino c. 27 n. 69 et 70.* Vivaldus *in explicat. Bullae Coenae n. 109.* Vega. *in Summa 1. p. verb. de communion. c. 85. cas. 18.* Symancas *de catholicis instit. tit. 45. n. 54.* Cenedus *in quaestion. canonicis q.ᵉ 45. n. 11.* Duardus *in explicat. §. 14. Bullae Coenae, q.ᵉ 10 per tot.* Respondo 2.º *ex doctrina Olivae supra relati,* que quando o Nuncio ou Legado estrangeiro não quer apresentar as Bullas dos seus poderes a El-Rey ou a seus ministros, para serem vistas e examinadas, fica por isso mesmo suspeito, e póde El-Rey, como protector, e defensor da republica, *ad avertendum malum ipsius Reip.* impedir-lhe a jurisdição *per viam facti, et defensionis naturalis cum moderamine inculpatae tutelae,* nos quaes casos não ligam as

1709 censuras da Bulla da Cea, como diremos abaixo na Resolução 5.ª *in fine.*

### RESOLUÇÃO 4.ª

Tem os Reys de Portugal privilegio da Sede Apostolica, para que nenhum Bispo, Arcebispo, Patriarcha, Nuncio, Legado de latere, e Cardeal, venha, e se intrometta de modo algum nos imperios, reinos, provincias, e terras desta India Oriental da conquista dos mesmos Reis de Portugal *acquisitas, et acquirendas, inventas, et inveniendas, detectas, et detegendas,* sem terem para isso expresso beneplacito de Sua Magestade.

Consta este privilegio da Bulla de Nicolau V, que foi o primeiro que o concedeu, a qual começa: *Romanus Pontifex regni coelestis,* dada *sexto Idus Januarii anno 1454, Pontificatus sui anno 8.º;* e consta tambem das Bullas de cinco Summos Pontifices seus successores, que pelas mesmas palavras confirmaram e, alguns delles ampliaram o mesmo privilegio, *scilicet:* Calixto III na Bulla, que começa, *Inter caetera, quae nobis,* dada *Idus Martii anno 1456, Pontificatus sui anno 1.º:* Xisto IV, na Bulla, que começa, *Æterni Regis clementia,* dada *undecimo Kalendas Julii anno 1481, Pontificatus sui anno decimo:* Innocencio VIII, em outra Bulla dada *pridie Idus septembris anno 1484:* Alexandre VI em outra, dada *quarto Kalendas Maii anno 1493:* e ultimamente Leão X na Bulla, que começa, *Praecelsae devotionis,* dada *tertio Non. Novembris anno 1514, Pontificatus sui anno secundo.*

As palavras da dita bulla de Nicolau V, que fazem ao nosso intento, são as seguintes: «*Motu proprio, non ad ipsorum Alfonsi Regis, et Infantis, vel alterius pro eis nobis super hoc oblatae petitionis instantiam, maturaque prius desuper deliberatione praehabita auctoritate Apostolica, et ex certa scientia, de Apostolicae potestatis plenitudine... jam acquisita, et quae in posterum acquiri contigerit Provincias, Insulas, portus, Loca, et Maria quaecumque, quotcumque, et qualiacumque fuerint, ipsamque conquestam a Capitibus de* Bojador, *et* Naon *praedictis Alfonso Regi, et successoribus suis Regibus dictorum regnorum, ac Infanti praefatis perpetuo donamus, concedimus, et apropriamus per praesentes... Ipsique Alfonsus Rex, successores, et Infans in jam acquisitis, et per eum acquirendis provinciis, Insulis, ac Locis, quascumque Ecclesias, Monasteria, et alia pia loca fundare, ac fundari, et construi; nec non quascumque voluntarias personas ecclesiasticas saeculares, et quorumvis etiam Mendicantium Ordinum Regulares, tamen de Superiorum suorum licentia ad illa transmittere; ipsae que personae inibi etiam, quoad vixerint commorari, ac quorumcumque in dictis partibus existentium, vel accedentium confessiones aud ire, illis que auditis in omnibus, praeterquam Sedi praedictae reservatis casibus, debitam absolutionem impendere, ac poenitentiam salutarem injungere; necnon Ecclesiastica Sacramenta ministrare valeant, libere, et licite decernimus; ipsis que Alfonso, et successoribus suis Regibus Portugaliae, qui erunt in posterum, et Infanti praefato, concedimus, et indulgemus. Ac universos et singulos Christi fideles ecclesiasticos, saeculares, et ordinum quorumque Regulares, ubilibet per orbem constitutos, cujuscumque status, gradus, ordinis, conditionis, vel praeeminentiae fuerint, etiam si Archiepiscopali, Episcopali... seu alia quacumque maiori ecclesiastica, vel mundana dignitate praefulgeant, obsecramus in Domino, et per aspersionem sanguinis Domini nostri Iesu Christi, cujus, ut praemittitur, res agitur, exhortamur, eis que in remissionem suorum peccaminum injungimus, necnon hoc perpetuo prohibitionis edicto districtius inhibemus ne... absque speciali ipsius Alfonsi Regis, et successorum suorum, et Infantis licentia... de Provinciis, Insulis, Portibus, Maribus, et Locis, seu aliquibus eorum, aut de conquesta hujusmodi se intromittere... quoquomodo praesumant. Qui vero contrarium fecerint... excommunicationis sententiam incurrant; si communitas, vel universitas civitatis, castri, villae, seu loci, ipsa civitas, castrum, villa, seu locus interdicto subjaceant eo ipso, nec contrafacientes ipsi, vel aliqui eorum ab excommunicationis sententia absolvantur, nec interdicti hujusmodi relaxationem Apostolicam vel alia quavis auctoritate obtinere possint, nisi ipsis Alfonso, et* 1709

1709 *successoribus suis, ac Infanti prius pro praemissis congrue satisfecerint, aut desuper amicabiliter concordaverint eum eisdem.»*

Notem-se aquellas palavras: *cujuscumque praeeminentiae, etiam si Archiepiscopali, seu alia quacumque maiori ecclesiastica dignitate;* as quaes comprehendem aos Patriarchas, Legados de latere, e Cardeaes, que são os de maior dignidade, que os Arcebispos. E assim o privilegio, que o Papa Nicolau V neste particular concedeu por esta Bulla aos Reys de Portugal, vem a ser, que sem seu especial beneplacito ou licença, *absque speciali ipsius Alfonsi, et successorum suorum licentia,* nenhum Bispo, Arcebispo, ou algum outro de qualquer outra maior dignidade, que vem a ser, Patriarcha, Nuncio, Legado de latere, ou Cardeal, se intrometta de modo algum em alguma das Provincias, Ilhas, Portos, Mares, ou em alguma outra parte da conquista doada, e concedida aos mesmos Reys: *ne de provinciis, Insulis, Portibus, Maribus, et locis, seu aliquibus eorum, aut de conquesta hujusmodi se intromittere quoquomodo praesumant;* a qual conquista não sómente consistia nas Provincias, Ilhas, Portos e Lugares até então acquiridos; mas consistia tambem nos Lugares, Portos, Ilhas, e Provincias, que depois daquelle tempo se fossem sempre acquirindo, quaesquer, e quantos quer que fossem, porque de todos tinha o mesmo Papa Nicolau V antecedentemente na mesma Bulla feito doação aos mesmos Reis, *ibi: tam acquisita, et quae in posterum acquiri contigerit, Provincias, Insulas, Portus, Loca, et Maria quaecumque, quotcumque, et qualiacumque fuerint, ipsam que conquestam a capitibus de* Bojador, *et* Naon, *praedicto Alfonso, et successoribus suis Regibus dictorum regnorum perpetuo donamus, concedimus, et apropriamus.*

E por estas mesmas palavras confirmaram este privilegio todos os Summos Pontifices acima referidos; e especialmente Leão X, na sua Bulla, *Praeselsae devotionis,* depois de referir *verbo ad verbum* a sobredita Bulla de Nicolau V, confirmou, e ampliou o mesmo privilegio, e a todos os mais nella concedidos para todos os imperios, reinos, provincias, e terras já

achadas, e descobertas pelos Portuguezes, e para todas as 1709
outras, que por elles novamente se achassem, e descobrissem; as suas palavras são as seguintes: «*Nos igitur, qui ejusdem Emanuellis Regis, fidei augmentum, et propagationem jugiter procurantis, commoda, et utilitates supremis desideriis affectamus, motu proprio, non ad ipsius Emanuellis Regis, vel alicujus alterius pro eo nobis super hoc oblatae petitionis instantiam, sed de nostra mera deliberatione, et ex certa nostra scientia, ac de Apostolicae potestatis plenitudine, omnes, et singulas litteras praedictas* (que eram a dita Bulla de Nicolau V, e as duas em que Calixto III, e Xisto IV, a confirmaram) *ac omnia, et singula in eis contenta, et inde secuta quaecumque rata, et grata habentes, auctoritate Apostolica, tenore praesentium approbamus, et innovamus, ac confirmamus supplentes omnes, et singulos defectus, tam juris, quam facti, si qui forsan intervenerint in eisdem, ac perpetuae firmitatis robur obtinere debere decernimus. Et pro potiori cautela, omnia, et singula in eisdem litteris contenta, ac quaecumque alia Imperia, regna, principatus, Ducatus, Provincias, Terras, Civitates, Oppida, Castra, Dominia, Insulas, Portus, Maria, Littora... per eundem Emanuelem Regem, et praedecessores suos a dictis infidelibus etiam solitaria quaecumque recuperata, detecta, inventa, et acquisita, ac per ipsum Emanuelem Regem et successores suos in posterum recuperanda, acquirenda, detegenda, et invenienda, tam a capitibus de* Bojador, *et de* Naon, *usque ad Indos, quam etiam ubicumque, et in quibuscumque partibus, etiam nostris temporibus forsan ignotis, eisdem authoritate, et tenore de novo concedimus, litteras que supradictas, ac omnia, et singula in illis contenta, ad praemissa etiam extendimus, et ampliamus.*» E por virtude destas ultimas palavras, *Litteras que supradictas* etc. he que ficou ampliado o sobredito privilegio conteudo nas ditas Bullas de Nicolau V, Calixto III, e Xisto IV, aos imperios, reinos, etc., *detectos, et detegendos, inventos, et inveniendos.*

O qual privilegio, de que nenhuma pessoa ecclesiastica, ainda que seja Bispo, Arcebispo, Patriarcha, Nuncio, Legado

1709 de latere, e Cardeal, se intrometta de modo algum nos imperios, reinos, provincias, e terras da conquista dos Reys de Portugal, sem seu especial beneplacito, não foi até agora revogado pela Sede Apostolica, porque ainda que Paulo V, em huma Bulla sua, dada no anno de 1608, e Urbano VIII em outra sua, dada no anno de 1633, concederam a todas as familias regulares, que podessem livremente passar á India Oriental, sem virem por Portugal; e ainda que Alexandre VII, nos annos 1659 e 1660, em tres Bullas suas, e no anno de 1664 em outras duas; Clemente IX, no anno de 1669 em tres bullas suas; e Clemente X, no anno de 1673, em huma sua bulla, concederam que viessem ás ditas terras da conquista de Portugal varios Bispos, Vigarios Apostolicos e Missionarios; comtudo nenhum de todos estes Summos Pontifices em nenhuma das ditas bullas fez especial menção do dito privilegio, concedido por Nicolau V, e pelos mais sobreditos Papas antigos aos Reys de Portugal, como era necessario para a revogação delle, conforme a communissima doutrina *quam tradunt* Lambert. *de jur. patronat. lib.* 2. *p.* 3. *q.*[e] 9, *art.* 11. Garcia *de benef.* 5. *p. c.* 1. *n.* 219. Barbos. *de potest. Episcop. p.* 1. *tit.* 1. *c.* 3. *n.* 3. Palat. Rubeus *in tract. de benef. vacant. in Curia* §. 11. *V. efficatius.* Azor. *inst. moral. p.* 2. *lib.* 6. *c.* 23. *q.*[e] 3. Lessius *de just. lib.* 2. *c.* 34. *dub.* 9. *n.* 36. Amedin. *de stilo datariae lib.* 10. *c.* 15. E muito mais sendo privilegios reaes (qual he o de que tratamos), aos quaes nunca se extendem as derogações geraes, como affirmam todos os Doutores *Ita* Felinus *in tract. Quando litterae Apostolicae noceant; ampliat* Lambert. *de jur. patron. lib.* 2. *p.* 3. *q.*[e] 9. *art* 11. Cevallos *pratic. commun. c.* 36. *n.* 1. *et* 4. Jamm. Paris, *de resig. benef. lib.* 2. *q.*[e] 4. *n.* 47. Calist. Ramirez *de lege regia* §. 27. *n.* 18. Borel. *de praestant. Regis catholici, c.* 51, *et* 52. Alfar. *de offic. fiscal. gloss.* 2. *n.* 19. *et eleganter* Hyeron. Gonzalez *in reg.* 8. *Cancel. gloss.* 24. *n.* 159, *et gloss.* 18. *n.* 95. *cum seq.* Episcopus Pacens. *in. c.* 4. *de judiciis n.* 19. *et* Illustriss. Bracharensis *in notis ad. C. cum longe, dist.* 53. *pag.* 568.

Acrescenta-se a isto, que o dito privilegio concedido por

Nicolau V, confirmado por tantos outros Papas, e ampliado 1709
por Leão X, he remuneratorio dos grandes, e admiraveis serviços, que os Reys de Portugal fizeram á Igreja e Fé Catholica, como consta das Bullas dos mesmos Papas acima citadas, e especialmente da de Nicolau V, *Romanus Pontifex regni coelestis*, e da Leão X, *Praecelsae devotionis*. E he certo que os privilegios remuneratorios são irrevogaveis; como affirmam *communiter os Doutores*. Roderic. Suarez, *alleg. 9.* Mohec. *decis, 6. n. 2. de privil.* Roland. *cons. 76. n. 13. et seq. vol. 2. et cons. 13 a n. 21. vol. 3.* Valasc. *cons. 72. n. 5. et cons. 20. n. 9.* Molin. *de primog. lib. 4. c. 3. an. 18.* Aloys. Ricc. *p. 4. colect. 862.* Camill. Borrell. *de praestant. Regis cathol. c. 53. n. 6. cum seq.* Suares *de legib. L. 8. c. 37. n. 4. et 10.* Pereg. *de jur. fisci. lib. 1. tit. 3. n. 18.* Santarell. *var. resol. lib. 1. q.e 17. n. 3.* Bursat, *cons. 16. n. 44; talia enim privilegia ex causa meritorum concessa revocari nequeunt, etiam de plenitudine potestatis:* Aret. *in cap. novit. de judic. n. 78. ubi* Felinus *n. 1.* Afflict. *decis. 128. n. 10.* Tiraq. *L. si rem quam, verb. Donation. largitus n. 11. cod. de revocand. donat. vide* Solorzan. *de jur. Indiar. tom. 2. lib. 2. c. 27. a n. 58. usque ad 67,* aonde doutamente trata desta irrevogabilidade; e ainda diz, que por causa justa se poderão os privilegios remuneratorios tambem revogar; comtudo adverte que neste caso se devem compensar os privilegios, que se revogam. *Vide etiam nostrum* Dominic. Antunes Portugal. *in tract. de donat. Reg. tom. 1. lib. 2. c. 2. a n. 18 usque ad 24. ubi loquitur de jur. quaesito, quale est istud, de quo loquimur, ibique plures etiam Doutores citat.* Não havendo pois até agora, nem causa justa, nem justa compensação, se segue que não revogaram até agora os Papas, nem podiam revogar o tal privilegio real, no qual os nossos Serenissimos Reis estiveram em pacifica posse por espaço de 200 annos; porque ainda que o Santo Xavier veio á India com poderes de Legado do Papa, foi com especial beneplacito, e licença del-Rey D. João III; e ainda que haverá quarenta annos a esta parte se perturbou esta posse pelos missionarios, e Vigarios Apostolicos, que come-

1709 çou a mandar á India Alexandre VII, comtudo sempre os Reys de Portugal se oppozeram, e reclamaram contra esta offensa da sua regalia, e privilegio Real.

Com que *jure optimo* o Papa Alexandre VIII, nas suas Bullas dadas no anno 1690, erigindo na China os dois novos bispados de Pekim, e Nankim, e provendo-os, e a todos os mais de Bispos nomeados pelo Serenissimo Rey D. Pedro II, declarou que em nada se tinha até então derogado ao jus de Sua Magestade. E ainda que depois Innocencio XII, successor do mesmo Alexandre VIII, no anno de 1696 desmembrou dos ditos dois novos Bispados muitas provincias da China, que elles comprehendiam, e mandou para ellas Bispos, Vigarios Apostolicos, declarando que era só emquanto nas mesmas provincias desmembradas se não erigiam novas cathedraes, e se proviam de Bispos ordinarios nomeados por El-Rey de Portugal, e parece que por esta disposição ficou em parte revogado ou suspenso o dito privilegio real, concedido por Nicolau V, e ampliado por Leão X; comtudo he certo que a revogação ou suspensão não teve os requisitos necessarios para ser valida; porque foi feita sem consentimento de El-Rey, sem haver para isso justa causa, e sem se fazer a devida compensação. A intenção do Papa Innocencio XII foi boa, e santa; porém, as informações dos Missionarios Apostolicos não foram sinceras, e verdadeiras; persuadiram estes a Sua Santidade que se mandasse á China hum grande numero de Vigarios Apostolicos, toda ou quasi toda ella se converteria; e esta persuasão foi a causa daquella revogação ou suspensão; porém, os effeitos, e a experiencia de mais de dez annos tem já mostrado que Sua Santidade foi muito mal informado neste particular, porque nem a China estava ainda capaz de tanta multidão e variedade de Prelados, nem esta variedade e multidão podia deixar de occasionar a ruina daquella missão.

Dado, porém, e não concedido que a tal revogação, ou suspensão do dito privilegio, e jus da corôa de Portugal fosse *re ipsa* justa, e valida; o que daqui se segue he que poderão os Bispos, Arcebispos, Patriarchas, Nuncios, Legados de latere e Cardeaes intrometer-se nas taes provincias desmembradas, sem terem beneplacito del-Rey de Portugal; não se segue, porém, que sem este real beneplacito podem intrometter-se nas outras provincias da China, nem nos outros imperios, reinos, provincias, cidades, etc., de toda a India oriental, porque sendo, como he, certo que Innocencio XII, sómente desmembrou as ditas provincias da mesma China, e tudo o mais deixou intacto, tambem he certo que só para as taes provincias desmembradas, e não para as outras, nem para todo o mais podia ficar o dito privilegio revogado, ou suspenso. Veja-se a Bulla desta desmembração de Innocencio XII, e della constará com evidencia tudo isto. 1709

Dirá alguem, que sendo este privilegio excessivo, e immenso, se devem restringir as palavras da Bulla de Nicolau V, *etiam si Archiepiscopali, seu alia quacumque maiori ecclesiastica dignitate praefulgeant*, de sorte que não comprehendam aos Nuncios, e Legados de latere. Respondo que o dito privilegio não he excessivo, e immenso; porque costumando a Sede Apostolica não mandar Nuncios, e Legados de latere aos dominios dos Reis Christãos, sem beneplacito dos mesmos Reis, não he muito que concedesse isto mesmo por privilegio aos Reys de Portugal nas terras conquistadas, e que ampliasse este mesmo privilegio para todas as outras terras detectas e detegendas pelos mesmos Reys. Respondo 2.°, que ainda que o tal privilegio pareça excessivo e immenso, muito mais excessivos, e immensos são na realidade os serviços, e merecimentos dos Reys de Portugal no descobrimento, e conquista da India, e muito mais na introducção, e dilatação da fé por tantos reinos, imperios, e terras á custa de immensas despezas de sua real fazenda, e de huma tão innumeravel multidão de vidas de seus vassallos. Ao que se acrescenta que nenhuns privilegios concedidos, e doados em remuneração dos serviços, se devem reputar immensos: *ita* Menoch. *cons. 333. n. 77. e 76. vol. 4.* Cesar de Graffis *decis. 2. de donat. n. 18.* Mantica *de tacit. et ambig. convent. lib. 13. tit. 15. n. 16.* Stephanus Grat. *tom. 2 disp. c. 368. n. 13.* Tiberi. Deci. *cons. 25. vol. 1.* Valenzuela *cons. 82.*

1709 *fere per tot.* Burgos de Paz. *cons. 25. ex n. 16.* Joan. Garcia *de nobilit. gloss. 1. § 1. n. 14. et fol. 41. n. 41.* Andre Canonh. *in aphor. polit. pag. 778.* Ægidius Bened. *in L. ex hoc jure ff. de just. et jure 1. tom. c. 10. n. 68.* Mag. Marquez *in gubernat. Christ. lib. 2. c. 3.* Bobad. *in polit. lib. 1. c. 3. n. 81. c. 6. n. 27.*

Respondo 3.°, que este privilegio, como consta das palavras da Bulla de Nicolau V, acima referidas, foi concedido *motu proprio, et caet.; privilegium autem Motu proprio concessum late est interpretandum in praejuditium concedentis. Ita* Simonet. *in tract. de reservat. q.*e *5. n. 20, et 21.* Bellam. *de permut. benef. p. 3. q.*e *1. in fin.* Barbos. *de clausulis usu frequentiori, claus. 79. n. 26. ubi plures alios refert.* Sendo pois a Sede Apostolica sómente a prejudicada pelo dito privilegio, que ella concedeu, se segue que em seu prejuizo se hade interpretar amplamente o mesmo privilegio, e não se hade restringir. Respondo 4.°, que sendo o dito privilegio concedido por aquellas palavras *alia quacumque,* não se póde restringir, porque, *quando adest dictio, quacumque alia, non patitur restrictionem. Ita* Gozadin. *cons. 1. n. 19.* Cardin. Fusch. *pratic. concl. tom. 2. Lit. D. concl. 353 n. 6.* Barbos. *in tract. de diction. usu frequent. dist. 318. n. 17.*

E se alguem instar, dizendo que as ditas palavras da Bulla, ou Constituição de Nicolau V são geraes, e nellas se não exprimem os Cardeaes, os quaes não se incluem nas Constituições geraes dos Papas, quando nellas se não faz especifica menção delles; *ut cum multis docet* Barbos. *de jur. eccles. univers. lib. 1. c. 4. n. 54.* e que daqui se segue que se os Nuncios, e Legados de latere forem Cardeaes podem vir, e intrometter-se nas terras desta conquista sem beneplacito del-Rey de Portugal, e sem encontrarem o dito privilegio de Sua Magestade; Respondo 1.°, que essa preeminencia de não se incluirem os Cardeaes nas Constituições geraes foi concedida por Paulo V quanto ás Constituições geraes *in posterum edendas; ita idem* Barbos. *ibidem ex* Lotter. *de re benefic. lib. 1. q. 8.;* mas não quanto ás Constituições geraes *jam editas usque ad illud tempus.* E o mesmo he nas disposi-

ções geraes concedidas por privilegio particular; porque 1709
ainda que alguns Doutores dizem que nellas se não comprehendem os Cardeaes, se não se exprimem, fallam das disposições feitas depois que Paulo V concedeu isso aos mesmos Cardeaes na fórma dita, *id est, quoad privilegia in posterum concedenda, et non quoad jam concessa.* Sendo pois a dita Bulla, ou Constituição de Nicolau V feita, e sendo o dito privilegio, nella conteudo, concedido aos Reys de Portugal mais de 150 annos antes do Pontificado de Paulo V, e sendo o mesmo privilegio ampliado por Leão X, mais de 90 annos antes do mesmo Paulo V, se segue que na tal Constituição, e no tal privilegio se comprehendem tambem os Cardeaes, ainda que não fossem nelle expressamente nomeados, mas só incluidos naquellas palavras, *seu alia quacumque maiori ecclesiastica dignitate praefulgeant.*

Respondo 2.º, que as Constituições geraes, em que conforme a opinião de alguns Doutores se não comprehendem os Cardeaes, são sómente aquellas, que não tem a clausula, *cujuscumque status, conditionis, et dignitatis sint;* porque as que tem esta clausula he certo que comprehendem tambem os Cardeaes, como adverte Azor, *inst. moral. lib. 1. q. 5. ibi. unde, ut comprehendantur (id est, Cardinales) solet addi Clerici beneficiarii cujuscumque status, conditionis, et dignitatis sint.* Tendo pois a dita Bulla, e Constituição de Nicolau V a clausula, *seu alia quacumque maiori dignitate praefulgeant,* he certo que nella se comprehendem tambem os Cardeaes.

### RESOLUÇÃO 5.ª

Se depois de algum Nuncio, ou Legado de latere Cardeal, ser admittido, e obedecido, constar certamente a El-Rey que o tal Legado Cardeal he inimigo da nação, ou procurou a ruina de alguma cidade, justa, e licitamente póde, e deve Sua Magestade, não judicialmente, como se tivesse jurisdição espiritual, mas como Rey, protector, e defensor de seus vassallos, impedir dahi por diante o exercicio da jurisdição do tal Legado Cardeal com a moderação da defeza natural inculpavel, porém, com efficacia, até se conseguir o effeito.

1709 Esta resolução se deduz da doutrina commum dos Doutores. Porque primeiramente he certo *apud omnes*, que huma das principaes obrigações dos Reys he defender os vassallos das oppressões, e violencias, *juxta textum in cap. Filii 16. q. 7. cap. Principes, cap. Administratores, 23. q. 5; cap. Christianis, cap. Petimus 11. q. 1.; cap. Quidam Monachi, cap. Prohibitum 16. q. 1.; cap. Non licuit dist. 17; cap. Maximianus 23. q. 3.; cap. Boni principis 96. dist. et juxta S. Hyeronimum relatum in cap. Regum 23. q. 5. ibi: Regum proprium est facere judicium, atque justitiam, et liberare de manu calumniantium vi oppressos, et juxta S. August. epist. 50, S. Isidorum lib. 3. Sententiarum cap. 53. tradit que Concil. Parisiens. 1 sub. Ludovico p. 2. cap. 2. et 3.* E assim póde, e deve El-Rey defender os seus vassallos das oppressões, e violencias, que lhes fizer qualquer pessoa, não sómente secular senão tambem ecclesiastica de qualquer qualidade, que seja. *Ita* Covarr. *pract. q. cap. 35. n. 3.* Afflict. *decis. 24. n. 6.* Olibanus *de jure fisci cap. 3. n. 47. et n. 34.* Cevallos *de cognit. per viam violent. in proaemio c. 10. et in prologo a n. 38.* Salzed. *in prax. criminal. cap. 101.* Bobad. *cap. 18. n. 141.* Thesaurus *d. 82.* Rodericus *de reddit. lib. 1. cap. 17.* Perez. *leg. 6. tit. 3. fol. 718. n. 69.* Gutierres *de jurament. confirmat. 1. p. n. 26.* Humada *in L. 13. tit. 13. part. 2. gloss. 4.* Cenedo *in decretal. collect. 4., et 17.* Barbos. *in. L. Titia, n. 48.* Pacian. *cons. 169. a n. 23.* Morla *in emp. 1. p. tit. 2. q. 14, per tot.* Petr. Greg. *lib. 13. de rep. c. 1.* Callist. Remirez *de leg. Reg. §. 20. a n. 80.* Sayr. *de censur. lib. 2. c. 18.* Sesse *de in. hib. c. 8. §. 3. n. 98.* Castald. *de Imperat. q. 110. privil. 36.* Cors. *de potest. reg. n. q. 81.* Avend. *de exequend. mand. l. 6. c. 6. n. 12.* Ruiz. *de an. red. cap. 17. n. 27.* Franc. *decis. 491 n. 4.* Guillel. *in c. Rayn. verb. et uxorem decis. 2. n. 159; et 246.* Giurb. *c. 49. n. 16.* Greg. *Leg. 57. gloss. 2. lib. 6. p. 1.* Garcia *de nobilit. gloss. 9. n. 33.* Henric. *in Summ. lib. 14. c. 12. et lib. 19. c. 3. noster* Gabriel Pereira de Castro *de man. reg. 1. p. fere per tot. noster* Felicianus de Oliva *de foro eccles. 1. p. q. 15. a n. 12. noster* Emanuel Themudo *2. p.*

*decis. 106. n. 15.* Joan. Solorzàn. *de jur. Indiar. tom. 2. lib.* 1709
*4. c. 3. n. 36. et plures alii.*

E esta obrigação, que os Reys tem de defender, e livrar aos vassallos das oppressões, e violencias, he ainda muito maior, quando a oppressão ou violencia se faz, não a algum só vassallo em particular, mas a toda huma cidade, ou a toda a republica; porque são especialmente obrigados os Reys a não permittir que os seus povos, e republicas padeçam damno ou detrimento, *argument. text. in L. Divus Marcus ad fin. ff. de offic. Praesidis, L. si duo §. minuere, L. Plures §. nimium ff. de excusat. tutor. L. qui solidum etiam ff. de legatis 2.° L. final. in princ. cod. de administrat. tutor. L. penult. cod. de annona lib. 11. L. si quos cod. de offic. Praesid.* E ainda que todos os governadores das cidades, e povos, tem obrigação de procurar o bem, e de livrar, e defender do mal aos subditos; comtudo esta obrigação he muito mais apertada nos Reys, e Principes, *ut plura testantur jura, et videri possunt L. 1. cod. de mand. L. Imperialis cod. de nupt. L. 3. ff. de offic. Praesid. c. 1. de offic. Delegati, et S. August. de Civit. Dei lib. 19. c. 14.*

Alem disto he certo que huma das maiores violencias, oppressões, e males de qualquer cidade, povo, e republica, he a de ter por seu prelado a hum seu capital inimigo, constando com certeza, e sendo notorio que elle intentou a ruina da mesma cidade, e se declarou por inimigo da nação; porque isto vem a ser o mesmo que *habere lupum pro pastore, homicidam pro medico, dissipatorem pro custode, inimicum pro judice, tiranum pro defensore:* (são palavras de Stacia *de re judicat. gloss. 1. q. 1. n. 250. circa finem). Colligitur id ipsum ex text. in cap. quod suspecti. 3. q. ibi: quodammodo naturale est suspectorum judicum insidias declinare, et inimicorum judicium semper velle refugere; nam quid gratius, et amabilius dare quis inimico potest, quam si ei ad impetendum commiserit, quem laedere forte voluerit.* E se isto he de qualquer inimigo, que será daquelle, que na realidade intentou a ruina da cidade, e se declarou inimigo da nação?

1709 Sendo pois certo que El-Rey tem estreita obrigação de defender, e livrar a republica, povo, e cidade das violencias, oppressões, e males; e sendo certo que huma das maiores violencias, oppressões, e males de qualquer republica, povo e cidade he a de ter por seu prelado hum seu capital, e notorio inimigo; segue-se por legitima consequencia, que não só póde, mas deve El-Rey impedir a jurisdição do tal Prelado na fórma dita na nossa resolução.

Nem contra a mesma nossa resolução obsta: 1.° por ser o tal Prelado Legado de latere, e Cardeal; porque nestes casos da defeza natural, *maxime* da republica, não só dos Cardeaes Legados, senão tambem dos mesmos Summos Pontifices (se por possivel, ou impossivel lhe fizer notoria oppressão, e violencia contra o direito natural) a póde, e deve El-Rey defender, guardando porém sempre o devido respeito, e a moderação da defeza natural inculpavel. *Ita* Felicianus de Oliva *de foro eccles. p. 1. q. 22. n. 7.* dizendo que todas as vezes, que o mandado Apostolico notoriamente redunda contra o bem da republica, se póde resistir ao Summo Pontifice de facto por via da defeza natural inculpavel, ainda depois de estar o Summo Pontifice informado, e tornar a repetir o mesmo mandado, se he que o tal mandado se não póde de alguma sorte cohonestar; porque sendo a republica temporal, assim como a espiritual, perfeita, *et sibi sufficiens;* póde licitamente *vim vi repellere;* e o mesmo póde, e deve El-Rey. *Vide etiam eundem* Felician. de Oliva *dict. p. 1. q. 15. a n. 14. Idem docent* Molin. *de just. et jur. disp. 29. concl. 3. vers. interrogabit aliquis.* Victoria *de potest. eccles. relect. q. 5. n. 13. vers. Ratio est omnium.* Simanchas *de cathol. tit. 45. de poen. a n. 44.* Caetanus *in opusc. de potest. Papae, c. 27.* Perez *in L. 5. tit. 1. L. 2. Ordin. Castill. in L. 49 Tauri, n. 3; noster* Castro *de man. reg. c. 7. n. 1.* Sempre porém, se entende que a defeza hade ser *cum moderamine inculpatae tutelae,* como diz a nossa resolução.

Nem obsta segundo a opinião de alguns theologos (Suar. de Angel. *error. lib. 4. c. 34. n. 30, et 32.* Bonac. *tom. 3. de censur. in Bulla Coenae disp. 1. q. 15. p. 4. §. 4. n. 10*

*vers. Respond. 3.°)* que julgam ser muito difficultoso o caso, 1709
em que concorram todos os requisitos necessarios para El-Rey licitamente repulsar as violencias dos ecclesiasticos; porque a isto se responde, que todos estes requisitos concorrem no caso conteudo na nossa resolução; que he, quando El-Rey defende, não a hum só seu vassallo, mas a toda huma sua cidade, ou republica: quando certamente consta a Sua Magestade que o Legado Cardeal he inimigo da nação, ou da cidade, cuja ruina procurou; quando a violencia, e oppressão, que o legado Cardeal faz em querer exercitar jurisdição na tal cidade, he tambem certa, e notoria; e quando El-Rey no tal caso não procede judicialmente por tela judiciaria, e sentença juridica, mas sómente *per viam facti cum moderatione inculpatae tutelae.* E sendo tudo isso assim; he certo que neste caso concorrem todos os requisitos, que os theologos mais escrupulosos apontam para ser licita a dita defeza natural, e não se encorrer nas censuras da Bulla da Cea; a qual he certo que não comprehende este caso. *Ita* Oliva. *dict. p. 1. q. 16. n. 36. ibi. «Respondetur enim, Bullam praedictam (id est, Coenae) hunc casum non comprehendere; in quo agitur de auferenda, seu impedienda violentia, nec potuisse videtur Pontifex, ea, quae de jure naturali competunt, auferre; ita respondet Cevallos de cognit. per viam violent. gloss. 6. n. 43. ubi late: nam sicut non potuit auferre particularibus jus se, et proximum defendendi, sic idem jus Principibus tollere non valuit. Unde recursus (id est, ad Regem) de quo agimus, qui continet jus naturale, non potest per aliquod statutum, seu legem tolli, ut per Marth. de jurisdict. p. 4. cas. 56. n. 7.»* Até aqui as formaes palavras de Oliva.

A doutrina desta 5.ª resolução se póde applicar tambem ás terras de toda esta conquista, que não são do dominio del-Rey de Portugal, se a oppressão, e violencia se fizer aos vassallos de Sua Magestade, que nellas assistem; ainda que não sejam vassallos naturaes, basta o estarem nellas com expresso beneplacito del-Rey, e debaixo de sua real protecção.

## Condições com que Babú Dessay é admittido á amisade do Estado

(Arch. da India, livro 1.º de Pazes, fol. 266.)

1712 Abril 7 O Ex.mo Senhor Vice Rey promette admittir á amisade do Estado a Babu Dessay, das terras de Curaly[1], permittindo-lhe a paz que pede arrependido do erro que commetteu em tomar armas contra o Estado, a cujo abrigo viveram sempre todos os seus antepassados, como criaturas suas, e se obriga a cumprir todas as condições abaixo declaradas, para o que obriga todas as suas vargeas, que estão debaixo de nossa artilharia das fortalezas de Corjuem, Panelem, e Naroá.

1. Primeiramente que não bulirá com as terras de Fonddá[2], pelo Estado ter mettido de posse dellas ao Rey de Sunda.

2. Que aos Dessays vassallos do Estado lhes deixará possuir tudo o que lhes pertencer, e possuiam, por ser justo que o Estado lhes patrocine, e defenda, não consentindo que lhes usurpem o que lhes toca, e possuiam em tempo do Mogor, ou Sivagy.

3. Que aos mercadores das terras do Estado, que passarem pelas que obdecem a Babu Dessay, se lhes não fará nellas hostilidade alguma, nem se lhes levará mais direito, ou juncão que aquelle que sempre foi estylo pagar-se, e na mesma fórma se usará com as embarcações mercantes, que forem a seus portos, e nelles se lhes fará toda a boa passagem.

4. Que com os Arabios, por serem inimigos do Estado, não terá Babú Dessay genero algum de commercio em seus portos, e no caso que consinta nelles alguma embarcação dos Arabios, ou alguma em que elles venham, poderão as embarcações portuguezas licitamente tiral-as, ou queimal-as, sem por isso quebrantar a paz que promette.

5. Que os Portuguezes, que passarem para as suas terras

[1] Curaly e Cuddale é a mesma cousa na pronunciação dos naturaes.
[2] O mesmo que Pondá.

sem licença do Ex.[me] Senhor Vice Rey, os mandará logo impedir não passem por ellas, e os represará, avisando ao General das terras de Bardez, para que mandando-lhe seguro do Ex.[mo] Senhor Vice Rey, os mande logo entregar ao dito General. 1712 Abril 7

6. Que a gente de Babú Dessay não tornará a fazer furto, ou roubo algum aos vassallos do Estado, e fazendo pelo contrario, satisfará pelo maior preço tudo quanto os prejudicados declararem por seus juramentos, e havendo morte, ou feridas, nas taes occasiões, entregará os executores dos taes maleficios para nas terras do Estado se lhes dar o castigo merecido.

7. Que mandará logo restituir todos os cafres e cafras, e mais captivos de nossas terras, que estiverem nas que domina Babú Dessay, e não consentirá passem por ellas, mandando-os logo prender, e entregar ao General das terras de Bardez, para se entregarem a seus donos.

8. Que não pretenderá ter direito algum nas Ilhas de Panelem e Corjuem, e seus annexos, de que o Estado está de posse, não só com justo titulo de as haver tomado, quando se fez preciso ao Estado castigar ao Qhema Saunto, mas por serem em parte pertenças das terras de Bardez deste Estado, a quem o Rey Mogor tinha feito doação dellas.

9. Que mandará dez mil xerafins para se reedificar a igreja de Revorá, e casas do parocho, para a satisfação do custo que se fez em reedificar a dita igreja.

10. Que mandará dois cavallos arabios de feudo ao Estado em cada anno, e não os tendo, pagará de cada hum quinhentos xerafins em reconhecimento da mercê que o Ex.[mo] Senhor Vice Rey lhefaz de o admittir á protecção do Estado, debaixo do qual viveram todos os seus antepassados, e proximamente Qhema Saunto[1]; bem assim na provincia de Satari, cujo tributo que elle cobrava em tres mil rupias por anno, pertencerá ao Magestoso Estado.

[1] As palavras que se seguem até ao fim do capitulo são accrescentadas por letra mais moderna.

1712 Abril 7 (Segue-se a aceitação de Babú Dessay escripta em maratha, sellada com dois sellos seus; e vertida em portuguez quer dizer):

Aceito os onze capitulos[1] das condições acima, e me obrigo a guardal-os; fiando da protecção do Estado me valerá nas occasiões que eu necessitar, com a mesma correspondencia que eu merecer.

Ao 1.º do mez chamado Rabilla Vall da era chamada Suhurssana Josane Assar Miyá Alafa, que vem a ser 7 de abril de 1712.

---

## Carta de El-Rey ao Vice Rey da India, sobre a paz com a França

(Arch. da India, livro das Monções n.º 80, fol. 116.)

1714 Março 12 Vice Rey, e Capitão geral da India, amigo. Eu ElRey vos envio muito saudar. Por estar confirmada, e ratificada a paz, que celebrei com ElRey Christianissimo, e ser esta nova de grande gosto, e justo que como tal se festeje, a mandei publicar neste Reino a quatro de julho do anno passado na forma que vereis da copia inclusa[2], e á Camara dessa cidade ordeno faça o mesmo, o que vos mando participar para que na noite do dia da publicação mandeis fazer salvas nas fortalezas desse Estado, remetendo-vos o tratado da paz impresso, para que na forma que nelle se acha estipulado o façaes observar[3].

Escripta em Lisboa a 12 de março de 1714.—REY.— Para o Vice Rey e Capitão geral do Estado da India.

[1] Os capitulos são propriamente dez, mas contando o preambulo fazem onze.

[2] Não está no livro, nem apparece no archivo este papel.

[3] Não apparece o exemplar do tratado. Está porém na *Collecção dos Tratados*, tom. 2.º pag. 242.

## Resposta do Vice Rey

(Arch. da India, livro das Monções, n.º 80, fol. 116.)

Senhor.—A paz ratificada com ElRey Christianissimo mandei publicar, como Vossa Magestade me ordena, não só em Goa, mas em todas as mais partes da jurisdição deste Estado, e he certo que as demonstrações de contentamento foram mui iguaes ás uteis consequencias que se consideram em esta nova amisade. 1715 Janeiro 2

Deus guarde a muito alta e muito poderosa pessoa de Vossa Magestade felicissimos annos. Goa 2 de janeiro de 1715. (Rubrica do Vice Rey.)

---

## Capitulações de pazes com o Rey de Sunda

(Arch. da India, livro 1.º de Pazes, fol. 281.)

1.º e 2.º Ha dois annos que o Padre de Sinvessara está sem casa para morar por impedimento dos quiladares, e parapategares, que com nome, e auctoridade do Rey não só se tem opposto á fabrica da casa, mas tambem espancaram os moços e begarins, que conduziam alguma madeira para a obra, e tem roubado a dita madeira, a qual se ha de logo entregar, e ha de ElRey de Sunda deixar fabricar aos Padres casas de telhas para a sua habitação com licença ampla para poderem conduzir madeira, pedra, e outros materiaes sem impedimento algum, e não sómente em Sinvessara e Ancolá, aonde os Padres commummente residem, mas tambem em algumas outras aldeias, onde ha numero de christãos, poderão fabricar alguma casinha para terem agasalho decente, quando andam correndo a missão, com condição que as taes casas se não fabricarão junto das fortalezas, donde por sua causa possam as ditas fortalezas receber algum prejuizo por 1714

1714 causa de guerra, ou tão fortes que dellas possa o inimigo valer-se para a guerra.

3.° De qualquer doação da terra que o Rey fizer para a fabrica destas casas, como tambem do chão de Sinvessara e Ancolá, que tem dado aos Padres para a sua residencia, ha de passar testemunho escripto, para que não succeda dizer ao depois que furtaram a terra, e lance fóra os Padres della, como proximamente intentaram os ministros de Sinvessara pelo mesmo titulo, para o que proporão os mesmos Padres os logares, em que hão de fabricar, e concedida a licença por ElRey, ficará inalteravel a posse das ditas casas.

4.° E porque se tem alterado as capitulações, que se fizeram com o Rey de Sunda sobre os juncões, deve novamente ordenar que se não paguem estes pela pessoa e fato dos Padres, quando vão e vem por aquelles caminhos, e da mesma maneira os moços dos Padres.

5.° Nenhuma mulher christã, que fique sem filhos por morte de seu marido, se poderá tomar por captiva, visto se não usar esta crueldade com as viuvas gentias, nem ainda as moiras, e da mesma maneira se entenderá isto com as christãs solteiras que ficarem prenhes.

6.° Nenhuma christã poderá ficar captiva, nem seus filhos, por divida de seus maridos, como se pratica no reino do Canará, e porque isso mesmo se possa fazer sem o menor prejuizo dos gentios, poderá o Rey de Sunda ordenar que nenhum vassallo seu faça emprestimo aos christãos sem beneplacito dos Padres, e consto por escripto da quantia da divida que lhe concederem, e que allegando divida sem este consto, será havida por falsa, e supposta; e constando dever o christão por esta forma, e não pagando no tempo determinado, será obrigado a servir ao acredor, não como captivo, senão como servo, o tempo que se taxar por cada pagode da divida, porém as dividas dos maridos de nenhum modo se estenderão ás mulheres, e filhos menores até a idade de quinze annos para captiveiros, ou serviço pessoal, e só se obrigará a que pague de seus bens, tendo-os, e se não, ficará livre, e o tempo que hão de servir os devedores arbitrarão os Padres racionalmente, como juizes que são dos seus christãos, fazendo primeiro compôr todas as dividas que até este tempo estão contrahidas, para esta condição se poder observar para o diante sem embaraço; e da mesma sorte poderão os acredores executar nos bens que ficarem por morte de seus devedores, para o que não haverá impedimento por parte dos Padres. 1714

7.° Todos os christãos arrenegados que estiverem feitos gentios, e adorarem pagodes, e as mulheres christãs grandes e pequenas feitas bailadeiras dos mesmos pagodes, permittirá o Rey de Sunda que os Padres possam puxar por todos estes, e mettel-os outra vez na casta, sem ninguem se poder oppôr nesta materia aos Padres.

8.° Para bom governo, e conservação d'aquella christandade, que toda consta de gente furagida, que vae buscar liberdade de consciencia, hão de os Padres Missionarios ter jurisdicção, e força coactiva sobre todos os christãos, sendo seus juizes privativos em todas as suas causas, podendo prendel-os, e castigal-os na mesma fórma que se faz em todo o reino do Canará, excepto nos casos de lesa magestade, e homicidios, com tanto que nestes sejam primeiro os ditos Padres informados, e certificados da qualidade do delicto juridicamente, e conhecendo serem verdadeiros, deixarão conhecer delles aos Ministros do Rey de Sunda.

9.° Serão advertidos todos os Quiladares das fortalezas, para que não obrem cousa alguma que possa perturbar a amizade, como o fez o Quiladar do Cabo da Rama, que o anno passado represou huma embarcação de Chaul, e agora ha poucos mezes se fez o mesmo com outra que vinha de Baçaym para esta terra com algumas drogas, a qual embarcação se ha de restituir logo com tudo o que vinha nella, e todas as vezes que alguma embarcação der nas ditas terras, havendo duvida que he do Estado, avisarão ao governo para se logo restituir, sendo reconhecida por tal; e toda a embarcação do contrato poderá vir livremente para as nossas terras.

10.° O Dessay de Caroar Bapugi Ráo se lhe ha de resti-

1714 tuir a sua familia toda, e a tença annual do seu Desseado, por haverem os seus ascendentes servido a este Estado, o qual Dessay poderá assistir em Pondá com a mesma liberdade de vir ás terras do Estado, que tem os Sar Dessaes, ficando totalmente perdoado, e do ajuste que se fizer da sua tença, se lhe passará papel áparte.

11.º Na materia dos juncões se não ha de alterar nem innovar cousa alguma, assim com os vassallos deste Estado, como com os mais que vierem fazer negocio a elle.

12.º Que o Bispo de Propaganda, que se acha em Caroar, ha de sair logo daquella terra, e de nenhuma sorte se consentirá Missionarios, nem outros quaesquer Padres nas terras delRey de Sunda, sem apresentarem algum consto do Vice Rey que governar este Estado; e por quanto o Bispo assiste na feitoria ingleza, donde haverá difficuldade tiral-o por violencia, o não consentirá El-Rey nas suas terras, e exterminará de seu reino.

13.º Todo portuguez, que for para as terras delRey de Sunda, se mandará restituir logo ao Capitão, que estiver em Conculim, com condição que se lhe não fará damno algum, por haver fugido, nem por outro qualquer crime que o obrigasse a esse excesso, e da mesma sorte se mandarão restituir todos os captivos, e da parte do Estado se terá a mesma attenção com o dito Rey.

14.º Nas tenças e pertenças dos Sar Dessaes das terras de Pondá se não moverão duvidas, como ordinariamente costumam, antes serão pagos, e satisfeitos pontualmente de tudo o que se lhes dever, decididas as duvidas e contas antigas, para o que tomarão dois louvados, da parte delRey Annagi Pandito, e da parte dos Sar Dessaes, Rama Sinay, e decididas as duvidas, havendo repugnancia da parte do Governador de Pondá, terão os Sar Dessaes licença para cobrarem as suas tenças, e pertenças por si.

15.º Que para evitar confusão e requerimentos, que continuamente accrescem na materia dos Sar Dessaiados entre os mesmos co-herdeiros, sem embargo do ajuste feito por ordem do governo deste Estado, mandará o Rey de Sunda

guardar o dito ajuste, declarando ao Governador e Capitães 1714
das terras de Pondá que sómente se devem reconhecer por Sar Dessaes aquelles que se acham nomeados no termo que Rama Chandra Pandito, Ministro do dito Rey, fez perante o General de Salcete, pertencendo a cada hum delles cobrar a sua tença e pertenças, ou a seus successores que direitamente ficarem de posse dos Sar Dessaiados sem minima objecção, ou embaraço, porque havendo algum por parte dos ditos co-herdeiros, só ao governo d'este Estado pertence mandar deferir, visto serem vassallos delle.

(Sêllo do Rey de Sunda.)

### Condições por parte do Estado

1. Que as condições antigas, que se acham feitas a favor delRey de Sunda, se guardarão inviolavelmente, e o Estado o soccorrerá dando-lhe toda ajuda e favor em ordem de defender as suas terras de qualquer invasão do Bounçoló, quando sem licença do governo delle queira fazer hostilidades em suas terras, visto o dito Bounçoló ser feudatario do Estado.

2. Que a fortaleza do Cabo da Rama, e suas jurisdicções, a que chamam Qhollagaddu, que ElRey de Sunda possue ha tempos, poderá lograr o dito Rey como cousa sua livre sem o menor obstaculo e embargo por parte do Estado.

3. Que nenhuma pessoa mandará cortar arvores nas terras de Pondá, e outras da jurisdicção do dito Rey, nem os salgueiros que cobrem os vallados, e os que defendem as varzeas salgadas, sem licença do Governador, ou outro Capitão das ditas terras, a que tocar, nem fazer absoluto algum, e a pessoa que o fizer poderão mandar prender, e remetter presa a Goa para o Ex.$^{mo}$ Senhor Vice Rey castigar como merecer o caso.

4. Que nas terras de Pondá quer ter hum agente seu ou Embaixador de sua parte para todas as vezes que tiver negocios, com promptidão poder acudir a elles, ficando este, seus lascarins, e serventes isentos de pagar lagimas, e outros

1714 bazarucos, que os rendeiros lhes levam nos passos e fortalezas das Ilhas de Goa, Salcete, e Bardez, não lhes podendo pôr impedimento juntamente todas as vezes que quizerem passar por elles, conforme o que já está concedido em outros capitulos.

5. Que os passageiros, e barqueiros pagarão as lagimas que sempre vieram pagando nas passagens de Durbatta, e Marqueu, das fazendas sómente, do mesmo modo que fizeram a abinicio a esta parte, podendo os rendeiros das ditas passagens vigiar a dita jurisdicção por alem banda do rio na sua almadia, como se fez sempre.

6. Que na materia dos contratos e mantimentos se observará reciprocamente a mesma liberdade sem impedimento da parte com licença franca para que nos passos e fortalezas das Ilhas de Goa e Salcete não ponham duvida alguma.

7. Que sendo ordinario nos Dessaes fazerem algumas revoluções nas suas terras, e com pretexto de alguma offensa pedem a protecção do Estado; esta se lhes não dará daqui por diante, exceptuando desta condição os que até agora serviram a este Estado, entre os quaes se deve contar tambem Bapogi Ráo, e seus sobrinhos, e mais familia com aquella tença, que se lhes tem determinado pela posse que já tem adequirido da protecção, e só se entenderá com os adventicios que daqui por diante se quizerem valer della; e no caso que algum Dessay com semelhante pretexto de novo se recolha nas terras do Estado, e faça hostilidades nas delRey de Sunda, não consentirá o dito Estado, antes o mandará lançar fóra das suas terras.

8. Que os Sar Dessaes das terras de Pondá serão pagos das suas tenças e pertenças conforme o que está assentado pontualmente, com tanto que elles não poderão aveixar os vassallos das ditas terras, como o fazem continuamente, passando contra elles rocós[1], e outras exorbitancias, e para que possam viver os ditos vassallos em paz e quietação, serão advertidos os ditos Sar Dessaes para que em caso que obrem

[1] «Rocó», ordem por escripto.

contra esta disposição, serem punidos como parecer ao Ex.mo Senhor Vice Rey. 1714

(Com o sêllo do Rey de Sunda.)

*N. B.*— Estas capitulações, posto que authenticadas com sêllo do Rey de Sunda, não tem data, nem mais assignatura alguma; são porém do anno de 1714, como se vê do capitulo de uma carta do Vice Rey Vasco Fernandes Cesar de Menezes a Sua Magestade, datada de Goa a 17 de Janeiro de 1714 (Livro das Monções, n.º 79, fol. 254), que diz:

«O Rey de Sunda, parecendo-lhe que o nosso soffrimento havia de tolerar sempre as suas desattenções, depois de varias advertencias minhas, permittio que o Bispo da Propaganda existisse em as suas terras, obrando nellas tão escandalosamente, que não só estava ordenando por dinheiro aos Canarins d'estas Ilhas, criminosos e mal procedidos, mas erigio de hum pagode dos gentios huma igreja para os catholicos, com grande sentimento dos que verdadeiramente o são, e não sendo a distancia, em que se achava este Bispo, mais de tres legoas, offendia o Padroado Real de Vossa Magestade em exercitar a occupação, a que o precisava a sua conveniencia. Este motivo, e o permittir continuamente o Rey de Sunda que os nossos soldados desertassem pelas suas terras, me fez resolver a entrar-lhe nellas, fazendo-lhe algumas hostilidades, e surprendendo-lhe a fortaleza de Sirodá, que demoli logo, sem mais perda que de cinco soldados feridos; e por não experimentar maiores damnos, tratou de propôr alguns concertos, os quaes não foram admittidos sem primeiro pagar quarenta mil pardáos, respeitando a despeza que o Vice Rey Caetano de Mello de Castro fez com a conquista de Pondá; e fica o seu Embaixador em Goa ajustando estas desconfianças. E se nos achassemos com meios para obrar desta sorte com os Principes da Asia, he certo nos teriam aquella veneração e respeito, que os Portuguezes lograram nella antigamente.» 1714 Janeiro 17

Já no anno antecedente dava o Vice Rey conta a Sua Magestade do que fizera ácerca do mesmo Bispo da Propaganda, em carta de 3 de Janeiro de 1713 (Livro das Monções, n.º 78, fol. 104) dizendo:

1713 Janeiro 3 «Senhor.—Tendo noticia que nas terras delRey de Sunda mais visinhas a esta cidade se achava Fr. Mauricio de Santa Thereza, Religioso Carmelita, intitulado Bispo da Propaganda, obrando na fórma que não só servia de escandalo, mas em grande prejuizo aos privilegios do Padroado Real, me resolvi escrever-lhe dizendo se servisse de sahir logo das ditas terras, porque a jurisdicção do Primaz da India se estendia a maior distancia; o que resultou desta insinuação foi fazer elle a sua Diocese em hum Pagode, donde ordenou quantos Canarins havia reprovados, facinorosos, e mal procedidos, aceitando de cada hum delles dois venezianos. Confesso a Vossa Magestade que estive resoluto mandal-o buscar, e remettel-o á presença de Vossa Magestade, o que não era difficultoso; mas considerando poderia metter a Vossa Magestade em novo duello com o Pontifice[1], suspendi a minha resolução; mas mandei dizer a ElRey de Sunda que tivesse entendido que ou havia de conservar amisade com o Estado, que tanto lhe convinha, ou mandar sahir logo de suas terras a Fr. Mauricio de Santa Thereza, o que executou tão promptamente que logo o fez pôr a caminho.

«Tambem me parece pôr na real presença de Vossa Magestade a representação que o Padre Procurador do Malavar me fez, não só para que Vossa Magestade ponha o remedio possivel nestas desordens, mas para que acabe de conhecer as perturbações que causam os Missionarios e Prelados da Propaganda.

«Deos guarde a muito alta, e muito poderosa pessoa de Vossa Magestade felicissimos annos. Goa 3 de janeiro de 1713.»

1 «Novo duello», diz o Vice Rey, alludindo ao outro, em que já se lidava com grande calor, sobre as acções do Cardeal de Tournon na India e na China.

## Documentos relativos ao Sunda ao tempo d'estas capitulações

### Carta do Vice Rey, Vasco Fernandes Cesar de Menezes, a Dom Fr. Mauricio de Santa Thereza, Bispo de Estanacio

(Arch. da India, livro dos Reis vizinhos, n.º 7, fol. 69.)

Recebi a carta de V. S.ª escripta de Pondá, a que não fiz 171
logo resposta, porque me disse o portador que se dilatava Outubro
nesta côrte: agradeço a V. S.ª a attenção com que me faz 7
mercê, e he certo que procurarei dar gosto a V. S.ª em tudo o que não fôr contra as ordens de Sua Magestade, que Deos guarde.

Não posso persuadir-me a que o Senhor Dom Rodrigo da Costa obrasse acção, ou resolvesse cousa que não fosse mui attenta a tudo o que toca a Sua Santidade, principalmente sendo vassallo de hum Principe tão catholico, como he El-Rey de Portugal, meu senhor; e se V. S.ª ponderasse este negocio como merece a gravidade delle, he certo faria uma grande differença do que suppõe ao que se executa, porque o querermos que se conserve os privilegios concedidos aos senhores Reys de Portugal, e a seu Real Padroado, está mui longe de ser desobdiencia ao Pontifice, a quem venerâmos, e reconhecemos por cabeça da Igreja; e nesta certeza não estranhe V. S.ª que eu lhe diga que não posso, nem hei de consentir que V. S.ª assista em parte que seja da jurisdicção deste Estado[1], pois não veio a elle por Portugal na fórma que devem vir os Missionarios Apostolicos; e para se obviarem as desordens que succede de chegarem a Roma noticias tão alheias da verdade, como são as que tem hido por alguns Religiosos da Propaganda, bom seria que V. S.ª informasse a Sua Santidade sem paixão, pois sabe muito bem que se

[1] Esta «jurisdicção», a que allude o Vice Rey, he a do padroado ecclesiastico, comprehendida nas bullas dos Papas, que o concedem e confirmam; e não significa sómente jurisdicção ou dominio politico.

1712 Outubro 7 não obrou até agora cousa que fosse contra o respeito, nem contra a veneração com os Ministros de Sua Santidade.

A religião catholica está tão estabelecida nos dominios da Corôa de Portugal, que não temo que os infieis e inimigos da christandade me arguam, nem aos meus successores, e assim não tem V. S.ª que lhe dar cuidado nada que pertence a esta materia, principalmente confessando V. S.ª que teve a honra de servir a ElRey, que Deus guarde, no emprego de capellão de huma das fragatas deste Estado, donde se fazem os cultos a Deos como catholicos, e não como gentios.

Ao Senhor Arcebispo Primaz não fallo no que V. S.ª me pede, porque encontra a sua regalia, e as ordens que ha de Sua Magestade. Se com minha pessoa podér dar gosto a V. S.ª farei com muito prompta vontade. Deos guarde a V. S.ª Goa 7 de outubro de 1712. Servidor de V. S.ª—Vasco Fernandes Cezar de Menezes.

1714 O documento de que falla a ultima parte da carta do Vice Rey a Sua Magestade, por dar noticia do estado das missões da India, e especialmente tocar na celeberrima questão dos ritos malabares, pareceo-nos digno de ser aqui incorporado, posto que não pertença á materia principal. O auctor da memoria, o Padre Joseph Pinheiro, então Procurador da provincia (da Companhia de Jesus) do Malavar, foi depois Bispo de S. Thomé de Meliapôr.

Diz assim o documento:

«Ex.mo Sr.—A V. Ex.ª representa o Padre Joseph Pinheiro, da Companhia de Jesus, Procurador da provincia do Malavar, o estado em que actualmente se acham as missões daquella provincia, a fim de se lhe applicar o remedio conveniente á sua conservação, e para que se não vejam frustrados os suores, trabalhos, e ainda martyrios de tantos varões insignes, que cultivaram aquella vinha do Senhor, hoje tão attribulada pelas inquietações dos sujeitos da Propaganda, como reduzida ao ultimo perigo pela confirmação pontificia do decreto do Senhor Tournon.

«A tres classes se reduz a christandade, que cultivam os filhos da provincia do Malavar. A primeira he dos christãos de S. Thomé; a segunda dos Paravás, Mucuás, e outras castas nas costas da Pescaria, Travancor, e Malavar; a terceira dos Neofitos nas missões de Madurey e Nemam. A cristandade de S. Thomé com o seu Arcebispo de Cranganor, D. João Ribeiro, ha quasi nove annos que se vê sempre fluctuando em hum laberinto de dissensões, causadas em parte, e fomentadas em todo pelo principal motor dos Religiosos Carmelitas Descalços Italianos, Fr. Innocencio de Santo Onofre, o qual vendo confirmada pelo Pontifice a nomeação de Sua Magestade o Serenissimo Senhor D. Pedro II de gloriosa memoria, em o Padre João Ribeiro para Arcebispo de Cranganor, procurou por via dos Hollandezes, dos quaes era familiar, e dos Regulos gentios, com quem tinha entrada, e dos christãos de S. Thomé, que seguiam a parcialidade carmelitana, impedir o governo, e administração ao Senhor D. João Ribeiro; não obstante porém as cavillações, e enganos de Fr. Innocencio, foi Deus servido que a verdade se viesse a saber, e a innocencia se defendesse, e assim foram admittidos os Padres da Companhia ao trato familiar dos Hollandezes em Cochim, e aberto este caminho, ficou admittido o Senhor Arcebispo de Cranganor, o qual se avistou com o Commendador Barant Ketel, e delle foi recebido com as maiores demonstrações de cortezia e agrado, que jámais se podiam considerar. Com os Regulos Malavares se seguio tambem a amizade, a qual até aquelle tempo era occulta por receio mais das cavillações, e enredos de Fr. Innocencio, do que por receio dos Hollandezes. 1714

«Vendo Fr. Innocencio, que já não subsistia o seu fundamento, por estarem amigos os Hollandezes, para o fim que intentava de que o Prelado Portuguez, e muito menos Jesuita, governasse sem contradicção a christandade de S. Thomé, admittio hum scismatico Siriaco, indo fallar com elle, publicando pela serra do Malavar que era verdadeiro Bispo, conduzindo-o a Verapole, onde moram os Carmelitas, emprestando-lhe o bago, e pontifical para dar ordens aos chris-

1714 tãos, e com a entrada do dito scismatico escreveram a Roma o perigo em que se achava aquella christandade por causa do scismatico, e opposição de alguns christãos, que seguiam as suas partes (estes christãos eram da mesma facção dos Carmelitas); Roma com estes sinistros informes expedio hum Breve ao Senhor D. Fr. Angelo de Santa Thereza para que visto o não poder o Senhor Bispo de Cochim governar algumas igrejas por causa dos Hollandezes, e o Arcebispo de Cranganor por causa da opposição de alguns christãos, e Regulos gentios, e entrada do scismatico Gabriel Siriaco não poder governar pacificamente algumas igrejas, as governasse Fr. Angelo de sorte que trabalhasse em que todos dessem obediencia a seus Prelados ordinarios; instruido D. Fr. Angelo com a capa deste breve, tratou por sua via, de Fr. Innocencio, e de seus parciaes, que as igrejas lhe obedecessem, perturbando o governo do Senhor Arcebispo, ao qual em effeito todas as igrejas de obediencia romana lhe obedeciam, ainda que em duas igrejas, de cincoenta e sete, lhe tivessem oppostos alguns poucos christãos, para fugirem ás censuras que contra elles tinha comminado por culpas que tinham commettido em prejuizo da igreja. Em tão perniciosa perturbação se achava aquella christandade com a capa do breve de Sua Santidade; e achar-se-ha agora em maior com a morte de D. Fr. Angelo, porque nomeou dois Vigarios Apostolicos antes de morrer, hum para o bispado de Cochim, e outro para o arcebispado de Cranganor.

«A christandade porém que se vê em maior perturbação, he a dos Neofitos de Madurey e Nemam, e com ella a de Maissur, e a de Carnate, por serem todas communs no modo de viver, e de seu governo, e nos costumes dos naturaes. Quando o Senhor Tournon assistia em Puduchera, fortaleza dos Francezes, na costa de Choromandel, por informes, parte veridicos, e parte falsos, passou hum decreto, em que prohibia varias cerimonias, principalmente o uso das cinzas na testa, e mais partes do corpo, affirmando ser superslicioso o tal uso; assim mesmo prohibiu o uso do talli, ou joia nupcial, que as mulheres casadas tamulenses são obrigadas a trazer em signal do matrimonio que tem contrahido, allegando para esta prohibição que na tal joia nupcial estava insculpida a imagem de Pullear, Deos presidente dos matrimonios. Por causa destas, e de outras prohibições perniciosas ao augmento e conservação daquellas missões, foi mandado a Roma pela provincia do Malavar o Padre Francisco Laynez, Missionario mui antigo, e hoje bispo de Maliapor, e por parte da missão de Carnate, pertencente aos Padres francezes, foi mandado a Roma o Padre Venancio Buxet, tambem Missionario antigo, supplicaram a Sua Santidade para revogação do decreto do Senhor Tournon, mostrando com vivas razões não serem aquelles usos supersticiosos, e ser a condemnação d'elles, ou a sua prohibição destructiva de missões tão florentes, nas quaes Deos obrava tantas maravilhas em confirmação da santa lei; não quiz o Summo Pontifice revogar o decreto, e remetteo a causa ao Cardeal Fabroni, e resolveram que se devia esperar a volta do Cardeal Tournon para ouvirem da sua bôca as razões que o moveram a passar aquelle decreto, permittindo que no interino se continuassem os usos e praxes até então admittidas nas mesmas missões, e para maior socego das consciencias dos Missionarios, e maior augmento das missões, deu hum *vivæ vocis* oraculo nesta fórma: *Volumus hoc decretum quo ad omnia observari, exceptis iis, quae ipsi Patres Missionarii in sua conscientia coram Domino judicaverint obstare bono animarum, et maiori gloriae Dei.* 1714

«Dado este oraculo com a circumstancia de que o não publicasse o Padre Venancio em Europa, ficou o Padre contentissimo pelo bom despacho, e os Padres Missionarios davam a Deos graça, e não cessavam de louvar ao Pontifice Summo por assim ter acudido ao bem daquellas missões. Mudou-se porém esta alegria em tristeza, quando viram que tinha chegado um anno depois o decreto do Senhor Tournon, impresso, e approvado pelo Pontifice *verbo ad verbum:* foi publicado em Puducheri o decreto por hum Protonotario apostolico, assim a europeus, como aos naturaes, e seguio-se maior a confusão. Não obstante porém a publicação continuaram os

1714 Padres Venancio e Turpin, aquelle Superior, e este Vigario, com as mesmas praxes, fundados no *vivæ vocis* oraculo de que estavam certos; visto isto pelos Padres Capuchinhos Francezes, assistentes em Puduchera, publicaram que o Padre Venancio *ex vi* das censuras comminadas no decreto estava excommungado, e o Padre Turpin suspenso *a divinis*, por permittirem, depois da publicação do decreto, aos neofitos o uso da cinza, e da joia nupcial. Reclamou o Padre Venancio ao Senhor Bispo de S. Thomé, veio este a Puduchera, foram os dois Padres accusados no seu tribunal, correo a demanda *in foro contencioso,* até que o Senhor Bispo, firmando a sua consciencia no juramento do Padre Venancio sobre o *vivæ vocis oraculo* declarou com huma pastoral que os Padres não estavam incursos nas censuras; aggravaram para Roma desta sentença os Capuchinhos allegando que deviam ser tidos por excommungados no publico em quanto não provassem juridicamente a verdade do oraculo pontificio, que allegavam.

«Com este successo ficou intimidada toda aquella missão, e os Padres Missionarios entre angustias mortaes, nem vêem por ora caminho para se seguir a quietação desejada, e se evitarem os irreparaveis damnos eminentes áquellas missões, mais do que alcançar Sua Magestade, que Deos guarde, por meio do seu Embaixador na Curia, a promulgação pontificia do *vivæ vocis* oraculo, que deo ao Padre Venancio, do qual oraculo he sabedor tambem o Cardeal Fabroni; e como este seja o unico caminho, e sem tanta difficuldade, que aos Padres Missionarios occorre, humildemente supplico a V. Ex.ª pelas chagas de Jesus Christo em nome daquellas missões, se digne V. Ex.ª representar a Sua Magestade, que Deos guarde, a importancia de se haver a confirmação pontificia do seu *vivæ vocis* oraculo, para que não acabem missões tão gloriosas, e trabalhos de mais de hum seculo e meio; e para que nas mais christandades se evitem disturbios similhantes, era summamente conveniente que Roma não perturbasse os districtos dos Prelados Ordinarios com seus Vigarios Apostolicos, e assim ficarão em

paz as christandades das costas, e do arcebispado de Cranganor.» 1714
(Arch. da India, livro das Monções, n.º 78, fol. 104.)

Carta de Sua Magestade ao Vice Rey [1]

(Arch. da India, livro das Monções, n.º 80, fol. 122.)

Vice Rey e Capitão general do Estado da India. Eu ElRey vos envio muito saudar. Sendo-me presente o papel, que será com esta, em que se me representou algumas cousas pertencentes ás Missões, sou servido que vos informeis do contheudo na dita representação, e me deis conta do que achardes, interpondo vosso parecer. Escripta em Lisboa, a 11 de abril de 1714.—Rey. 1714 Abril 11

Para o Vice Rey e Capitão general do Estado da India.

*Copia*—Representaram, e foram de parecer os Padres abaixo assignados que devia Sua Magestade mandar escrever com toda a recommendação ao Vice Rey da India que por todos os modos impida aos Padres Carmelitas Descalços da Propaganda o intrometterem-se no governo das igrejas de Cochim e Cranganor, e que não embaracem aos Christãos o recurso aos seus Prelados, e que juntamente impida ao Bispo de Anasdeanopoli o passar a Malabar, pois consta serem falsas todas as informações que os ditos Padres Carmelitas escreveram a Roma; e que sendo necessario para a boa execução destas ordens impedir todos os subsidios, que de Goa vão para os ditos Carmelitas, o faça com toda a diligencia, e com a mesma procure que em todo o caso saia do Malabar o Padre Fr. Innocencio de Santo Onofre, Carmelita Descalço, e podendo ser, seja remettido para a Europa.

E como consta que os Padres D. Simão da Costa, Portuguez, e D. João Baptista Milton, Inglez, Caetanos, se intro-

[1] Esta carta, posto que não pertença a cousas do Sunda, vae aqui pela connexão que tem com o assumpto das missões, referido nas cartas antecedentes.

1714 Abril 11 duziram nas igrejas, que á sua custa tinha feito o Padre Paulo de Sá, Portuguez, o qual por proposição do Bispo de S. Thomé, e ordem de Sua Santidade curava as ditas igrejas, no que os ditos Padres Caetanos intrusos quebraram o juramento, que em Goa fazem de hirem para a missão de Bornéu, do que se seguem grandes inconvenientes ás christandades, e regalia desta corôa, ao que Sua Magestade deve acudir ordenando ao Vice Rey que logo mande ao Padre Prefeito e Superior dos Padres Caetanos faça que os sobreditos Padres larguem as igrejas que tem usurpado, e assim elles como todos os mais cumpram o juramento que fazem a esta corôa, sahindo logo para as missões de Bornéu, não se introduzindo em outras, e que emquanto os sobreditos não vão para ellas, se recolham a Goa.

Consta-me do grande fruto que o Padre Bernardo de Sá faz em a nova missão de Mealeme, aonde se convertem muitos gentios, para cuja conservação, e augmento pedem os novos convertidos a Sua Magestade para tomar debaixo da sua real protecção aquella nova missão, sendo o seu padroeiro, assignando-lhe alguma congrua, com que se possam sustentar os ditos Missionarios, o que Sua Magestade deve conceder pelo grande serviço que nesta missão se faz, e fará a Deus, para o que será bem mande Sua Magestade ao Vice Rey da India que a missão nova de Miliani he muito de seu real agrado, e que como seu real padroeiro a deseja muito augmentar, e no que toca á congrua, póde Sua Magestade mandar consignar 100$000 réis cada anno aonde melhor lhe parecer, que he o que basta para dois Missionarios, e com tão pouca despeza que se conseguirá muito fruto para Deus.

Consta mais que o Padre Provincial da Companhia de Jesus de Malavar emprestou tres Igrejas aos Padres Francezes da missão de Carnati, por não ter sujeitos Portuguezes, que nella residissem, e porque actualmente os ha, he bem que Sua Magestade lhe ordene por carta mande logo sahir das Igrejas os Padres Francezes, e introduza nellas os seus Missionarios, e juntamente mande tirar da Igreja do frontispicio (*sic*) de Travancor e de alguma outra, em que se acharem, as armas de El-Rey de França, e ponham em seu logar as de Sua Magestade, e que não constitua superior da missão de Maduré ou Mileame a nenhum sujeito estrangeiro.— Diogo de Mendonça Corte Real. 1714 Abril 11

### Resposta do Vice Rey

(Arch. da India, livro das Monções, n.º 80, fol. 122.)

Senhor. —Vossa Magestade me ordena que informando-me do contheudo nesta representação, entreponha o meu parecer, o que faço, havendo antecedentemente adquirido algumas noticias para poder com mais individuação fallar a Vossa Magestade nesta materia. 1715 Janeiro 4

Da Persia e Surrate costumam navegar os Religiosos Carmelitas para os portos de Cochim, Varanquantur e Tequemlur, sendo particularmente recommendados da Europa aos officiaes da Companhia Hollandeza, e se o temor de Deus os não remover das inquietações, que ordinariamente costumam causar, mal se lhes póde applicar de Goa remedio, que seja efficaz, pelos Reys Malavares depois da fortuna Hollandeza não reconhecerem, ou negarem a nossa superioridade.

Fr. Innocencio de Santo Onofre he já fallecido, e terá dado em maior tribunal conta dos disturbios, que causou em toda aquella christandade.

Os Bispos de Cochim, sendo zelosos e prudentes, e não admittindo as opiniões, que indiscretamente seguia D. Fr. Pedro Pacheco, podem sem grande trabalho remover os seus freguezes e subditos do jugo Carmelitano, e em Goa só se póde impedir a remessa do vinho, e de algumas outras cousas, que se mandavam aos Carmelitas, o que tenho já embaraçado, ordenando a Julião Pacheco não continue com esta diligencia.

Consta-me que ha bastantes annos que os Theatinos não vão a Bornéu, missão para que vinham destinados, e a razão

1715 Janeiro 4 que dizem tem para não assistirem nella, he pela contrariedade que experimentam nos christãos daquella Ilha, na consideração delles Theatinos serem tidos pelos Ilheus contrarios aos Portuguezes.

Os Theatinos que saiem de Goa, como foi D. Guilherme, e são os Padres D. Simão da Costa e D. João Milton, he a titulo de hirem para a Missão de Bornéu, mas he certo ficarem em Madrasta, ou em S. Thomé, onde me dizem que novamente tem hospicio, não sei se com licença ou sem ella; tambem pertendiam a Igreja de Curulur, onde assistiu D. João, e D. Guilherme, da qual foi este expulso pelo mesmo caminho dos Inglezes, havendo-se por elles introduzido, e se esperam em Madrasta e S. Thomé com o intento de entrarem na dita igreja por via de algum governo inglez que lhe seja favoravel, porém, como eu intimei ao Preposito ou Prefeito dos Theatinos a ordem que tive de Vossa Magestade, já lhes foram varias obediencias para que se recolhessem a Goa ou navegassem para a Europa [1].

Não ha duvida que se faz grande fructo a missão nova de Maliame, e no anno passado foram os baptismos de adultos mais de oitocentos, e será mui conveniente que se assista aos Missionarios com o que for preciso para a sua sustentação.

No Reino de Ginja, na residencia de Cona Petey, em distancia de quatro dias de caminho para o norte, tinha levantado tres igrejas o Padre André Fernandes (?), as quaes conservou o veneravel Padre João de Brito, e depois o Padre

[1] A ordem de Sua Magestade a que aqui se refere o Vice-Rey, veio em carta expedida pelo conselho ultramarino aos 2 de maio de 1713 (Livro das *Monções*, n.º 80, fl. 75), e nella se determina ao Preposito dos Padres Caetanos ou Theatinos, que faça largar as igrejas que os Padres atraz referidos occupavam no bispado de Meliapor; o que o mesmo Preposito affirma estar já cumprido.

Sobre os successos destes Padres Theatinos nas missões orientaes veja-se o que mais largamente se refere no escripto *A jurisdicção Diocesana do Bispado de S. Thomé de Meliapor nas possessões inglezas e francezas*, impresso em Goa na Imprensa Nacional no anno de 1867.

Francisco Laynez; a muita distancia difficultava a assistencia para se não desamparar o maior córpo, em que se devia residir. Os Padres Francezes assistentes em Pudicheira, por quererem missionar mais ao norte da missão de Maduré com intento de se estenderem até Mussulapatão, valendo-se do pretexto da distancia daquellas igrejas, pediram se lhes concedessem para a sua assistencia, visto haver ali alguns christãos, e que daquelle sitio discorreriam para o norte; e considerando o Provincial que os Padres Francezes lhe pediam o mesmo que sem impedimento podiam tomar, e que isto era para bem universal das missões, e que assistindo ali Padres da Companhia, se não introduziriam sujeitos da Propaganda, lhas concedeu; porém, eu tenho já escripto ao dito Provincial faça logo toda a diligencia por tirar as igrejas aos Francezes, introduzindo nellas Religiosos da sua Provincia, e da mesma maneira ponha todo o cuidado em não constituir superior da missão a nenhum sujeito estrangeiro, e que immediatamente tire as armas francezas que estiverem nos frontispicios das Igrejas, pondo-lhe as de Vossa Magestade e justo seria que não só se estampasse em marmores, mas que se esculpisse em bronzes o empenho, com que Vossa Magestade se emprega em tudo o que póde conduzir para extirpação da heregia, e augmento da christandade. Deus guarde a muito alta, e muito poderosa pessoa de Vossa Magestade felicissimos annos. Goa 4 de Janeiro de 1715.— (Rubrica do Vice-Rey.) 1715 Janeiro 4

### Carta do Arcebispo de Cranganor ao Vice Rey

(Arch. da India, livro das Monções, n.º 80, fol. 235.)

Ex.$^{mo}$ Sr.—A carta de V. Ex.ª de 30 de Dezembro recebi com summa estimação, e dou particulares graças a Deus pela boa saude que concede, e eu lhe peço conceda sempre a V. Ex.ª para maior bem, e augmento desse Estado da India, e das suas christandades. A mim já a pouca vista, e outros 1714 Setembro 24

1714 Setembro 24 penosos achaques, com que lido, originados quasi todos das muitas molestias, e desconsolações que neste Arcebispado tenho padecido, me lançam fóra do predicamento da boa saude; mas vou ainda aturando as continuas impertinencias destes christãos, e rebatendo como posso as cavillações dos schismaticos, e a opposição que me fazem os Religiosos Carmelitas Descalços, Missionarios da Propaganda, e todo o prestimo e pouca saude que ainda tenho, está dedicada e offerecida ás ordens de V. Ex.ª

Pouco mais de hum anno depois de fallecer o Bispo Carmelita D. Fr. Angelo Francisco, falleceu tambem Fr. Innocencio, seu fidissimo Achates, e com as suas mortes ficaram todas estas igrejas mais socegadas e quietas, principalmente as igrejas, que chamam do Sul, porque emquanto viveu o dito Fr. Innocencio, elle particularmente as movia e inclinava para onde melhor lhe parecia em ordem a se oppor á minha jurisdição, e ás regalias do Padroado delRey Nosso Senhor, valendo-se para isto de hereges, de schismaticos, e de Reys e Regulos gentios, sem reparar em que fosse licito ou illicito; e por isso com o chamar Deus para si, tenho para mim, livrou aquellas igrejas, e a todos os christãos da Serra de hum grande peso. Como, porém, as disposições divinas são incomprehensiveis, chegarão brevemente de Roma dois outros Missionarios Carmelitas, successores de Fr. Innocencio; e sendo estes perguntados por alguns Catenares e Mapulas ácerca da verdade do que chamam Arcebispo Mar Gabriel, responderam (não sei se com simplicidade ou dolo) que era verdadeiro Bispo, e que tinha dado obediencia a Sua Santidade; mas que neste arcebispado não tinha jurisdição alguma.

Divulgou-se pouco a pouco esta resposta entre os parciaes do dito Gabriel, e tambem de Fr. Innocencio, e dos mais Frades Carmelitas; e como são naturalmente amigos de novidades, e nada escrupulisam sobre o licito, se *alioqui* he valido, resolveram persuadir ao Mar Gabriel visitasse ao Rey e ao Commendador da cidade de Cochim, e lhes pedisse licença á vista de boas offertas para governar no espiritual esta christandade, e visitar todas as igrejas Syriacas. Pareceu-lhe bem este conselho, e com effeito diligenciou as offertas, e nos ultimos dias do mez de Junho fez a visita acompanhado de muitos schismaticos, e de alguns que se tem por catholicos, e propoz a sua petição; mas nem o Rey, ainda que gentio, nem o Commendador, ainda que de religião opposta á catholica romana, quizeram deferir a sua pretenção, contentando-se sómente com acceitar as offertas, e com lhe dizer assistisse no logar em que até então tinha estado, porque lá o favoreceriam; e deste modo sahiram como envergonhados todos os que nesta visita acompanharam ao Mar Gabriel. Os Frades Carmelitas não o quizeram acompanhar, mas assentiram e decoraram esta tão exorbitante pertenção com o pretexto de que o Mar Gabriel se reduziria á fé romana, e com elle as igrejas que o seguem; eu, porém, digo e tenho por certo não havia de succeder assim, senão que quasi todas se haviam de reduzir á fé babilonica, e ficarem tão schismaticas como o mesmo Gabriel, se o Rey, e o Commendador de Cochim annuissem a sua petição. Emfim, Senhor, bem podemos com isto dizer que maiores obrigações deve hoje esta christandade aos gentios e hereges, que aos Carmelitas Missionarios da Propaganda. Estas as noticias que por agora posso dar a V. Ex.ª desta christandade da Serra, a qual com o mau successo que na sua visita teve o Gabriel, e com a boa correspondencia que sabe, e vê tem comigo o Commendador Barant Keter, fica de presente socegada e quieta; e se Deus nosso Senhor por sua infinita misericordia afastar della aos que com sinistra intenção, e com pretextos fingidos a procuram, e desejam inquietar, tenho para mim socegará, e aproveitará cada dia mais. 1714 Setembro 24

Com esta vae inclusa outra para Sua Magestade, que Deus guarde, na qual lhe dou conta de mim, e desta christandade, e por isso peço a V. Ex.ª a remetta juntamente com as suas. A illustre pessoa de V. Ex.ª guarde Deus por dilatados annos para grande credito do nome portuguez, etc. Serra do Malavar, 24 de Setembro de 1714. De V. Ex.ª, humilde Capellão — João Ribeiro, Arcebispo de Cranganor.

### Carta do Vice Rey a Sua Magestade

(Arch. da India, livro das Monções, n.º 80, fol. 235.)

1715 Janeiro 3 Senhor.—Pela copia da carta que tive, e offereço a Vossa Magestade do Arcebispo da Serra, ficará Vossa Magestade entendendo que aquella christandade se acha mais livre da oppressão que padecia, e he lastima que deva este socego mais aos infieis que aos que se inculcam, ou se escolhem para cultivar aquella vinha. O mesmo Arcebispo me remetteu a carta inclusa para Vossa Magestade, na qual entendo representará com mais individuação estas noticias. Deus guarde a muito alta, e muito poderosa pessoa de Vossa Magestade felicissimos annos. Goa 3 de Janeiro de 1715.—(Rubrica do Vice-Rey.)

### Carta do Vice Rey a Sua Magestade

(Arch. da India, livro das Monções, n.º 80, fol. 229.)

1715 Janeiro 7 Senhor.—O Bispo Fr. Mauricio de Santa Thereza, que em Pondá ordenou por dinheiro quantos Canarins facinorosos, ignorantes, e incapazes havia nas terras deste Estado, como já dei conta a Vossa Magestade, intentou residir nas do Sunda com grande perturbação daquella christandade, e para atalhar este prejuizo me foi preciso romper com aquelle Rey, o qual se achou precisado a excluir o dito Bispo dos seus dominios; porém, como os Inglezes não perdem occasião de molestar-nos, foi o Bispo admittido na feitoria de Caroar, donde não póde ser expulso sem permissão dos mesmos Inglezes, e como se achava na mesma feitoria com os Clerigos exterminados pela culpa que tinham commettido, tomou com elles huma tal ousadia, que estiveram os Padres da Companhia resolutos a abandonarem aquella missão, por não se perder de todo a sua christandade a respeito das duvidas e indifferenças (*sic*) em que os punham as repetidas excommunhões do dito Bispo. Adverti que só se podia atalhar esta desordem tirando-se ao Bispo a assistencia daquelles Clerigos, para cujo effeito se lhes permittiu que recolhendo-se em termo de hum mez para as terras do Estado, se lhes perdoaria o seu delicto; immediatamente largaram ao Bispo, e ficou elle sem sujeito algum, que podesse executar as suas imprudentes e desordenadas resoluções, e os Padres da Companhia continuando naquella missão sem o menor prejuizo da christandade; e julgo que o dito Bispo mudará de residencia para parte donde intente novas perturbações, que he o em que se empregam os Vigarios da Propaganda. Deus guarde a muito alta, e muito poderosa pessoa de Vossa Magestade felicissimos annos. Goa 7 de Janeiro de 1715.—(Rubrica do Vice-Rey). 1715 Janeiro 7

### Portaria

(Arch. da India, livro 1.º de Pazes, fol. 497.)

Por quanto se tem já passado o tempo, em que Domingos da Costa, Administrador das terras de Pondá, prometteu satisfazer a quantia de 15:000 xerafins, resto dos 40:000 que ElRey do Sunda ajustou pagar pelas despezas, que o Estado fez com a conquista das ditas terras, ordeno a Rama Sinay, que logo sem demora alguma cobre do dito Administrador a dita quantia e se entregue ao Feitor de Sua Magestade, aliás procederei contra o Administrador Domingos da Costa. Panelim, o primeiro de Novembro de 1714.—Rubrica do Vice-Rey. 1714 Novembro 1

### Certidões

As folhas 127 do Livro da receita do Feitor de Sua Magestade Antonio Garcia de Moraes lhe ficam carregados 4:000 xerafins que recebeu de Domingos da Costa, administrador e enviado do Rey de Sunda das terras de Pondá, e por elle entregou Heriá Parabn por conta dos foros das ditas 1715 Julho 6

1715 Julho 6 terras de Pondá, e da dita receita foi passado este conhecimento em fórma para descárga do dito Feitor por mim escrivão do thesouro e feitoria, assignado por ambos. Goa, 6 de Julho de 1715 annos. — Antonio Garcia de Moraes...?... Barbosa de Carvalho.

1716 Março 7 Certifico eu Luiz dos Remedios Escrivão do thesouro e feitoria em como a folhas 127 v. do livro da receita do Feitor de Sua Magestade, Antonio Garcia de Moraes lhe ficam carregados 1:000 xerafins que recebeu de Domingos da Costa, Administrador das terras de Pondá, e por elle de Ramam Sinay, procedidos dos fóros das ditas terras, e da dita receita foi passada esta certidão em fórma para a conta do dito Feitor por mim e assignado por ambos. Goa 7 de Março de 1716 annos. — Antonio Garcia de Moraes — Luiz dos Remedios.

1719 Setembro 20 Certifico eu Carlos de Basto Franco, Escrivão do thesouro e feitoria, em como ás folhas 227 v. do livro da receita do Feitor de Sua Magestade Antonio Garcia de Moraes lhe ficam carregados 10:000 xerafins que recebeu de Domingos da Costa, Administrador das terras de Pondá, dos foros das ditas terras do anno de 1714, que entregou por varias vezes por esta maneira, a saber: 2:000 xerafins em 15 de Outubro de 1714; 1:000 xerafins em 23 do dito; 1:000 xerafins em 30 do dito; 1:000 xerafins em 6 de Dezembro; 1:000 xerafins em 17 do dito mez; 1:000 xerafins em 14 de Março da era presente; 2:000 xerafins em 13 de Abril; e 1:000 xerafins em 27 de Julho; que huns e outros fazem 10:000 xerafins; e da dita receita foi passada esta certidão em fórma para descarga do dito Domingos da Costa. Goa 20 de Setembro de 1719. — Antonio Garcia de Moraes — Carlos de Castro Franco.

### Ordem

(Arch. da India, livro 1.º de Pazes, fol. 490.)

1734 Julho 5 O Contador Francisco Xavier Soares provendo a conta de Antonio Garcia de Moraes, Feitor que foi de Goa, e dos Feitores seus antecessores até o tempo do principio do governo do Senhor Vice Rey que foi deste Estado Caetano de Mello de Castro, treslade ao pé desta todas as mais receitas, que se acharem nas ditas contas do dinheiro satisfeito pelo Rey de Sunda ou por seus ministros, e se fará esta diligencia com toda a brevidade, por assim ser conveniente ao serviço de Sua Magestade, que Deus guarde. Goa 5 de Julho de 1734. — Cardoso. 1734 Julho 5

Certidão

Francisco Xavier Soares, Contador da fazenda dos Contos por Sua Magestade, que Deus guarde, etc. Certifico prover a arrecadação da conta de José de Mendonça Bacellar, Feitor que foi desta cidade, em cujo tempo teve principio o governo do Senhor Caetano de Mello de Castro, Vice Rey que foi deste Estado, como tambem as arrecadações das contas de Agostinho Nunes Henriques, Rodrigo Homem Cabral, Amaro da Silva, e Manuel Ribeiro de Carvalho, Feitores que successivamente foram desta cidade, e nellas não se acha receita alguma do dinheiro satisfeito pelo Rey de Sunda ou por seus Ministros, e na conta de Maximo Lobo de Cazal e seu successor Antonio Garcia de Moraes, que succederam ao dito Feitor Manuel Ribeiro de Carvalho, o que consta satisfazer o dito Rey tenho dado por treslado abaixo da outra ordem. Goa 5 de Julho de 1734. — Francisco Xavier Soares.

Ordem

(Arch. da India, livro 1.º de Pazes, fol. 491.)

O Contador Francisco Xavier Soares provendo o livro da receita do Feitor que foi de Goa Antonio Garcia de Moraes, treslade ao pé desta as receitas, que se acharem lançadas ás folhas 127 do dito livro do dinheiro satisfeito pelo Rey de Sunda, ou pelos seus Ministros de Pondá, o que fará com toda a brevidade, por assim ser preciso ao serviço de Sua

1734 Julho 5 Magestade, que Deus guarde. Goa 5 de Julho de 1734.— Cardoso.

Certidão

Treslado da receita de que faz menção a ordem acima, que se acha lançada ás folhas 121 da arrecadação da conta de Maximo Lobo de Cazal, e Antonio Garcia de Moraes, Feitores que successivamente foram desta cidade, cujo theor he o seguinte:

De dinheiro 39:729 xerafins e meio, que recebeu do Rey de Sunda, e por elle de Domingos da Costa, Administrador das terras de Pondá, e dos Dessais rendeiros das ditas terras, a qual quantia pagou o dito Rey pelo obrigar a pagar o Ex.$^{mo}$ Sr. Vice Rey Vasco Fernandes Cezar de Menezes, pelas despezas que tinha feito o Estado quando o ajudou para tomar posse da fortaleza de Pondá do tempo do Ex.$^{mo}$ Sr. Vice Rey que foi deste Estado Caetano de Mello de Castro, por esta maneira, a saber:

1:000 xerafins de Nirbá Naique, Sardessay das ditas terras, em 4 de Janeiro de 1714.

E 1:600 xerafins de Rodragy Naique, Sardessay, no dito dia.

E 1:150 xerafins de Antonio João de Mello, e Salvador Fernandes, em 5 de Janeiro.

E 731 xerafins e meio de Vitogy Sinay, lingua do Estado, em 8 de Janeiro.

E 1:000 xerafins de Rodrogy Sardessay, no dito dia.

E 250 xerafins de Govinda Naique, Sardessay, em 10 do dito mez.

E 500 xerafins de Viruba Naique, Sardessay, em 11 do dito mez.

E 150 xerafins de Caxy Poy, Lagimeiro do Passo de Santiago, no dito dia.

E 1:000 xerafins de Nicolau Dias das Neves, no dito dia.

E 1:464 xerafins de Pascoal Francisco Gomes, morador em Girdolim terras de Salcete, em 18 do dito.

E 800 xerafins do dito Pascoal Francisco Gomes, em 19 do dito.

E 350 xerafins de Nicolau Dias das Neves, em 23 do dito. 1734 Julho 5

E 4:000 xerafins de Rodrogy Naique, e Virbá Naique, ambos Sardessais, em 23 do dito.

E 412 xerafins de Pascoal Francisco Gomes, em 24 do dito.

E 2:000 xerafins de Rodrogy Naique, Sardessay, em 9 de Fevereiro.

E 200 xerafins de Antonio João de Mello, em 22 do dito.

E 2:000 xerafins de Mirbá Naique, Sardessay, em 12 de Março.

E 2:000 xerafins de Hirbá Naique, em 13 do dito.

E 2:000 xerafins de Crisnagy Naique, em 21 do dito.

E 1:604 xerafins de Francisco da Gama, Recebedor das terras de Salte, a qual quantia cobrou o dito Recebedor de Nicolau Dias das Neves, em 24 de Maio de 1714, de que era rendeiro Pascoal Francisco Gomes.

E 518 xerafins, a saber: 158 xerafins de Nicolau Dias das Neves, e 360 xerafins de Antonio João de Mello, que recebeu o dito Recebedor nas ditas terras pela cobrança que fez dos ditos, em 3 de Julho de 1714.

E 4:000 xerafins que recebeu de Domingos da Costa, Administrador e enviado do Rey de Sunda das terras de Pondá, e por elle entregou Hiriá Parabu, èm 6 de Julho de 1715.

E 10:000 xerafins de Domingos da Costa, Administrador das terras de Pondá, que entregou por varias vezes por esta maneira, a saber: 2:000 xerafins em 15 de Outubro de 1714; e 1:000 em 23 do dito; e 1:000 xerafins em 30 do dito; e 1:000 xerafins em 6 de Dezembro; e 1:000 xerafins em 17 do dito, e 1:000 xerafins, em 14 de Março da era presente; e 2:000 xerafins em 13 de Abril, e 1:000 xerafins em 27 de Julho.

E 1:000 xerafins, que recebeu do dito Domingos da Costa, Administrador das terras de Pondá, e por elle de Rama Sinay, em 27 de Março de 1716.

Que huns e outros fazem a dita quantia da cabeça, como se declara por sete receitas, feitas pelo Escrivão do thesouro

1734 Julho 5 e feitoria em diversos tempos, das quaes consta terem passadas certidões em fórma aos sobreditos com clausula de fôro das ditas terras, as quaes não terão vigor sem embargo de estarem com as partes, sem primeiro estarem postas as declarações de como foi cobrado o dito dinheiro do dito Rey das referidas despezas que fez o Estado, folhas 126 até 128 do livro da receita do Estado.

O qual lançamento das ditas receitas vae aqui tresladado bem e fielmente, sem acrescentar nem diminuir cousa alguma, que duvida faça, da dita arrecadação da conta dos ditos Feitores, á qual me reporto. Goa 5 de Julho de 1734.— Francisco Xavier Soares.

---

**Tratado de paz e alliança de amisade feito e concluido na cidade de Goa, em 19 de Fevereiro de 1714, entre o Ex.$^{mo}$ Sr. Vice Rey e Capitão geral do Estado da India, Vasco Fernandes Cesar de Menezes, e Quelady Basavapa Naique, Rey do Canará, por seu Embaixador Caddaxe Damarsse Porbú, com as condições abaixo declaradas.**

(Arch. da India, livro 1.° de Pazes, fol. 269.)

1714 Fevereiro 19 Aos 19 de Fevereiro de 1714 nos paços da Casa da Polvora em presença do Ex.$^{mo}$ Sr. Vasco Fernandes Cesar de Menezes, do Conselho de Estado de Sua Magestade, Vice-Rey e Capitão geral da India, sendo os Conselheiros que assistem ao dito Senhor, o Vedor geral da fazenda João Rodrigues da Costa, o Inquisidor Manuel Saraiva da Silveira, João Borges Corte Real, D. Luiz da Costa Mestre de Campo do Terço, D. Christovão Severim Manuel, Capitão da cidade, sendo tambem presente Caddaxe Damarsse Parbú, Embaixador de Quellady Bassavapa Naique, Rey do Canará, se declarou que elle fôra mandado da parte de seu Rey á presença do Ex.$^{mo}$ Sr. Vice-Rey com commissão e poderes de ajustar paz com o Estado, e depois de varias conferencias sobre algumas duvidas, que se offereceram de parte a parte, se tomou por ultimo acordo se ajustasse a paz, que o Rey do Canará pedia, com as condições seguintes: 1714 Fevereiro 19

### Condições por parte do Estado

1. Primeiramente que o Rey do Canará por si, e por seus successores será sempre leal e fiel amigo do Estado da India, amigo de amigos, e inimigo de inimigos, e dará toda a ajuda e favor ao Estado para as guerras que tiver, quando lho pedir.

2. Que o Feitor de Mangalor, e o Padre Vigario serão juizes nas causas dos christãos, ou sejam entre os mesmos christãos ou entre christãos e gentios, e aonde não poder chegar a jurisdição do Feitor, serão juizes os Padres, que assistirem em qualquer dos portos, ou terras do Rey do Canará, e no caso que o deferimento não seja justo, as partes se queixarão a este governo, para lhes mandar deferir com justiça, e em nenhum caso os Governadores e Tanadares tomarão conhecimento dos deferimentos do Feitor e Vigarios.

3. Que as mulheres christãs que forem comprehendidas na sensualidade, serão entregues ao Feitor para as remetter a Goa, e se lhe dar o castigo que merecerem, e não serão presas e captivas pelo Armana.

4. Que o Rey do Canará, nem seus vassallos poderão comprar filhos de christãos, nem terem-nos por captivos, e da mesma sorte aos filhos e mulheres dos soldados christãos que servem nas fortalezas, por dividas de seus paes e maridos.

5. Que o Rey do Canará não consentirá aos christãos de Goa, ou de outra qualquer parte do Estado tomem casta com as gentias, e quando o façam, poderão os Parochos prendel-os e remettel-os para Goa, e nem por este nem por outro qualquer caso poderão os Governadores ou Tanadares do dito Rey prender alguns dos nossos Padres em fortalezas, ou outra qualquer prisão.

1714 Fevereiro 19 6. Que na feitoria e porto de Mangalor, e nos mais do Rey do Canará e suas terras, em que houver christãos, poderão os Portuguezes ter igrejas, e fazel-as para nellas fazerem sua obrigação, e havendo alguns rebeldes, os poderão castigar os nossos Padres conforme a nossa lei, e para tudo dará ajuda e favor o Rey do Canará.

7. Que os nossos Padres que passarem pelo Reino do Canará para assistirem nelle, ou para hirem para outros reinos, os não molestarão em cousa alguma os Governadores e Tanadares daquellas terras, nem os juncaneiros lhe tomarão juncão de suas pessoas, nem do fato do seu uso e sómente o pagarão, se levarem fazenda de contrato, e o mesmo se guardará com Portuguezes e naturaes, sendo christãos, que pelo dito Reino passarem, mas antes lhe darão toda a ajuda e favor.

8. Que o Rey do Canará pagará logo por mão do seu embaixador Caddaxe Damarsse Parbu 30:000 xerafins por conta da despeza, que a armada do anno passado fez, por o dito Rey ter dado motivo áquella expedição.

9. Que mandårá logo pagar ao nosso Feitor de Mangalor os 3:150 fardos de arroz, que se devem das parias, ou o que na verdade for; e assim mesmo as lagimas pertencentes ao Estado, que o dito Rey tiver cobrado; o que mandará fazer a tempo que possa vir tudo para Goa nas primeiras embarcações, que do Estado forem para aquelle porto.

10. Que o Rey do Canará (alem dos 1:500 fardos de arroz das parias, que por obrigação antiga paga ao Estado na feitoria de Mangalor) pagará mais 400 fardos de arroz branco e limpo em cada anno (o que terá principio no presente) e todo da mesma qualidade, e a tempo que possa vir na armada que está para partir, e em cada hum dos annos futuros os mandará pagar antes que se embarque, e haja de sahir para fóra qualquer arroz novo daquelle anno, sem que para se cobrar necessite o Feitor de nova ordem do dito Rey, nem mandal-a buscar a Bedrur do mesmo Rey.

11. Que as lagimas do porto de Mangalor e seus districtos se pagarão de todas as fazendas que entrarem e sahi-

rem na mesma fórma que antigamente se pagavam; e para que não haja differença alguma entre os mercadores, e rendeiros das ditas lagimas para haver de cobrar o que direitamente lhe pertencer, se ajustarão os preços das fazendas com assistencia do dito rendeiro, ou de qualquer agente seu que nomear para o tal effeito. 1714 Fevereiro 19

12. Que o Rey do Canará mandará dar os materiaes necessarios para se fazer em Mangalor huma feitoria de pedra e cal, ou acrescentar a que está feita com sua cerca á roda de pedra e cal, e os officiaes necessarios para a dita obra, e por conta do Estado se pagará sómente aos officiaes que nella trabalharem, e na dita feitoria poderá o Feitor ter espingardas, bacamartes, arcabuzes e mosquetes de trilhão, e mais armas para defensa de alguns ladrões, e ficará livre ao Feitor poder a toda a hora e tempo mandar os pilotos para metter dentro da barra as nossas embarcações de guerra, e do mesmo modo mandal-as para fóra, sem que para o fazer necessite de licença de outra alguma pessoa.

13. Que os ministros do Rey do Canará terão muito respeito ao nosso Feitor, e quando quizerem hir fallar com elle, lhe mandarão primeiro pedir licença, e nos limites da dita feitoria não farão forças, nem violencias, nem outro algum desacato; mas terá a dita feitoria todos os privilegios como se fosse fortaleza, e nella se pagarão as lagimas, ancoragens, colleta e os mais costumes, que se pagavam á fortaleza quando naquelle porto a tinhamos.

14. Que na dita feitoria poderemos ter bangaçaes para nelles poderem os mercadores vassallos do Estado recolher mantimento e suas fazendas, e só das que venderem pagarão direitos na fórma do estylo, e se por costume antigo o deverem.

15. Que o Rey do Canará de hoje em diante não consentirá em seus portos barcos de Arabios, nem que estes em suas terras comprem, nem vendam, nem façam contrato algum, e em caso que as nossas armadas achem naquelles portos algum barco ou barcos de Arabios, lhes será licito pelejar com elles e apresal-os, sem por esta causa se ficar quebrando a paz novamente estabelecida.

1714 Fevereiro 19

16. Que nenhum barco do Rey do Canará, ou de seus vassallos hirá a portos dos inimigos do Estado, principalmente dos Arabios e se for, poderá tomar-se por perdido, por ser contra a condição dos cartazes, que se lhes passam, que sempre levam esta prohibição.

17. Que nenhum barco do Rey do Canará, nem de seus vassallos, poderá navegar sem cartaz para fóra do Cabo de Comorim até á ponta de Dio, o qual serão obrigados a tirar na Secretaria deste Estado, e pagarão como he costume, excepto dois barcos do dito Rey, aos quaes se passarão os cartazes graciosamente, e todos os que excederem as condições dos cartazes serão tomados por perdidos para o Estado, como tambem todos os que forem achados sem cartazes, ainda que não tragam generos prohibidos.

18. Que o nosso Feitor de Mangalor passará os cartazes para os barcos do Rey do Canará e seus vassallos, que navegarem da ponta de Dio até o Cabo de Comorim, e os calamutes e outras embarcações que vierem para esta cidade, ainda que venham em companhia da nossa armada, trarão cartaz do mesmo Feitor, e de todos se pagará o que he estylo, e vindo sem o dito cartaz, serão tomados por perdidos.

19. Que fugindo algum captivo dos vassallos do Estado para as terras do Rey do Canará, mandará aos seus Tanadares o entreguem ao nosso Feitor para este o mandar entregar a seu dono.

20. Que não prohibirá El-Rey do Canará aos seus vassallos conduzirem arroz para Goa, todas as vezes que quizerem vir, aventureiros ou comboyados, nem impedirá que os mercadores vassallos deste Estado comprem o arroz que quizerem trazer para Goa em quaesquer embarcações, preferindo sempre as da nossa armada, e todas as mais do Estado a quaesquer outras nações que quizerem tomar carga nos seus portos.

21. Que os fardos de arroz, que os mercadores vassallos do Rey do Canará trouxerem do porto de Mangalor para esta cidade, serão de duas mãos, que fazem sete curós, e cada curó de oito medidas; e achando-se diminutos, se tomarão

por perdidos, por se ter experimentado a grande falta que se acha nos ditos fardos em grave prejuizo de todo este povo, que os compra sem os medirem; e a este respeito os fardos maiores que costumam vir de outros portos do dito Rey. 1714 Fevereiro 19

22. Que justificando-se terem concorrido o Tanadar da fortaleza de Onor, e Revadás Guzerate, ou outros vassallos do Rey do Canará com conselho, ajuda e favor para os Sivagis queimarem huma palla do Estado no anno de 1711, governando o Estado o Vice-Rey D. Rodrigo da Costa, dentro da barra daquella fortaleza, será o dito Rey obrigado pagar ao Estado o valor della.

23. Que requerendo o Feitor de Mangalor ao dito Rey mande prender Opendrá Camotim, lagimeiro que foi daquelle porto, por ser devedor ao Estado de certa quantia daquellas lagimas, passará logo as ordens necessarias aos seus Governadores e Tanadares para que assim o executem, e o entreguem á ordem do dito Feitor.

24. Que o Feitor de Mangalor poderá comprar com o dinheiro do Estado a madeira que lhe pedirem, e remettel-a para esta cidade sem impedimento algum.

25. Que o Embaixador Caddaxe Damarssá Porbú deixará em Goa hum xerrafo de quem se confie para pezar e tocar o oiro que se levar para o Canará, e naquellas terras se estará pelas suas certidões.

### Condições da parte do Rey do Canará

1. Que o Estado soccorrerá ao Rey do Canará com suas armadas tendo guerra com alguma das nações Asiaticas, não sendo amiga do Estado, e avisando a tempo conveniente que se possa preparar, e expedir o tal soccorro para lhe defender os seus portos, e principalmente do inimigo Arabio, quando a elles venha.

2. Que vindo os barcos do Rey do Canará e seus vassallos aos portos do Estado, se lhe fará boa passagem, e arribando a elles por causa da tormenta, não serão obrigados a descar-

1714 Fevereiro 19 regar as fazendas, nem pagar direitos, salvo das que venderem voluntariamente.

3. Què em cada hum anno poderão navegar dois barcos do Rey do Canará com cartazes, que se lhe passarão na Secretaria do Estado graciosamente sem pagarem cousa alguma, e nelles levará licença para poder trazer cavallos do porto do Congo ou Ormuz, e trazendo-os de qualquer porto sujeito ao Imamo de Mascate, se tomarão por perdidos, ou trazendo nelles Arabios, e para não haver duvida, serão obrigados os capitães dos ditos barcos trazer certidão do nosso Feitor do Congo por que conste carregarem os ditos cavallos nos portos referidos.

4. Que os capitães da cidade de Goa não obrigarão as embarcações que vierem dos portos do Rey do Canará, e trouxerem cartaz do Feitor de Mangalor, tornem aqui a tomar outros, nem no passo de Pangim serão obrigados a pagar mais do que antigamente pagavam; por quanto nos annos passados se tinha alterado aquelle estylo pedindo o que lhes parecia.

5. Que os Padres e Missionarios assistentes no Reino do Canará não farão christãos por força, nem tomarão orphãos, nem matarão vaccas.

6. Que os Capitães móres e mais Capitães das nossas armadas por virem comboyando os barcos de arroz dos vassallos do Rey do Canará, não obrigarão aos donos a lhes darem fardos de arroz, nem outra cousa pelos acompanharem, e os tirarem dos portos.

7. Que hindo os barcos do Rey do Canará e seus vassallos para os portos do Congo e Ormuz, não serão tomados no mar, levando cartazes; e só os poderão tomar nos portos da Arabia, quando nelles os achem os barcos do Estado, ainda que levem cartazes passados na secretaria do Estado.

8. Que os vassallos do Rey do Canará não pagarão juncão de suas pessoas nas fortalezas e terras do Estado.

9. Que o Estado lhe fará graça de largar as duas embarcações, que dos portos de El-Rey do Canará trouxe apresadas a armada do anno passado, com a sua fazenda, e por estas

estarem já vendidas, se lhe dará o dinheiro procedido dellas, e dos cascos das taes embarcações. 1714 Fevereiro 19

10. Que o Estado se esquecerá de toda e qualquer offensa que o Rey do Canará lhe tiver feito, e na mesma fórma o Rey do Canará se esquecerá de toda a que possa ter recebido do Estado, sem que do dia do ajuste deste tratado e alliança em diante se possa alguma das partes contravir a tudo, ou a qualquer dos capitulos e condições ajustadas, nem menos poder repetir, nem ter acção alguma para poder pedir algum damno, ou perda que de cada huma das partes se tiver recebido.

11. Que na feitoria de Mangalor não haverá moinhos de azeite.

12. Que vindo embarcações do Canará carregadas de arroz, ou comboyadas ou ventureiras, se lançará bando nesta cidade para que nenhuma pessoa de qualquer qualidade e condição que seja leve qualquer das ditas embarcações para os seus palmares, para nelles as descarregarem, nem tomem o arroz das taes embarcações por força ou sem dinheiro, mas antes se pagará logo quando se comprar, e tirar das ditas embarcações, e no caso que qualquer das ditas pessoas queira tirar o tal arroz por força, sem logo pagar o dinheiro, os parangueiros donos delles se queixarão logo, para se lhe mandar fazer justiça, e impedir a tal violencia.

13. Que havendo alguma duvida ou differença entre o Estado e o Rey do Canará, e mandando Embaixador a esta côrte para decisão della, se não fará hostilidade alguma nas terras do dito Rey emquanto o Embaixador estiver nesta cidade, e durante o tempo de sua embaixada; e o Rey do Canará usará o mesmo com o Estado.

As quaes condições, propostas e ajustadas por huma e outra parte, acceitaram o dito Ex.$^{mo}$ Sr. Vasco Fernandes Cesar de Menezes, Vice Rey e Capitão geral da India, e o dito Embaixador Caddaxe Damarsse Porbú, em nome delRey Quellody Bassovapa Naique, e sobre ellas se fizeram novas conferencias com o Secretario do Estado João Rodrigues Machado, que foram bem entendidas pelo dito Embaixador por

1714 Fevereiro 19 meio de Vittogi Sinay Benddó, lingua deste Estado, e Salvador Pereira, lingua do mesmo Embaixador, que lhes declararam na lingua bramana, por elle não entender a portugueza, e ambos os ditos Sr. Vice-Rey e Capitão geral da India, e o dito Embaixador se obrigaram a que as ditas condições se guardariam reciproca e inteiramente, sem se alterarem em cousa alguma, a saber, o dito Sr. Vice-Rey e Capitão geral da India por si e seus successores no dito governo, e o dito Embaixador pelo dito seu Rey, e pelos mais que lhe succederem, sem nunca em tempo algum contradizerem, nem quebrarem as ditas capitulações da paz e amizade, antes as terão e manterão, e guardarão inviolavelmente, e para maior firmeza a juraram ambos os ditos Sr. Vice-Rey e Capitão geral da India no juramento dos Santos Evangelhos, pondo a mão em hum missal, e o dito embaixador pelo juramento do seu rito de arroz e betle posto sobre a cabeça e olhos, a que se acharam presentes os ditos Conselheiros do Estado, e se assignaram ambos, o dito Sr. Vice-Rey e Capitão geral da India, e o dito Embaixador com os sobreditos Conselheiros do Estado e os linguas referidos. E eu João Rodrigues Machado, Secretario do Estado, que as conferi com o mesmo Embaixador pelos linguas referidos, que de tudo dou minha fé, fiz escrever e assignei no dia acima referido.—Vasco Fernandes Cezar de Menezes—Signal (canará) do Embaixador Caddoxe Damarçá Parabu—João Rodrigues da Costa—Manuel Saraiva da Silveira—João Borges Corte Real—D. Luiz da Costa—D. Christovão Severim Manuel—João Rodrigues Machado—Vitogi Sinay—Salvador Pereira.

## Documentos relativos ao tratado antecedente com o Rey do Canará

### Traducção da carta de Quellady Bassavapa Naique, Rey do Canará, ao Ex.mo Senhor Vice Rey

(Arch. da India, livro 1.º de Pazes, fol. 274.)

1713 Dezembro 28 Ao grandioso Vasco Fernandes Cezar de Menezes, Vice-Rey do Estado, escripta por mim Quellady Bassavapa Naique, com certeza em como muitos annos foi conservada amizade entre mim, e com El-Rey de Portugal, e espero de presente com a vinda de V. Ex.ª seja ella augmentada cada dia muito mais, e assim convem. A V. Ex.ª aos negocios de presente tenho remettido por Embaixador a Damarassá Parabú, e com elle junto vae o presente, que V. Ex.ª mandaré acceitar; e o que o dito Embaixador disser, ouvindo, fizesse V. Ex.ª conservar a amizade entre ambas as partes, etc. 1713 Dezembro 8

Aos 28 dias do mez de Dezembro de 1713 annos.

Foi feita a traducção acima por mim Vitogi Sinay Benddó, lingua do Estado.—Vitogi Sinay.

O original canará desta carta está junto á traducção.

### Carta do Vice Rey a Sua Magestade

(Arch. da India, livro das Monções, n.º 80, fol. 160.)

Senhor.—Como depois de partidas as naus para esse Reino se firmaram as pazes com ElRey do Canará, parece-me remetter nesta monção a copia dellas, para que Vossa Magestade veja a utilidade que se segue de se tratarem estes Principes com o rigor que merecem, e não duvido que emquanto lhe durarem as cicatrizes das feridas nos tenham mais veneração e respeito. 1715 Janeiro 5

Deus guarde a muito alta e muito poderosa pessoa de Vossa Magestade felicissimos annos. Goa 5 de Janeiro de 1715.—(Rubrica do Vice-Rey.)

### Carta de Sua Magestade ao Vice Rey, pelo Conselho Ultramarino

(Arch. da India, livro das Monções, n.º 82, fol 106.)

D. João, por graça de Deus, Rey de Portugal e dos Algarves daquem e dalem mar em Africa, Senhor de Guiné, etc. Faço saber a vós Vasco Fernandes Cezar de Menezes, meu Vice Rey e Capitão geral da India, que havendo visto a conta que me destes em carta de 5 de Janeiro deste anno em como 1715 Outubro 17

1715 Outubro 17 depois de partidas as naus para este Reino se fizeram as pazes com El-Rey do Canará, remettendo-me a copia da fórma e condições, com que as ajustastes, e que por este caminho se veria a utilidade que se seguira de tratar este Princepe com o rigor que merecia: Fui servido resolver por resolução de 10 de Outubro deste presente anno em consulta do meu Conselho Ultramarino de vos mandar agradecer o bem que me tendes servido nesta parte ajustando esta paz com El-Rey do Canará com condições tão favoraveis, e de tanta reputação para o Estado. El-Rey nosso Senhor o mandou por Antonio Rodrigues da Costa, e o Doutor Francisco Monteiro de Miranda, Conselheiros do seu Conselho Ultramarino, e se passou por duas vias. Miguel de Macedo Ribeiro a fez em Lisboa a 17 de Outubro de 1715. O secretario André Lopes de Lavre a fez escrever.—Antonio Rodrigues da Costa—Francisco Monteiro de Miranda.

## Resposta do Vice Rey

(Arch. da India, livro das Monções, n.º 82, fol. 106.)

1717 Janeiro 5 Senhor.—Hum dos maiores premios que posso conseguir da Real mão de Vossa Magestade em remuneração dos serviços que a Vossa Magestade tenho feito na India, he a approvação do que nella tenho obrado em reputação das armas de Vossa Magestade, ficando o desvanecimento de que as condições das pazes que ajustei com o Rey do Canará fossem tanto da real acceitação de Vossa Magestade. Deus guarde a muito alta, e muito poderosa pessoa de Vossa Magestade felicissimos annos. Goa 5 de Janeiro de 1717.—(Rubrica do Vice-Rey.)

(Illustram a historia destas pazes duas cartas do Vice Rey a Sua Magestade, uma na monção de Janeiro de 1713, e outra na de Janeiro de 1714; as quaes se seguem por extenso, por conterem curiosas noticias do Estado alem das que tocam ao Canará.)

### Carta do Vice Rey a Sua Magestade

(Arch. da India, livro das Monções, n.º 78, fol. 124.)

Senhor.—Partindo de Lisboa a 16 de Abril parecia mais natural arribar á Bahia que chegar a Goa, mas assim como a inconstancia dos tempos prejudica, tambem a variedade delles favorece, e isto mesmo experimentei na passagem da linha, porque achando-se geralmente nella em toda a occasião bastantes calmas, não encontrei nenhum só dia de bonança, motivo por que consegui o que aos mais experimentados praticos parecia difficultoso alcançar. Continuei a minha viagem felizmente até altura de 35 graus, 80 leguas a l'oeste do Cabo de Boa Esperança, donde me entrou hum tempo rijo, que sendo preciso correr com elle, me não pôde acompanhar a fragata *Santa Joanna,* a quem até ali tinha feito boa companhia, ainda que com o descommodo de arribar todos os dias 5 e 6 leguas sobre ella; o tempo me durou quatorze dias com a mesma força, e a duração delle nos dava bastante cuidado, assim pelo que respeitava a virmos em huma nau de poço, aberta e arrombada já pelo muito que trabalhava com os mares, como por recearmos que a fragata nossa companheira não podesse aguentar tão rigoroso tempo, o qual quiz Deus que abonançasse de maneira que podessemos navegar sem tanto risco. 1713 Janeiro

Cheguei a Moçambique aos 16 de Julho, donde tinha entrado a nau *Santa Joanna* sem mais avaria, que a de se lhe abater a coberta da carga; em Moçambique estive hum mez esperando a monção para Goa, e por não perder tempo, nem o ter ocioso no serviço de Vossa Magestade, tratei de ver a fortaleza, e examinar o que era necessario para sua segurança, pois não ha duvida que nella consiste a subsistencia deste Estado. A fortaleza tem suas imperfeições e irregularidades, porém, não são defeitos que prejudiquem, porque os inimi-

1713 Janeiro gos da Asia não podem, nem tem meios para a sua conquista. O forte, que o Conde de Villa Verde tinha principiado, mandei acabar, porque alem de ser necessario naquelle sitio, lhe não faltava mais que os terraplenos e parapeitos.

Tendo noticia em Moçambique que as poucas conveniencias, que se tiravam hoje de Senna a respeito das que em algum tempo havia, era a causa a inimizade do Changamira, tratei logo de expedir patamares com ordens a alguns vassallos poderosos, que Sua Magestade tem em Senna, Sofalla e Tete, para que unidos todos concorressem com o que fosse necessario a fim de nos congraçarmos com o tal Changamira; espero não seja infructuosa esta diligencia; e póde Vossa Magestade estar certo que se conseguir esta amizade, respirará a India, e tornará a ter as antigas conveniencias, porque o resgate do oiro, prata, e marfim será tão avantajado, que possa este negocio supprir a falta dos mais que por inercia dos homens se vêem extinctos.

Parti de Moçambique aos 15 de Agosto fazendo comboy ao navio de Senna, que supposto tinha passado o marfim para as duas fragatas, não me pareceu justo largal-o, considerando o risco que podia ter nesta costa, e não foi temerario este juizo, porque ao sul dos Ilheus Queimados o andavam esperando algumas pallas e galvetas do Melondy, que depois de nos reconhecerem, foram buscar a terra e metter-se debaixo da sua fortaleza. Aos 15 de Setembro entrámos neste porto, não experimentando a molestia, que costuma trazer comsigo a viagem da India, porque na nau *Santa Joanna* não morreu nenhuma pessoa, e na minha só quatro, em que entrou hum dos filhos de D. Angelica.

Tomei posse deste governo achando-o tão exhausto de dinheiro, e de gente, como poderá dizer a Vossa Magestade o Vice Rey D. Rodrigo da Costa, sendo precisas huma e outra cousa para se poderem expedir as armadas a tempo conveniente, que nisto consistem as fortunas, ou infelicidades da India; e porque ella não tivesse outra desgraça similhante á que experimentou o anno passado com a perda total da cafila do Norte, mandei com a deste anno tres fragatas de guerra, quatro pallas, hum patacho e duas manchuas, e ainda assim estava o inimigo Angriá com o seu poder junto para ver se podia nesta occasião ser tão bem succedido como na passada; porém, reconhecendo o bom comboy que levava a cafila, se resolveu a destacar quatro pallas e seis galvetas para observar a nossa armada, e ficando muito atraz della duas pallas nossas com huma embarcação que andava menos, foram atacadas pelas quatro pallas e seis galvetas do inimigo, que durando a contenda dois dias e duas noites, se retiraram as embarcações do inimigo com muita gente morta e ferida, e da nossa parte só tres, em que entrou hum dos capellães das ditas pallas; e se o anno passado D. Luiz da Costa levára comsigo alguma embarcação mais ligeira, como o requereu, he certo lhe não succederia perder a cafila, e arriscar-se a perder a capitania, que infallivelmente depois de ser desalvorada e aberta com rombos ao lume d'agua, com muita gente morta e ferida, seria tomada, a não ter D. Luiz da Costa tanto valor e tanta constancia, que bem pareceu nesta occasião sobrinho de seu tio. 1713 Janeiro

O Angriá he o mais prejudicial inimigo que hoje tem o Estado. Este se vê tão rico, poderoso, e oppulento com as muitas e importantes prezas que tem feito, que me põe em hum continuo susto, porque como as praças do Norte não têem o necessario para a sua defeza, temo intente alguma cousa contra ellas; e porque este negro se não ponha mais formidavel, determino fazer neste verão toda a diligencia para abatello.

Quem dirá, Senhor, que chegando do Reino duas naus em Maio, e duas em Setembro, se não achem na India vivos mais que cento e onze pessoas, entre soldados, homens do mar, e artilheiros, e as naus tão incapazes de serviço, que para a *S. Caetano* poder hir a Timor, lhe fizeram as duas cobertas novas, e outras varias obras, e ainda assim dizia a mestrança que não poderia fazer segunda viagem. A *Princeza do Ceu* se lhe acharam os mastros podres, e de sua natureza tem taes manhas, que não só serve de extinguir a gente que embarca nella, mas não faz viagem, em que não gaste treze

1713 Janeiro mezes: a nau em que eu vim, esta está tão alquebrada e aberta, que só fazendo-se-lhe huma grande obra poderá servir mais tempo ao Estado; isto não he affectar miserias, he, Senhor, representar verdades; e não sou tão tonto que peça a Vossa Magestade novos soccorros para a India, conhecendo que na conjunctura presente lhe he a Vossa Magestade necessario repartil-os; mas quizera que as duas naus, que Vossa Magestade ordena venham todos os annos de soccorro, se não busquem tão incapazes para esta carreira, que não possam trazer mais gente e lhes seja preciso arribarem á Bahia ou a Moçambique, donde fazem a Vossa Magestade huma consideravel despeza alem do prejuizo que se segue a este Estado, que nenhuma cousa o tem posto em tanta miseria como as arribadas, e dilatações das naus do Reino.

Os navios que tem duração na India são os que se fazem no Brazil, porque não entra o cariá com elles, como se vê na fragata *Nossa Senhora da Estrella,* e na que presentemente vae para o Reino, pois havendo quinze annos que estão na India, ainda poderão durar e servir outros tantos annos, e não me parece que póde haver difficuldade em se escolherem das naus do Porto as que vierem para a India, porque a maior parte dellas são feitas em o Brazil.

Supponho que o Vice Rey D. Rodrigo da Costa daria já conta a Vossa Magestade da proposição que os Arabios do Congo fizeram ao General do Estreito sobre a paz do Imamo de Mascate, e supposto não esteja até agora mui adiantada esta pratica, não duvido possa ter bom fim o principio della; porque como os Arabios necessitam da navegação para os seus commercios, os quaes não podem fazer não só pelo impedimento que lhes põem as armadas de Goa, mas porque não tendo outra parte onde possam concertar os seus navios mais que em Surrate, temem o não lhes valer o indulto daquelle porto, como lhes succedeu no tempo do Vice Rey Caetano de Mello. O que posso segurar a Vossa Magestade he que se se ajustar esta paz, seja com muitas conveniencias do Estado, e grande reputação das armas de Vossa Magestade.

Mombaça restituida por meio da paz, ou restaurada pelas armas de Vossa Magestade, de qualquer sorte se necessita de gente para a sua guarnição, porque o mau clima daquella terra a extinguia de sorte que era necessario mandar-se-lhe todos os annos grandes soccorros, o que não póde fazer presentemente a India, pois me não acho nella com mais de 750 soldados brancos, que tem o Terço. 1713 Janeiro

Alguns dos Principes da Asia fazem degrau do soffrimento para a sua exaltação, e hum destes he o Rey do Canará, que tendo feito nestes annos incriveis ignominias a este Estado, pertendeu agora que eu lhe restituisse hum navio carregado de cavallos, que no tempo de meu antecessor lhe haviam tomado com tão justa razão, como a de não trazer cartaz, e vir de hum porto inimigo com carga prohibida pela capitulação das pazes; mandou hum Embaixador a tratar deste negocio, e sem embargo de ser logo respondido, me pareceu justo escrever huma carta ao dito Rey, em que lhe dizia que para que visse o quanto eram justificadas as resoluções deste Governo, lhe remettia a copia das capitulações das pazes feitas no tempo do Conde de Linhares, e ratificadas nos governos de Antonio Paes de Sande, e Vice Rey Caetano de Mello; a isto me respondeu que lhe restituisse logo logo o barco, que se lhe havia represado, e que depois se trataria deste negocio; e mandou aos seus portos com pena de morte que ninguem désse arroz aos Portuguezes, nem ainda ás embarcações que lho podessem conduzir a Goa; pareceu-me devia castigar esta desattenção, que fazia lembrar as mais (que não sei com que pretexto ou motivo se toleraram) para o que mandei o Capitão mór José Pereira de Brito com treze embarcações de guerra, bons cabos e gente escolhida, com ordem que lhe represassem todas as suas embarcações, e lhe fizesse todas aquellas hostilidades que coubessem em o possivel, e que depois lhe tomassem os portos para que não sahisse nenhum arroz; e este he o mais sensivel castigo que póde ter; e nesta fórma, Senhor, me parece devemos usar com os Principes que tem mais soberania que poder, e eu me persuado a que será bem succedida esta acção.

1713 Janeiro A Luiz de Mello de Sampaio achei General do Norte; e pela sua soberania e imprudencia malquisto com todo elle, e especialmente com alguns Capitães e Cabos de maior nome, que perseguidos e vexados das suas sem razões, me requereram por varias vezes lhes admittisse a deixação dos seus postos. Mandou o dito Luiz de Mello arrombar as portas da cadeia de Baçaim, soltando todos os presos, mandando fazer novas chaves, e fazendo carcereiro, sem ter mais motivo para esta insolencia, que persuadir-se a que o Ouvidor geral do crime mandára prender hum homem, por lhe fazer este pesar; mandou soltar huns homens devedores á fazenda real, sem embargo de lhe requerer o Feitor o não fizesse; mandava fazer exorbitantes e escusadas despezas, e porque o Feitor lhe dizia as não podia fazer sem ordem deste governo, ou do conselho da fazenda, o injuriava, e ameaçava em tal fórma, que não tinha o Feitor mais remedio que obedecer-lhe, segurando-se sempre com protestos que lhe fazia; ordenava vocalmente aos rendeiros distribuissem dinheiro como a elle lhe parecia; consentia que seu irmão Lopo de Mello tirasse cartazes do Angriá para navegarem as suas embarcações; e finalmente tendo eu noticia que elle ajuntava gente para entrar algumas terras do Angriá sem nenhuma disposição, lhe ordenei o não fizesse, sem primeiro chegar a armada; e respondendo-me que daria cumprimento á minha ordem, dentro em poucos dias fez a dita entrada, sem haver incidente que o obrigasse a tal excesso; e foi tão mal succedida a sua acção, que sendo os inimigos em muito menos numero, o puzeram em huma vergonhosa retirada, perdendo hum ajudante, alguns soldados e muitas armas. Este ultimo successo foi o que me obrigou a tirar logo Luiz de Mello de General do Norte, nomeando em seu logar Manuel de Sousa de Menezes, Conselheiro deste Estado, soldado velho, não só cheio de prudencia, mas com muito conhecimento dos particulares do Norte pelo haver ja governado. Nomeei o doutor Miguel Monteiro Bravo por Ouvidor geral do crime das terras e fortalezas do Norte, e lhe ordenei tirasse devassa das culpas de Luiz de Mello, e remettida a dita devassa a esta Relação, foi pronunciado pelo Ouvidor geral do crime e pelo Juiz dos feitos. Dou esta conta a Vossa Magestade para que saiba as razões que tive para obrar nesta fórma. 1713 Janeiro.

Parece-me pôr na real presença de Vossa Magestade que não havendo na India mais negocios que o da China e Moçambique, se vão pondo em tal fórma que precisamente se extinguirão, se Vossa Magestade lhe não der algum remedio, porque para poder hir nau á China com alguma utilidade da fazenda real, he necessario que o Vice Rey rogue algumas pessoas particulares entrem a fazer o porão, que importa em 70:000 pardáos, e isto se remedeia extinguindo Vossa Magestade a companhia de Macau, a qual lançando nessa côrte mão das patacas, e de toda a prata para o seu contrato, fica não havendo nenhuma para a India, que he o unico genero que vae para a China.

Se Vossa Magestade permittir que venha marfim do Reino a Goa, dará grande baixa este genero em consideravel prejuizo da junta, e o mesmo considero em virem embarcações do Brazil a resgatar Cafres a Moçambique, porque tambem trarão marfim, como fez o navio que ali foi do Rio de Janeiro.

Prostrado aos pés de Vossa Magestade lhe peço que se lembre deste Estado, donde os Portuguezes adquiriram tanta gloria, que a não poderam escurecer as maiores emulações; e eu quizera, Senhor, com a honra e credito de creado de Vossa Magestade não só conservar a India, mas que ella florecesse em tal fórma, que Vossa Magestade se não arrependesse da escolha que fez da minha pessoa para Vice Rey della. Deus guarde a muito alta e poderosa pessoa de Vossa Magestade.

(Assim está sem data no registo, mas he de janeiro de 1713).

## Carta do Vice Rey a Sua Magestade

(Arch. da India, livro das Monções, n.º 79, fol. 254.)

1714 Janeiro 17 Senhor.—Queira Deus que o Vice Rey meu antecessor tenha logrado a dita de chegar aos pés de Vossa Magestade para nelles não só alcançar a fortuna de que se faz digno, mas para representar a Vossa Magestade mui individualmente a miseria em que ficava este Estado, o qual não respira das oppressões que padece, porque totalmente lhe negam o remedio de que necessita.

Nesta monção chegaram tres naus desse Reino a este Estado, mas com tão pouca gente de soccorro, que não passou de 123 soldados, de que haveria já mui poucos, se não prevenisse mandal-os logo para Mormugão, e embaraçasse que as Religiões os recebessem com o excesso que costumavam[1];

[1] Já o Vice-Rey Conde de Linhares pelos annos de 1630 se queixava amargamente para a côrte de que á chegada das naus do Reino os Frades hiam a ellas, e levavam para os conventos, dispostos a tomar o habito, os melhores soldados. Vieram da côrte muitas ordens contra este abuso, que todavia não cessou, como se vê desta carta.

Veja-se mais outra do Vice Rey Conde de Lavradio, que diz:

1672 Agosto 24 «Senhor.—Pareceu-me dar por esta conta a Vossa Alteza como as Religiões desta cidade estão cheias de soldados, sem embargo das muitas advertencias que tenho feito aos Prelados dellas, por escripto, vocalmente, e com copias das muitas ordens de Vossa Alteza que ha sobre esta materia, intimando-lhas para que os não recebam, e que faltando no comprimento dellas havia de mandar pôr verbas nas suas ordinarias; e posto que respondem as cumprirão como ellas dispõem, comtudo o fazem pelo contrario, e me consta haverem recebido mais de 200 soldados em todos os conventos, e não ha meio de que se não tenha usado para esta prohibição ter effeito, porém, tudo quebrantam. E porque convem muito ao serviço de Vossa Alteza conservarem-se soldados para as armadas, e não se haverem aproveitado as diligencias que se hão feito, deve Vossa Alteza ser servido mandar prover de algum meio efficaz para que as Religiões se abstenham no quebrantamento das ordens reaes, que ha sobre este particular tanto do serviço de Vossa Alteza e bem commum da Republica, pois sem armadas se não póde conservar. Deus guarde a catholica e real pessoa de Vossa Alteza muitos annos. Goa 24 de Agosto de 1672.—Luiz de Mendonça Furtado.»

(Arch. da India, livro das Monções, n.º 37, fol. 199.)

e lhe preciso dizer a Vossa Magestade que a India não está 1714
em termos de que queiram com os soccorros fantasticos sup- Janeiro 17
prir aquelles que mui naturalmente cabiam em o possivel, e a ninguem se fará crivel que vindo tres embarcações de soccorro para a India, deixasse de vir nellas aquillo mesmo que costumava, e podia vir em huma só nau; pois, Senhor, esteja Vossa Magestade na certeza de que vieram tão destituidas do preciso, que foi necessario para remetter as duas que agora mando, apparelharem-se as armadas com cabos pouco capazes de serviço.

Como os homens que nestes annos costumam vir para a India são sem honra, e vem por violencia, apenas chegam, desertam logo, trocando a liberdade pela escravidão, e não he possivel impedil-os pela vizinhança que ha com a terra firme, donde padecem e experimentam excessivos trabalhos, em que não consideram, porque a sua natureza os encaminha para estes e outros vicios em prejuizo da nossa reputação.

Em a monção passada dei parte a Vossa Magestade que me era preciso castigar ao Canará, assim pela resistencia que fazia em dar provimento de arroz para esta cidade, como pelo exorbitante preço por que o vendia, e desattenção com que tratava os officiaes e soldados daquella armada, o que tudo redundava em damno do Estado pelo muito oiro que mandava para esta conducção, e em descredito dos Portuguezes, e que tinha partido a armada, em que foram 350 homens de desembarque, sendo Capitão mór della José Pereira de Brito, por achar na sua pessoa todas as circumstancias necessarias para similhante empreza, assim pelo valor de que era dotado, como por conhecer nelle hum desejo grande de honra, que o obrigaria a satisfázer o empenho em que estava mettido, e se lhe havia recommendado.

Aos 15 de Janeiro partiu a armada desta barra, que constava de treze embarcações de guerra entre fragatas ligeiras, pallas e galiotas, e aos 18 chegou ao porto de Comutá, que por ser de pouco fundo, como são quasi todos os desta costa do Canará, se não pode entrar senão com embarcações pe-

1714 Janeiro 17 quenas; nelle acharam os nossos onze do Canará, a que se poz logo fogo, por se não embaraçarem com ellas, e se perdoou então á terra, por não dar rebate nas praças mais visinhas.

Daqui foi correndo o Capitão mór até Onor com ordem que visse como com bom successo poderia fazer damno á fortaleza, porque não tendo aquella segurança que se póde achar nas contingencias de guerra, não era bem arriscar o primeiro successo, porque seria a desgraça occasião de intimidar os nossos, e animo aos inimigos; examinou o Capitão mór o que foi necessario, e não obstante achar grande difficuldade, por ser a fortaleza a melhor que tem o Canará, e estar posta a lume da agua, e neste tempo bem presidiada, quiz saltar em terra, mas avistando tres naus ao mar, as foi reconhecer, e descaindo com esta diligencia a barra de Onor, desistiu da empreza, e aos 21 de Janeiro chegou á barra de Barcelor, e ordenando a dois Capitães de duas pallas pequenas que entrassem debaixo de todo o risco, e elle com a gente o seguiu nas embarcações pequenas. Das pallas se bateu tão furiosamente a fortaleza, que veio a terra hum lanço da muralha, e os nossos soldados desembarcaram com tanto impeto e resolução, que foram assolando tudo, e queimando povoações inteiras. Durou este incendio do pôr do sol até meia noite, e arderam tambem no rio dez parangues, huma galiota, e huma nau de alto bordo. Emquanto isto se obrava, teve noticia o Capitão mór, que de traz de huma ponta, que fazia a terra, estava huma bateria guarnecida de gente e artilharia; logo na manhã de 22 a investiu e ganhou com a espada na mão; tirou-lhe a artilharia, queimou a povoação, que era grande e rica, e tambem arderam dez embarcações entre grandes e pequenas, e a maior perda foi hum armazem de provimentos e carga para muitas naus, a que se poz o fogo, e nada escapou do incendio; e o Capitão mór não conduziu para a nossa armada mais que as peças que se acharam na bateria, e as que estavam na fortaleza, que tambem se demoliu.

Aos 23 de Janeiro chegou a nossa armada á barra de Calianapor, que estava defendida com huma fortaleza de sete baluartes, donde se fazia fogo incessantemente; sem embargo disso passaram as nossas embarcações pequenas, que para as grandes não havia fundo, e entrando dentro foram queimando todos os navios que estavam no rio, e assolando tudo com grande damno do Canará, porque foram muitas as povoações que arderam, e durou o incendio o que durou o dia. De noite quiz o Capitão mór assaltar a fortaleza, porém, foi preciso que a gente descançasse, e tanto que amanheceu, saltou com ella o Capitão mór, e não obstante muito fogo que fazia, foi levada por assalto, e demolida, recolhendo-se a artilharia ás nossas embarcações. 1714 Janeiro 17

Aos 25 chegou a Cattapalle, aonde entrando pela barra, e dividindo a gente em tres corpos, foram assollando a terra, entrando por ella mais de tres leguas, nas quaes não ficou edificio que não ardesse, como tambem todas as embarcações, que se acharam no porto.

Eram já 27 quando chegou a Molloquim, e para o Governador da terra evitar o damno que padeceram os outros, mandou cometter partidos ao Capitão mór, mas conhecendo este que era buscar dilações até lhe vir soccorro, entrou pela barra, e por ser de noite foi seguindo até topar com pouco fundo, e amanhecendo neste tempo, se viram debaixo de huma fortaleza, e juntamente acommettidos os nossos que estavam em terra de 500 Canarás, que chegaram a pelejar corpo a corpo com os nossos, donde foi grande a contenda, porém, á vista della obraram 50 soldados com tanto valor, que fizeram fugir os inimigos, e foram assolando a terra com o mesmo estrago que tinham feito nas mais occasiões.

O ultimo porto que restava era o de Mangalor, que já estava guarnecido com 4:000 homens de pé e 1:500 de cavallo; a elle chegou o Capitão mór aos 30 de Janeiro, e dando ordem a todas as embarcações que entrassem, o fizeram com grande resolução e risco, e dois dias estiveram batendo a fortaleza, que respondia com a mesma furia, até que o Governador da terra pediu que se suspendessem as armas, e se avisasse ao Rey, para o qual hia huma carta minha, e em-

1714 Janeiro 17 quanto este Rey se reduzia ao que era justo, houve esta suspensão, mas ainda que se não fez damno á terra, se fez muito ao contrato, porque o Capitão mór conforme a ordem que levava, repartiu a sua armada pelos portos, dos quaes em todo o verão não sahiu navio, nem embarcação alguma para fóra.

Era já meiado de Abril, tempo em que se havia de recolher a armada, e porque o Rey, ainda que pretendia ajustar-se, não acabava de se determinar, mandei ao Capitão mór que se recolhesse a segurar a lua em Angediva, ou na enseada das Gallés, e de caminho destrui-se Comutá, Gocorná e Mirzeo; assim se executou, e porque estes portos não esperavam similhante castigo, foi nelles maior o estrago pela muita fazenda que se lhe queimou, e entre ella hum celebre templo, que era o de maior veneração destes gentios.

Este foi o successo, no qual com tão pouca gente se obrou tanto, de sorte que em 36 leguas de terra, não escapou ao Canará povoação que se não queimasse, nem navio que não ardesse, e foram estes oitenta e dois entre grandes e pequenos, e quatro fortalezas demolidas. O desconto deste successo foram 30 feridos e 12 mortos no conflicto; mas o de maior sentimento foi a morte do Capitão mór que por vir muito enfermo do mar morreu brevemente em terra. Os Capitães particulares, e mais officiaes todos satisfizeram as suas obrigações; e os soldados procederam com muito valor; nem podia deixar de ser assim, pois sendo tão poucos obraram tanto. O inimigo alem da hostilidade que se póde considerar em tantas povoações e fortalezas destruidas, a não teve menor nos muitos que morreram, porque em toda esta contenda, que foi huma batalha successiva, estavam os seus soldados prevenidos para a defensa, e nunca largaram o posto senão depois de huma profiada resistencia. Os mesmos Canarás publicam que em nenhuma das guerras que tiveram com o Estado padeceram tantas perdas das fazendas e vidas, porque estas passaram de 600 e tantas, e aquellas de 5.000:000 de pagodes; mas como o principal motivo que este Rey teve para me dar occasião a este excesso, era suppôr a total dependencia que tinhamos dos seus portos, se desenganou de sorte que não vindo delles nenhum mantimento, nunca valeu em Goa tão barato; e com esta experiencia se resolveu a procurar huma nova paz por meio de hum Embaixador, que fica já em Goa tratando della, e he certo a ajustarei com grande conveniencia do Estado, e credito da nação. 1714 Janeiro 17

O Rey de Sunda parecendo-lhe que o nosso soffrimento havia de tolerar sempre as suas desattenções, depois de varias advertencias minhas permittiu que o Bispo da Propaganda existisse em as suas terras, obrando nellas tão escandalosamente, que não só estava ordenando por dinheiro aos Canarins destas Ilhas, criminosos e mal procedidos, mas erigiu de hum pagode dos gentios huma igreja para os catholicos com grande sentimento dos que verdadeiramente o são, e não sendo a distancia, em que se achava este Bispo, mais de 3 leguas, offendia o Padroado Real de Vossa Magestade em exercitar a occupação, a que o precisava a sua conveniencia. Este motivo, e o permittir continuamente o Rey de Sunda que os nossos soldados desertassem pelas suas terras, me fez resolver a entrar-lhe nellas, fazendo-lhe algumas hostilidades, e surprehendendo-lhe a fortaleza de Sirodá, que demoli logo, sem mais perda que a de 5 soldados feridos, e por não experimentar maiores damnos, tratou de propor alguns concertos, os quaes não foram admittidos sem primeiro pagar 40:000 pardáos, respeitando á despeza que o Vice Rey Caetano de Mello de Castro fez com a conquista de Pondá; e fica o seu Embaixador em Goa ajustando estas desconfianças; e se nos achassemos com meios para obrar desta sorte com os mais Principes da Asia, he certo nos teriam aquella veneração e respeito, que os Portuguezes lograram nella antigamente.

Em a monção passada dizia a Vossa Magestade que os Arabios continuavam a praticar da paz por meio de alguns Xeques moradores em o Congo, porém, agora se deixa ver que esta proposição se encaminhava só a quererem concertar em Surrate a sua armada, sem que a nossa os pertur-

1714 Janeiro 17 basse; e com effeito vieram em Novembro a esse fim, e eu me achava mui duvidoso em o que devia obrar, por que por huma parte sabia que conseguindo o concerto das suas embarcações, começariam novamente a inquietar-nos, que he o que não fizeram em o governo passado, e o que costuma perturbar mais as disposições delle; por outra ignorava o como os Mogores poderiam levar o faltar-lhe eu á imunidade do seu porto. Livrou-me desta perplexidade a insolencia, que os mesmos Arabios fizeram em aquelle porto, represando nelle hum pataxo de Macau, que ali estava fazendo o seu commercio, e foi tão sensivel do Nababo esta desattenção, que rompeu dizendo que folgaria que os Portuguezes fossem com a sua armada, porque não só os havia de ajudar no Poço, mas ainda em o mesmo rio, donde estavam já as duas maiores fragatas concertando. Este bom animo com que se achava o Nababo, e a razão já referida, me obrigaram a expedir a nossa armada a cargo do General Francisco Pereira da Silva, que constava de quatro fragatas grossas, quatro pallas, huma galiota e hum borlote, e como do bom successo desta empreza depende as fortunas da India, foi a ella tudo quanto bom havia em Goa; brevemente espero a noticia desta contenda, que quererá Deus seja muito a favor das nossas armas, porque ainda que a armada do inimigo consta de oito fragatas, as duas de maior força estão encalhadas em terra, e das seis, são quatro mui ligeiras.

Em Março passado mandei huma fragata de trinta e quatro peças conduzir alguma gente, munições e armas a Chaul, e estando já em terra este soccorro, veio o Angriá com toda a sua armada, que constava de cinco pallas e doze galvetas em busca da fragata; o Capitão por lhe poupar esse trabalho, ou por não dilatar-se a si a gloria que esperava da contenda, foi logo em demanda do inimigo, e principiando-se a disputa huma quarta feira de manhã, durou até a sexta á noite, em que desenganado do triumpho que esperava, se recolheu em o seu porto bastantemente abatido, porque as suas pallas e galvetas foram todas destroçadas menos huma, que se foi ao fundo; perderam 180 homens mortos e 176 feridos; da nossa parte houve 18 mortos e 22 feridos. Recebeu a fragata em o costado, obras mortas e mastros 532 ballas de 4, 6 e 12 libras; e o que faz mais estimavel esta occasião, he o serem testemunhas della duas fragatas Inglezas, que se achavam em o Culabo ajustando huma paz vergonhosa, que o General de Bombaim fez com este inimigo. Aos Capitães de Mar e Guerra dei o fôro, aos Capitães Tenentes dei o habito e aos mais Capitães e officiaes acrescentei á proporção de seu merecimento, não só por se fazerem dignos delle, mas porque o premio servisse de estimulo aos mais para os imitarem. 1714 Janeiro 17

Como por falta dos soccorros não pude fazer ao Angriá a guerra que era precisa para abater a sua soberba, e castigar as suas insolencias, mandei o Capitão mór Antonio Cardim fazer-lhe o sitio por mar ao Culabo com as cinco pallas do norte, duas manchuas e oito galvetas, para lhe embaraçar o seu corso, que he o que o tem exaltado, ou precisal-o á peleja; e he certo que o repugna, porque estando ha tres mezes as nossas embarcações juntas á sua barra, se não resolve a sahir della.

A diligencia que dei parte a Vossa Magestade tinha feito em Moçambique para se conseguir a paz com o Changamira, e se continuarem as feiras para os resgates, foi tão bem succedida que os seus Embaixadores ficavam em Tete, e por esta conta foi mais avultado o resgate de oiro; porém, torno a dizer a Vossa Magestade, que se se não vedar o marfim, nunca se verá a junta livre de empenhos, porque o pouco que se tira do Macuane, faz com que se desencaminhe o mais, que he com grandissimo excesso.

Os furtos e descaminhos, que ha da fazenda de Vossa Magestade são tão multiplicados, que não basta toda a diligencia e cautela para diminuil-os, e quando me parece tenho atalhado alguns, encontro novamente com outros, e são raros os homens que deixam de ser comprehendidos neste delicto, e todos se persuadem, por hum abuso introduzido na India, que Vossa Magestade perdoa todos os furtos em as quintas feiras das Endoenças; e não he possivel capacital-os

1714 Janeiro 17 do contrario; e o peior he que até em alguns dos Parochos persiste esta ignorancia ou malicia; e se se evitassem estes descaminhos, bem se poderiam supprir largamente as despezas, sem que o Estado contrahisse alguns empenhos, que a necessidade faz precisos.

Tenho sido bastantemente extenso, mas o mesmo seria se reduzisse a cartas estes capitulos, nos quaes verá Vossa Magestade o quanto tenho cuidado em merecer a honra, que me faz a sua grandeza e porque espero ma continue, não duvido attenderá Vossa Magestade ás molestias que padeço adquiridas todas gostosamente em o seu verviço; porém, como o achaque da pedra me persegue mui desordenadamente, e em tal fórma me maltrata, que varias vezes tenho estado em bastante risco, me he preciso pedir a Vossa Magestade me allivie desta assistencia acabados os tres annos do meu governo; e póde Vossa Magestade estar certo que durante elle não deixarei de continuar no seu serviço com aquelle zêlo e amor, que Vossa Magestade tem sempre experimentado. Deus guarde a muito alta e muito poderosa pessoa de Vossa Magestade felicissimos annos. Goa 17 de Janeiro de 1714.

---

## Negociações com o Mogor

### Carta de Sua Magestade ao Vice Rey

(Arch. da India, livro das Monções, n.º 78, fol. 15.)

1711 Agosto 31 Vice Rey da India, Amigo.—Eu ElRey vos envio muito saudar. Viu-se a vossa carta de 20 de Novembro do anno passado, em que dais conta de ficardes esperando a remuneração do sagoate, que mandastes ao Grão Mogor, e das particulares finezas que esse Estado deve a Juliana Dias da Costa, mulher portugueza e catholica, que assiste no seu palacio, de quem o mesmo Rey faz grande caso. E pareceu-me mandar-lhe agradecer pela carta, que vae na via, o amor e zêlo, com que se ha nos particulares desse Estado, que lhe fareis remetter e entregar com segurança. Escripta em Lisboa a 31 de Agosto de 1711.—Rey. 171 Agosto 31

Resposta do Vice Rey

(Arch. da India, livro das Monções, n.º 78, fol. 15.)

Senhor.—O sagoate que El-Rey Mogor offereceu, logo que chegou a este Estado, se entregou aos Procuradores da Rainha nossa Senhora, que affirmam ter feito a sua remessa a Portugal[1]; e como he indubitavel o valimento que com o 1712 Outubro 28

[1] Os sagoates ou presentes dos Reys visinhos pertenciam neste tempo á Rainha de Portugal. Em tempos mais antigos pertenciam a ElRey. Veja-se a provisão seguinte:

«Eu El-Rei faço saber aos que este alvará virem que por evitar alguns inconvenientes, e por justos respeitos que me a isso movem, hei por bem e mando que da chegada desta provisão ás partes da India em diante se me enviem a este Reino todos os presentes, que os Reys visinhos mandarem em meu nome ao Estado da India, nas mesmas peças em que se derem, com declaração que os cavallos, que se mandarem nos taes presentes, possa o Vice Rey ou Governador repartir como lhe parecer pelas pessoas que nas ditas partes me servirem; e tanto que os ditos presentes forem apresentados ao Vice Rey ou Governador, os mandará carregar em receita sobre a pessoa a que pertencer, para que os tenham em boa guarda, e nas primeiras naus que para este reino partirem os mandará embarcar com todo resguardo e tratamento devido, e entregar ao Capitão, Piloto ou Mestre da nau em que vierem, fazendo as obrigações necessarias para segurança do que lhe for entregue, de que se me enviará inventario pelas vias com obrigação da pessoa a que os taes presentes ou peças forem entregues; pelo que mando ao Vice Rey ou Governador, que ora, he, e ao diante for, e ao Vedor de minha fazenda nas ditas partes, que assim o cumpram e guardem, e façam inteiramente cumprir e guardar sem duvida alguma, e esta se resgistará nos livros da secretaria, e fazenda das ditas partes para em todo o tempo se saber como assim o houve por bem; e esta se passou por cinco vias, huma das quaes se porá na torre do tombo das ditas partes em boa guarda, e as outras se me tornarão a enviar por vias com certidão de como ficam registadas, e se entregarão ao meu Secretario do Estado do 1606 Fevereiro 17

1712 Outubro 28 dito Rey continua D. Juliana Dias da Costa, e o grande affecto com que esta mulher patrocina todos os particulares interesses da nação portugueza; ella se faz justamente acredora ás mercês e congratulações da real grandeza de Vossa Magestade, e a carta que para ella veio, lhe será remettida, e entregue promptamente. Deus guarde a muito alta e muito poderosa pessoa de Vossa Magestade felicissimos annos. Goa 28 de Outubro de 1712. — (Rubrica do Vice-Rey.)

**Traducção da pravana, que Abadul Axan, Vazir do magnifico e poderoso Rey Mogor, por sua ordem envia ao Governador de Surrate, Momichan, a requerimento do Vice Rey da India**

(Arch. da India, livro 1.º de Pazes, fol. 287.)

1714 Conforme a ordem delRey Mogor Pharuzier com a chapa do seu grande ministro Abadul Axan para Momichan, Governador de Surrate, dezeja saude, fazendo saber como havendo vindo á noticia de Sua Magestade que Araban Mascaty [1] insultavam os barcos dos mercadores, e cortando o caminho da gente que vae para Judá a sua devoção, succedendo depois haverem tomado hum barco mercantil dos Portuguezes, por cuja razão mandou o Vice Rey da India, Vasco Fernandes Cezar de Menezes, huma esquadra portugueza a pelejar com a armada dos de Mascaty a Surrate, donde fugiram destroçados e destruidos; e para que não tornem outra vez a Surrate, ElRey por esta causa decretou fazendo-me saber a mim para vos ordenar que Araban Mascaty não possa ter nenhuma entrada em Surrate, por ser velhaco, perjudicoso, ordenando que sempre tome armas contra elles por parte dos Portuguezes, com quem Sua Magestade tem toda a boa correspondencia, e especialmente com o Vice Rey, de quem

conselho da India; e esta valerá como carta, e não passará pela chancellaria sem embargo das ordenações que o contrario dispõem. Simão Luiz a fez em Lisboa a 17 de Fevereiro de 1606. E eu o Secretario Antonio Viles de Simas a fiz escrever. — Rey.

(Arch. da India, livro 2.º de Alvarás, fol. 8.)

[1] Isto he, os Arabios de Mascate.

tem recebido muitas attenções, e deseja corresponder-lhe, o qual retefico que conforme a ordem delRey não se lhe deve dar entrada em Surrate ao dito Araben Mascaty, favorecendo sempre aos Portuguezes tanto como for possivel, observando pontualmente sempre esta referida ordem de Sua Magestade, sob pena de ficar incurso no castigo, que se costuma dar a quem não obedece. Dely 28 de Javan, anno terceiro. 1714

### Carta do Vice Rey a Sua Magestade

(Arch. da India, livro das Monções, n.º 79, fol. 232.)

Senhor.—A potencia do Mogor, que se faz formidavel em toda a India mais pela grandeza do imperio, que pelo valor da nação, depois que conquistou todo o Industão, se avisinhou tanto ás terras do Estado que ficaram communs as raias de hum e outro dominio, e por essa causa se fez precisa da nossa parte toda a attenção, e boa correspondencia com este Monarcha, principalmente com Xalão, que se mostrava em tudo amigo da nação portugueza, e para que a sua inclinação continuasse, e fosse reciproca a correspondencia, resolvi mandar pessoa que a promovesse com o disfarce de huma cortez congratulação, em que lhe dava o parabem, por ser, quando cheguei á India, de poucos dias o seu reinado, em que succedeu por morte de Aranseb, como primogenito do Rey; mas porque estes barbaros não respeitam a prerogativa do nascimento, não foi este o que lhe deu a posse do imperio, senão huma victoria de muito sangue, na qual matou a Asantará, irmão segundo, que pertendia dominar, e mais a quatorze Principes, todos da geração real, e todos immediatos ao septro; e foram tantos os mortos de huma e outra parte, que os que menos affirmam, sobem o numero delles a 150:000. 1714 Janeiro 14

A pessoa, que nomeei para congratular ao novo Rey, na posse pacifica em que já se achava, e para confirmar a boa correspondencia, que já corria, foi o Padre José da Silva, da Companhia de Jesus, que partiu daqui em Novembro na pri-

1714 Janeiro 14 meira armada que despachei para o norte, mas ainda não tinha chegado a Surrate, primeira praça maritima do Mogor, quando tive noticia que era morto Xalão, e com suspeitas de veneno, e que entre tres filhos que lhe ficaram se contendia sobre quem subiria ao throno; disputou-se esta duvida na campanha, e depois de hum grande destroço sentenciaram as armas pelo primogenito, que antes de entrar na batalha se valeu das orações dos christãos, esperando que por ellas prevalecesse o seu direito, e a circumstancia de alcançar a victoria no mesmo dia em que se acabava huma novena, que fizeram por este motivo a Nossa Senhora, deu fundamento a crer a nossa piedade que fôra milagrosa, principalmente considerado o genio deste Principe, que era naturalmente inclinado aos christãos e Portuguezes, o que não tinham os outros dois.

Esta nova perturbação fez com que o Padre, que mandei por enviado, suspendesse a jornada, a qual não podia ser em melhor occasião, pois se via no successor do imperio o mesmo agrado que em Xalão, mas ouve nova e vigente razão para a não continuar, porque hum sobrinho deste Principe se levantou contra elle, e dando-lhe batalha o venceu, usando da victoria com tanta insolencia, que foram muitas as crueldades que executou nos Umbráos de maior supposição, e em muitas das mulheres destes, ás quaes mandou cortar a cabeça.

O Principe vencido se retirou a Agrá, cidade capital do Reino, aonde o foi buscar o sobrinho, que o sitiou até o render e degollar. Esta successiva e quasi repentina mudança de governo em hum imperio tão vasto e dilatado, experimentada em menos de hum anno, suspendeu a correspondencia intentada, porque em tantas revoluções não havia segurança nos caminhos, nem se fazia precisa esta urbanidade, porque as guerras domesticas não deixavam ao Mogor attender a mais que á propria conservação; comtudo, tanto que as perturbações se socegaram, se procuraram por intervenção de D. Juliana Dias os passaportes, que chegaram a Surrate para o enviado poder partir, o qual ainda fica na mesma cidade por ordem minha, que de novo lhe mandei, porque como expedi a armada, para que no mesmo porto pelejasse com os Arabios pela causa que elles deram ao rompimento, violando o mesmo porto na preza que fizeram em hum navio mercante, que veio de Macau, me pareceu que era conveniente fazer esta demora até a certeza de que os Mogores não tomavam por aggravo tão justa satisfação da nossa parte. 1714 Janeiro 14

Foi D. Juliana Dias a que fez expedir os decretos para poder partir o enviado, porque tambem ao presente se acha restituida ao valimento, que sempre teve do tempo em que entrou na côrte, que foi governando este Estado o Vice Rey Conde de Alvor, que mandando ao Mogor hum cirurgião, com quem estava casada esta mulher, o acompanhou, e foi tal o agrado que achou em todos os Principes, que logrou sempre o valimento de Aranseb e de Xalão, do qual usou com tanto zêlo em ordem ás dependencias deste Estado, que parece lhe não servia o valimento para outra cousa mais que para attender a tudo o que para bem do mesmo Estado se lhe propunha; porém, no governo deste ultimo teve gravissimas molestias, porque esteve presa por espaço de dois mezes, e se lhe confiscou o que tinha; mas já hoje se vê restituida não só do que era seu, senão da mesma graça do Imperador, e vae continuando no que se lhe recommenda com o mesmo zêlo do real serviço de Vossa Magestade que sempre teve, com tão pouca dependencia que até agora não pediu outros despachos mais que licença para comprar huma aldeia nas terras do Norte, a qual lhe dei, mandando-lhe passar Alvará. Deus guarde a muito alta e muito poderosa pessoa de Vossa Magestade felicissimos annos. Goa 14 de Janeiro de 1714.—(Rubrica do Vice Rey.)

### Carta do Vice Rey a Sua Magestade

(Arch. da India, livro das Monções, n.º 80, fol. 255.)

Senhor.—D. Juliana Dias da Costa me escreveu remettendo-me a carta inclusa para que a encaminhasse de sorte 1715 Janeiro 7

1715 Janeiro 7 que podesse lograr a fortuna de chegar ás reaes mãos de Vossa Magestade; e como esta mulher tem servido tanto a este Estado, não duvido experimente na real grandeza de Vossa Magestade as attenções de que se faz digna a sua pessoa, e pelo Conselho Ultramarino dou conta a Vossa Magestade dos serviços, que novamente tem feito. Deus guarde a muito alta e muito poderosa pessoa de Vossa Magestade felicissimos annos. Goa 7 de Janeiro de 1715.—(Rubrica do Vice Rey.)

### Carta do Vice Rey a Sua Magestade

(Arch. da India, livro das Monções, n.º 80, fol. 203.)

1715 Janeiro 13 Senhor.—Na monção passada dei parte a Vossa Magestade que tendo noticia chegára o Arabio com a sua armada ao Poço de Surrate, ordenei logo ao General Francisco Pereira o fosse buscar para pelejar com elle, por entender que debaixo da paz que offerecia, intentava reparar as náus, para com ellas invadir as terras do Norte, como tinha feito em outras muitas occasiões. A maior difficuldade que se podia encontrar para esta resolução, não era o poder contrario, mas o logar em que se achava, por estar defendido da immunidade do porto de hum Rey amigo e poderoso, motivos que obrigavam a ter com elle toda a boa correspondencia; mas quando esta attenção devia retardar o empenho com que determinava destruir este inimigo, elle foi o que buscou a occasião para lhe não valer o sagrado, a que se tinha recolhido, porque dentro do mesmo porto, que o segurava, rendeu hum navio de Macau dos vassallos de Vossa Magestade.

Logo do Norte se me participou esta noticia, e por não perder tão boa occasião, mandei propor ao Mogor o insulto dos Arabios, os quaes, sem attenderem ao respeito que se devia a Sua Magestade, violaram a franqueza do seu porto, e se atreveram a represar nelle hum navio mercante do Estado; que a determinação, em que me achava, era de castigar no mesmo logar do delicto os auctores do desacato, por me parecer que devia á amizade de ambas as Corôas tomar esta satisfação de huns inimigos, que no procedimento que obravam mostravam que o eram de ambas. 1715 Janeiro 13

Esta negociação teve tanto logar no conceito do Mogor, que não só agradeceu a proposta, mas despachou logo Formão ao Governador de Surrate para que tivesse os Arabios por inimigos communs, a quem devia fazer toda a opposição em beneficio das armas portuguezas, que lhe serviam ao presente de castigar a sua propria injuria; e porque o Governador se houve remisso nesta parte, o castigou o Rey com a deposição do governo e com a confiscação do seu cabedal.

Logrado o effeito desta negociação, não houve impedimento para não buscar o Arabio no mesmo porto, o que fez o General por ordem minha, e no dia 19 de Fevereiro do anno passado se deu principio á contenda, que foi huma das de maior empenho, e de maior gloria que ha muitos annos se viram nestes mares. Durou a batalha todo o tempo que durou o dia, porque principiando muito de manhã, não acabou senão depois de algumas horas de noite, da qual se valeu o Arabio para fugir, mas tão destroçado, que no golfo se lhe foi a pique a sua almiranta com toda a gente, e por noticias exactas que me chegaram de Mascate perdeu 1:800 homens na peleja, e a capitania chegou em forma, assim por vir desalvorada, como aberta, que a se dilatar mais a viagem, padeceria a mesma desgraça. As outras fragatas tambem chegaram com inexplicavel ruina. As nossas padeceram alguma avaria em os mastros e enxarcias, e tivemos em toda esta acção 28 homens mortos e 34 feridos, em que entrou o Capitão mór Antonio Cardim Fróes, procedendo nesta occasião com aquelle brio que costuma ter em todas; não fallo a Vossa Magestade na boa disposição, valor e accordo do General, porque se faz difficil expressal-o.

Quiz o Arabio despicar-se buscando alguma satisfação a huma perda tão sensivel, e não teve outro desafogo a sua ira mais que entrar no Estreito de Ormuz com algumas embarcações, e chegando ao Congo mandou intimar ao Governador da terra lhe mandasse entregar logo o Feitor de Vossa Magestade, e o Vigario da Igreja, e que se o não fizesse volun-

1715 Janeiro 13 tario, se achava com poder para o obrigar por força, a qual experimentaria toda a cidade, que determinava destruir; a resposta do Xibandar foi a que merecia tão barbara insolencia, de que offendido o Arabio, sabendo a pouca gente, com que se achavam os Persianos, lançou a sua em terra, e queimou algumas casas, saqueando outras, o que poude fazer com facilidade, por ser aberta e sem fortificação; concorrendo, porém, alguma milicia que o repente permittiu juntar-se, carregaram os Persianos aos Arabios com tanta resolução que estes se embarcaram com perda de muita gente, e affirmam que o Cabo desta empreza ficou morto.

O Feitor e Vigario me avisaram que o Rey da Persia sentira, como era razão, este aggravo, e que está resoluto a fazer guerra aos de Mascate, e para fomentar esta determinação me resolvi a mandar ao Estreito o General Francisco Pereira com quatro fragatas, as melhores que tem o Estado, porque sendo esta viagem a que se costuma fazer na India, neste anno era mais precisa pelas circumstancias presentes, pois se poderá conseguir o exterminar os Arabios daquelles portos, como já se effectuou do de Surrate, o que será com ruina infallivel destes barbaros, que como se sustentam do contrato, faltando-lhes os portos principaes do commercio, não poderão permanecer sem effeituarem algum ajuste com este Estado, de que se seguirão grandissimas conveniencias.

Deus guarde a muito alta e muito poderosa pessoa de Vossa Magestade felicissimos annos. Goa 13 de Janeiro de 1715.— (Rubrica do Vice Rey.)

## Carta do Vice Rey a Sua Magestade

(Arch. da India, livro das Monções, n.º 80, fol. 209.)

1715 Janeiro 15 Senhor.—D. Juliana Dias se acha já de posse da honra e mercê delRey Mogor, tendo com elle o mesmo valimento, que logrou com os mais Principes, sem embargo que algumas emulações a privaram por algum tempo desta fortuna; e não ha duvida que a carta, sagoate e Embaixador, que mandei ao dito Rey, serviu de muito para esta mulher se restituir a sua antiga estimação; mas he certo que permitte Deus assim pelo muito que serve a este Estado, e por intervenção sua tenho conseguido todos os particulares por que mandei Embaixador áquella côrte, e agora tive aviso ficava já de caminho com os ultimos formões que me faltavam. 1715 Janeiro 15

D. Juliana Dias tanto que lhe restituiram o que lhe tinham confiscado, me pediu licença para comprar huma aldeia em o Norte até o preço de 90:000 pardáos, o que lhe permitti, e com effeito fez já a dita compra e poderá fazer outras de maior consideração, porque só o que se lhe restituiu em joias importam 350:000 pardáos; tem huma neta casada e alguma familia em sua companhia, a quem Vossa Magestade deve fazer alguma honra, assim pelo merecer esta mulher, como porque a attenção de Vossa Magestade servirá de muito na comprehensão daquelles ministros, com quem D. Juliana gasta grande fazenda em sagoates só a fim de os ter propicios para as nossas pretenções. Deus guarde a muito alta e muito poderosa pessoa de Vossa Magestade felicissimos annos. Goa 15 de Janeiro de 1715.—(Rubrica do Vice Rey.)

### Carta de Sua Magestade ao Vice Rey, pelo Conselho Ultramarino

(Arch. da India, livro das Monções, n.º 81, fol. 72.)

D. João, por graça de Deus, Rey de Portugal e dos Algarves daquem e dalem mar, Senhor de Guiné, etc. Faço saber a vós meu Vice Rey e Capitão geral do Estado da India, que se viu a conta que me destes em carta de 14 de Janeiro do anno passado das alterações e successos que tem havido na successão do reinado do Mogor depois da morte a Aranseb, e causa que tivestes para mandar a seu filho Xalão, que se achava de posse do imperio, por enviado ao Padre da Companhia José da Silva, e as que vos tinham obrigado ao mandar deter emquanto não se punha em socego aquelle reinado, em que hoje se achava hum sobrinho do dito Xalão, que com o poder das armas tinha vencido e degolado ao reinante pri- 1715 Fevereiro 20

1715 Fevereiro 20 mogenito do mesmo Xalão, do qual esperaveis ter boa correspondencia com esse Estado, segundo as noticias de D. Juliana Dias, que se achava na sua graça, e tinha conseguido decreto para poder partir o Enviado; e pareceu dizer-vos que se reconhece obrastes bem neste particular de que daes conta, e espero de vosso zêlo continueis sempre, e com o maior cuidado em conservar toda a boa amizade com o Mogor, como Rey mais poderoso que tem a Asia, procurando ter sempre junto a elle pessoa portugueza ou de outra nação, que lhe sejam gratas, para que experimente nelle esse Estado os effeitos de hum Rey amigo, pois de o ser dependem tanto a nossa conservação e conveniencias. ElRey nosso Senhor o mandou por João Telles da Silva, e Antonio Rodrigues da Costa, Conselheiros do seu Conselho Ultramarino, e se passou por duas vias. Theotonio Pereira de Castro a fez em Lisboa a 20 de Fevereiro de 1715. O secretario André Lopes de Lavre a fez escrever.—João Telles da Silva—Antonio Rodrigues da Costa.

### Resposta do Vice Rey

(Arch. da India, livro das Monções, n.º 81, fol. 72.)

1716 Janeiro 10 Senhor.—Pela conta que dei a Vossa Magestade dos successos que houve no Mogor, que com tanta variedade se alternaram, tomei a resolução de mandar ao Padre José da Silva por Embaixador ao mesmo Rey, de que se seguiram os effeitos, que já em parte representei a Vossa Magestade na monção passada, de o fazer parcial das nossas armas, declarando por inimigo ao Arabio, a quem negou o porto de Surrate para os seus contratos, que de presente era o maior damno que podia experimentar, a isto se seguiu depois fazer doação gratuita á corôa de Vossa Magestade do districto e terras de Pondá, vizinha a Goa, de que estou esperando as patentes por intervenção de D. Juliana Dias, que tomou esta negociação ao seu cuidado, em ordem a expedir da côrte o Padre José da Silva, o qual trouxe tambem em sua companhia hum Formão para não pagarmos mais que 2 por cento nas alfandegas delRey Mogor, sendo até agora 6, e huma Pravana para que o Sidy Acut Can, e mais Nababos e Generaes confinantes com as nossas terras nos ajudassem em qualquer occasião de guerra; e o que póde deixar-me mais desvanecido he declarar ElRey Mogor que á minha contemplação fazia todos estes obsequios. Como este Rey nos póde dar o maior cuidado assim pela vizinhança, como pela potencia, he tão precisa a sua amizade que sempre se deve procurar a firmeza della, o que até agora fiz applicando todos aquelles meios que me pareceram convenientes, e não deixarei de continuar no que Vossa Magestade me recommenda de ter pessoa naquella côrte, que possa promover as dependencias do Estado, com insinuação de que possam ser reciprocas as mesmas dependencias, porque desta sorte se evitará o inconveniente que pelo Conselho Ultramarino se considera da especie do tributo e sujeição; duvida que só póde excitar a falta de experiencia[1], porque sempre as armas de Vossa Magestade foram na India independentes de qualquer poder, e especialmente em o tempo do meu governo, porque em toda a occasião as tenho feito respeitar. De presente faz D. Juliana o que Vossa Magestade ordena, a qual pela criação de tantos annos naquelle imperio, e pela experiencia dos estylos, com que se governa, he a mais capaz de menear este negocio, e a mais empenhada em tudo o que conduz para o real serviço de Vossa Magestade. 1716 Janeiro 10

Deus guarde a muito alta e muito poderosa pessoa de Vossa Magestade felicissimos annos. Goa 10 de Janeiro de 1716.—(Rubrica do Vice Rey.)

[1] Para boa intelligencia deste logar vão adiante outros documentos sobre o Mogor.

## Carta do Vice Rey a Sua Magestade

(Arch. da India, livro das Monções, n.º 81, fol. 131.)

1716 Janeiro 10 Senhor.—Pelo Conselho do Ultramar me ordena Vossa Magestade que supposta a diligencia que fazia de repetir novo sagoate ao Mogor depois de se lhe ter mandado outro no tempo do meu antecessor, e este de agora devia ser pela occasião de congratular áquelle Rey a victoria que alcançára de seus irmãos, que em caso que não tivesse partido, o suspendesse, porque esta ceremonia não parecesse alguma especie de tributo, e pretendam estes Reys que todos os Vice Reys de Vossa Magestade continuem o mesmo reconhecimento. Esta ordem já não chegou a tempo, mas quando chegasse, não devia ser a razão que se aponta motivo para alterar o que estava disposto, porque não subsistia o fundamento della.

Sempre este Estado teve tão notoria independencia de qualquer outro poder, que não ha dominante nesta Asia, que a não reconheça, e no tempo em que Vossa Magestade me tem entregue o governo da India, he patente que as armas de Vossa Magestade são mais respeitadas que reverentes. O estylo destas terras he que ainda as congratulações particulares são acompanhadas destes obsequios e quando se trata de potencia a potencia, he indispensavel o sagoate, e até o mesmo Mogor, quando tem negocios com o Estado, não escrupulisa nesta materia, pois he o primeiro que o faz sem reparo de que alguem se persuada a que he tributo o que he estylo.

Esta advertencia, que por ordem de Vossa Magestade faz o Conselho do Ultramar, implica com outra de buscar todos os meios de amizade entre o Mogor e o Estado, applicando ainda o de ter pessoa junto a elle para melhor a promover, porque ou se hade desistir de toda a communicação com aquelle Rey, ou se hade continuar a ceremonia do sagoate nas occasiões precisas. Donde he necessario que se não equivoquem estas materias, para se não impossibilitarem os fins que se pertendem, e a mesma razão persuade que recompensando o Mogor com outro sagoate o que se lhe offerece, o que não usa com vassallos, não póde acceitar por tributo aquillo mesmo que recompensa, e já o Padre José da Silva se acha em Baçaym com o sagoate do Mogor, sendo deferidas todas as pertenções, que lhe insinuou da minha parte, para o que traz Formões e Pravanas, declarando nellas que em obsequio da minha pessoa fez todas aquellas galanterias a este Estado, e assim me pareceu representar a Vossa Magestade a equivocação que tiveram os ministros do Conselho Ultramarino nesta materia, e que se deve continuar o estylo recebido em toda a India, para não experimentar os inconvenientes que se podem seguir, deixando livre aos Vice Reys que com o seu conselho disponham neste particular o que julgarem mais conveniente, porque a mesma experiencia que tem, será a que os dirija para melhor acertarem no que for de maior conveniencia á corôa de Vossa Magestade. 1716 Janeiro 10

Deus guarde a muito alta e muito poderosa pessoa de Vossa Magestade felicissimos annos. Goa 10 de Janeiro de 1716.—(Rubrica do Vice Rey.)

### Carta de Sua Magestade ao Vice Rey, pelo Conselho Ultramarino

(Arch. da India, livro das Monções, n.º 81, fol. 43.)

D. João, por graça de Deus, Rey de Portugal e dos Algarves, daquem e dalem mar em Africa, Senhor de Guiné, etc. Faço saber a vós Vasco Fernandes Cezar de Menezes, Vice Rey e Capitão geral do Estado da India, que vendo-se a vossa carta de 15 de Outubro do anno passado, em que dais conta de se haver remettido ao Rey Mogor o sagoate que vosso antecessor lhe havia mandado pela occasião dos parabens da successão da corôa, e victoria que alcançara contra seus irmãos; e que pela morte do ultimo irmão, que se lhe oppunha, ficaveis diligenciando o remetteres-lhe outro com o parabem de ficar pacificamente logrando seu throno; e 1715 Março 9

1715 Março 9 pareceu-me dizer-vos que no caso que ao tempo em que receberdes esta, não tenhais ainda mandado o sagoate a ElRey Mogor, suspendais em mandal-o, porque como vosso antecessor D. Rodrigo da Costa satisfez já ao cumprimento, de mandar os parabens a este Principe pela sua successão na corôa, e victoria contra seus irmãos competidores á mesma corôa, não convem repetir esta ceremonia, para que não pareça ser alguma especie de tributo, e não ficar este exemplo para que estes Principes pertendam que todos os Vice Reys novos lhe hajam de fazer o mesmo obsequio, e nesta materia será justo que os Vice Reys e Governadores desse Estado se hajam com tal attenção e prudencia, que sem faltar em procurar as conveniencias do Estado, que tanto dependem da amizade do Rey Mogor, se acceite qualquer apparencia, ou interpretação de tributo; e assim vos ordeno mandeis registar esta nos livros da secretaria desse Estado, para que os mais Vice Reys e Governadores delle se portem nesta materia com a referida advertencia. ElRey nosso Senhor o mandou por João Telles da Silva, e Alexandre da Silva Correia, Conselheiros do seu Conselho Ultramarino, e se passou por duas vias. Manuel Gomes da Silva a fez em Lisboa a 9 de Março de 1715. O Secretario André Lopes de Lavre a fez escrever—João Telles da Silva—Alexandre da Silva Correia.

### Resposta do Vice Rey

(Arch. da India, livro das Monções, n.º 81, fol. 43.)

1716 Janeiro 16 Senhor.—Nesta monção recebo duas cartas ou provisões de Vossa Magestade totalmente oppostas e encontradas, porque em huma me ordena Vossa Magestade tenha na côrte delRey Mogor pessoa que possa solicitar os particulares deste Estado, não duvidando que sendo aquelle Rey o mais poderoso, e confinante comnosco, convinha tel-o em toda a occasião propicio; nesta me manda Vossa Magestade suspenda a resolução de enviar-lhe sagoate, porque tendo feito o meu antecessor a mesma diligencia, não pareça especie de tributo esta congratulação. 1716 Janeiro 16

Quando na Asia se tratam negocios de potencia a potencia he indispensavel a ceremonia do sagoate, e se ElRey Mogor o reconhecesse por tributo, he certo o não recompensára na mesma fórma, e quando elle tem negocios com este Estado, faz a mesma diligencia sem o menor escrupulo, de que se segue não devia este motivo menos ponderado servir de obstaculo para se não mandar áquella côrte propor particulares tão importantes como foram os que consegui por meio da minha representação.

O Padre José da Silva se acha já em Baçaim de volta da côrte delRey Mogor, não só com sagoate em recompensa do que levou, mas com varios Formões e Pravanas, como em outra digo a Vossa Magestade, e parece-me será conveniente que Vossa Magestade deixe á disposição dos seus Vice Reys similhantes materias, porque sempre escolherão o que for mais util e conveniente a este Estado, que todos reconhecem ser independente das mais potencias, principalmente em tempo do meu governo, que são as armas de Vossa Magestade mais respeitadas que reverentes.

Deus guarde a muito alta e muito poderosa pessoa de Vossa Magestade felicissimos annos. Goa 16 de Janeiro de 1716.—(Rubrica do Vice-Rey.)

### Carta de Sua Magestade ao Vice Rey, pelo Conselho Ultramarino

(Arch. da India, livro das Monções, n.º 83, fol. 27.)

D. João, por graça de Deus, Rey de Portugal e dos Algarves, daquem e dalem mar em Africa, Senhor de Guiné, etc. Faço saber a vós Vice Rey e Capitão geral do Estado da India que se vio o que respondestes em carta de 16 de Janeiro do anno passado sobre o sagoate, que vosso antecessor mandara ao Rey Mogor com a occasião de lhe dar o parabem da exaltação áquelle throno, e que o devieis suspender por não parecer que este era como tributo, representando-me ser 1717 Março 18

1717 Março 18 indispensavel nos Reys de Asia todas as vezes que se tratava negocio de potencia a potencia a ceremonia do sagoate; e que se o Rey Mogor o reconhecera por tributo, o não havia de recompensar, como o fizera com outro sagoate; e que quando elle tinha negocios com o Estado, fazia a mesma diligencia sem o menor escrupulo. Me pareceu dizer-vos que suppostas as vossas razões de que se não podem evitar estes sagoates, por ser este o estylo observado commummente, de que se não segue a menor quebra á reputação do Estado, nem á minha soberania, que procureis que só se mandem quando haja occasião de se tratar negocios grandes com o dito Mogor. ElRey Nosso Senhor o mandou por João Telles da Silva, e Antonio Rodrigues da Costa, Conselheiros do seu Conselho Ultramarino, e se passou por duas vias. Theotonio Pereira de Castro a fez em Lisboa occidental a 18 de Março de 1717. O Secretario André Lopes de Lavre a fez escrever.—João Telles da Silva—Antonio Rodrigues da Costa.

---

## Propostas do Rey da Cochinchina

### Carta do Vice Rey a Sua Magestade

(Arch. da India, livro das Monções, n.º 80, fol. 168.)

1715 Janeiro 5 Senhor.—Em Abril do anno passado chegou a Goa o Padre João Antonio de Arnedo, Religioso da Companhia de Jesus, conduzido de Cochinchina em huma chalupa de Luiz Sanches de Casseres, e vindo com o caracter de Embaixador daquelle Rey, fez a sua entrada e propoz os motivos a que vinha, os quaes fará tambem presentes a Vossa Magestade para cujo effeito passa a essa côrte com o mesmo caracter a sua real presença; e supposto que a sua embaixada ou legacia se estribe em dois pontos, não me parece que se deve admittir mais que hum delles.

Intenta este Rey que com elle se estabeleça o negocio mandando-se-lhe embarcações de Macau, de Goa e desse Reino, havendo em o seu tão poucos generos, que tenham conta, que duvido queiram ainda os de Macau fazer aquella viagem, não obstante lhes ser facil, e ficar tanto nas suas vizinhanças. Promette livrar aquella christandade, summamente constante e dilatada, das perseguições, com que até agora a opprimia, e não ha duvida que já sem embargo algum trabalham os Missionarios naquella missão, donde publicamente prégam o Evangelho e a palavra de Deus, o que até aqui se não fazia; e como este seja o commercio mais util e o que Vossa Magestade antepõe a todos os outros, só delle se deve tratar, para que facilitado e estabelecido, consiga Vossa Magestade propagar a fé, e extinguir a idolatria; e se para se ajustar esta materia de sorte que fique solida, firme e constante, for necessario que áquelle Reino vá alguma embarcação, bem poderemos conseguir que os de Macau façam aquella viagem, porque ainda que não tirem grandes conveniencias della, poderá este governo permittir que o barco que for fazer negocio áquelle Reino, se lhe siga a viagem de Timor, e desta sorte não deixarão aquelles moradores de admittir esta pratica de maneira que pontualmente se execute e se consiga em parte o que ElRey de Cochinchina pretende. Deus guarde a muito alta e muito poderosa pessoa de Vossa Magestade felicissimos annos. Goa 5 de Janeiro de 1715.—(Rubrica do Vice Rey.)

1715 Janeiro 5

### Carta do Vice Rey a Sua Magestade

(Arch. da India, livro das Monções, n.º 80, fol. 233.)

Senhor.—Pelo Conselho Ultramarino dou conta a Vossa Magestade da diligencia a que o Padre João Antonio de Arnedo veio a Goa, e passa nesta monção á presença de Vossa Magestade, e tendo com este Religioso varias e repetidas conferencias, reconheci nellas que não era totalmente destituido de affecto aos da Propaganda, e summamente parcial

1715 Janeiro 5

1715 Janeiro 5 dos que seguiam as opiniões francezas; e como determina passar a Roma, parece-me que Vossa Magestade deve considerar, em caso que me não engane no juizo que faço deste sujeito, se convem permittir-se-lhe o hir áquella côrte.

Deus guarde a muito alta e muito poderosa pessoa de Vossa Magestade felicissimos annos. Goa 5 de Janeiro de 1715.—(Rubrica do Vice Rey.)

## Carta do Vice Rey, Vasco Fernandes Cesar de Menezes, a Sua Magestade sobre a paz com o Changamira

(Arch. da India, livro das Monções, n.º 80, fol. 173.)

1715 Janeiro 3 Senhor.—Está feita, e ajustada a paz com o Changamira, e por conta della veio nesta monção hum copiosissimo resgate de oiro, e tambem fora o mesmo de marfim, se a mortandade de cafres não fizesse falta para a sua conducção, e averigua-se que morreram mais de 200:000 de bexigas e fomes, procedidas huma e outra cousa da notavel secca que houve em aquella conquista, sendo em toda a occasião abundantissima de mantimentos. Queira Deus que não continue esta peste, e que se conserve esta amizade, para que dos Rios se tirem as conveniencias que promettem os preciosos generos que ha nelles.

Deus guarde a muito alta e muito poderosa pessoa de Vossa Magestade felicissimos annos. Goa 3 de Janeiro de 1715.—(Rubrica do Vice Rey.)

Fim do Tomo V

# INDICE

DOS

# DOCUMENTOS CONTIDOS N'ESTE TOMO

Pag.

## ERRATA DO TOMO IV

A pag. V, lin. 7.ª, onde se lê «amigo» leia-se «conhecido».